Inhalt

Vorwort

Dieses Buch wendet sich an all jene, die unsere Gräser und grasartigen Pflanzen näher kennenlernen wollen.
Gräser haben nicht die farbenprächtigen Blüten, die sofort Aufsehen erregen. Dem aufmerksamen Betrachter wird sich jedoch eine Vielfalt feiner und eigenartiger Formen erschließen, die eine Welt stiller Schönheit bilden.
Gräser fanden bisher in der populären Literatur, besonders in den Bildwerken, wenig Beachtung. Es ist ja viel einfacher, die bunten Blumen einer Wiese zu erkennen als den grünen Hintergrund, den die Gräser bilden. Für diese muß erst die Beobachtungsgabe für Einzelheiten geschärft werden.
In diesem Buch werden nicht nur die wildwachsenden Gräser behandelt, sondern auch die angebauten, die Getreidearten und Futterpflanzen, die eine große wirtschaftliche Bedeutung haben. Außerdem werden die sogenannten Halbgräser mit aufgenommen, da diese im täglichen Leben meist auch als Gräser im Gegensatz zu den Kräutern bezeichnet werden.
Die Auswahl der Arten ist so umfangreich wie möglich gehalten worden. Auf den Farbtafeln werden 147 verschiedene Pflanzenarten abgebildet. Diese stellen einen erheblichen Teil unserer einheimischen Arten dar und nur wenige und meist seltenere Arten bleiben ausgeschlossen.
Da es sich um Pflanzen handelt, deren Bestimmung nur durch »kleine« Merkmale möglich ist, wurden die Beschreibungen möglichst ausführlich gehalten und diese werden noch durch Abbildungen von Einzelheiten ergänzt, die auf den Tafeln nicht dargestellt werden können.
Alle Pflanzen einer Farbtafel sind in gleichem Maßstab abgebildet, gewöhnlich in $^{2}/_{3}$ der natürlichen Größe. Die größten und kräftigsten Arten wurden aber in halber natürlicher Größe abgebildet, aber auch hier sind alle Arten auf einer Tafel im gleichen Maßstab verkleinert.
Wir hoffen, daß der Naturfreund einen Einblick in die Vielfalt erhält, die unter den scheinbar so einförmigen Gräsern herrscht, und ihm auf dem Weg weiterhilft, sich in diese interessante, aber gelegentlich auch schwierige Pflanzengruppe zu vertiefen.

Einführung

Der Begriff »grasartige Pflanzen« braucht wohl kaum eine Erklärung. Der Volksmund unterscheidet mit den beiden Begriffen Gräser und Kräuter alle entsprechenden Pflanzen, die auf dem Boden wachsen.

Daß Getreide und Korn zur Kategorie Gras gehören, ist ebenso selbstverständlich wie die Zuordnung von Erbsen oder Küchenkräutern zu den Kräutern. Natürlich gibt es auch Grenzfälle, die mit dieser populären Botanik schwer zu fassen sind. Laucharten mit ihren grasartigen Blättern gehören hierher, sind aber durch Geruch und Geschmack leicht zu erkennen und können auch leicht durch ihre Blüten als Kräuter eingestuft werden.

Merkmale, die die grasartigen Pflanzen auszeichnen, sind die schlanken Halme, die schmalen Blätter und die unscheinbaren Blüten, die meist am Halmende angeordnet sind. Diese Merkmale machen es auf der einen Seite leicht, ein »Gras« im weiteren Sinn zu erkennen und im Gegensatz zu den »Kräutern« zu sehen. Andererseits machen es diese Mermale recht schwer, die verschiedenen Gräser zu unterscheiden. So ist es manchmal recht schwierig, eine gegebene Grasart zu bestimmen, das heißt, sie auf ihren richtigen Platz im wissenschaftlichen botanischen System zu stellen, und ihr den richtigen Namen zu geben. Unser Buch möchte diese Arbeit erleichtern.

Man wird sehr viele unserer einheimischen grasartigen Pflanzen bestimmen können, wenn man die Farbtafeln durchblättert. Hat man eine Abbildung gefunden, die mit dem Gras – das man vor sich hat – übereinstimmt, liest man die zugehörige Beschreibung und kontrolliert die Bestimmung.

Es muß jedoch hervorgehoben werden, daß viele wichtige Merkmale so unscheinbar sind, daß sie mit bloßem Auge nicht erkannt werden können. Hier braucht man eine Lupe, die die Merkmale vergrößert. Eine Nadel oder spitze Pinzette kann nützlich sein, wenn einzelne Teile auseinandergelegt werden müssen. Vorsicht und Geduld sind schließlich notwendige Voraussetzungen.

Die grasartigen Pflanzen werden zu drei Pflanzenfamilien gerechnet, zu den Familien der Echten Gräser oder Süßgräser, Riedgräser und Binsengewächse. Im folgenden Abschnitt werden diese Familien nach dem wissenschaftlichen botanischen System beschrieben und in den weiteren Abschnitten einzeln für sich behandelt.

In diesen Abschnitten werden auch die wissenschaftlichen Fachausdrücke erklärt, die in den Beschreibungen Verwendung finden. Es ist deshalb vorteilhaft, diese Abschnitte durchzugehen, bevor man sich mit den Artbeschreibungen befaßt. Das Verständnis des allgemeinen Textes wird erleichtert, wenn man daneben irgendeinen Vertreter der entsprechenden Familie liegen hat und die Begriffe am Objekt vergleichen kann.

Die Stellung der grasartigen Pflanzen im botanischen System

Die grasartigen Pflanzen gehören im botanischen System zur Klasse der Einkeimblättrigen (Monocotyledoneae). In dieser Klasse herrscht die Dreizahl im Bau der Blüten vor, während die Fünfzahl in der Klasse der Zweikeimblättrigen (Dicotyledoneae) dominiert.

Wie der Name sagt, keimen die Samen der Einkeimblättrigen nur mit einem Keimblatt, während die Zweikeimblättrigen zwei Keimblätter aufzuweisen haben. Außerdem geht die Keimwurzel bald zugrunde und wird von Nebenwurzeln ersetzt, die zusammen ein Wurzelbüschel bilden. Die Blattnerven sind in der Regel parallel oder bogig angeordnet und die Blätter sind ungeteilt, lang und schmal (»grasartig«) oder oval mit vielen gleichen Nerven. Bei den Zweikeimblättrigen entwickelt sich die Keimwurzel meist zu einer Pfahlwurzel und die Blätter tragen fiedrig oder handförmig geteilte Nerven und die Ränder sind oft mehr oder weniger tief eingeschnitten.

Ein weiteres Merkmal der Einkeimblättrigen ist, daß zumindest die einheimischen Arten fast ausschließlich krautigen Wuchs aufweisen. Tropische Arten, wie Palmen und Drachenbäume, werden als Bäume viele Jahre alt und haben dicke Stämme, deren Dickenwachstum jedoch auf andere Weise erfolgt als bei unseren heimischen Bäumen. Sie haben keine Zuwachsschicht, die jedes Jahr einen neuen Jahresring über die alten legt.

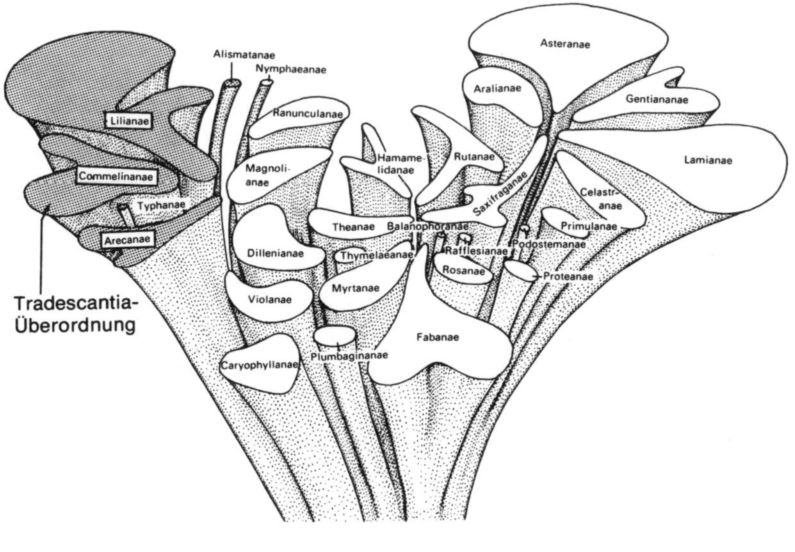

Stammbaum der bedecktsamigen Pflanzen. Aus dem Lehrbuch für systematische Botanik, Taxonomie der Angiospermen, von ROLF DAHLGREN*, Kopenhagen 1974–1976.*

Alle grasartigen Pflanzen gehören zur Tradescantia-Überordnung (Commelinanae), eine der fünf Überordnungen, in die die Klasse der Einkeimblättrigen geteilt ist. Pflanzen, die zu dieser Überordnung gehören, haben überwiegend schmale und parallelnervige, grasartige Blätter, deren unterster Teil eine Scheide bildet, die den Halm röhrenförmig umschließt. Innerhalb der etwas »primitiveren« Abteilung dieser Überordnung gibt es Pflanzen mit wohlentwickelten, bunt farbigen Blüten, die von Insekten bestäubt werden. Die »höher« entwickelten Abteilungen haben stark rückgebildete Blüten mit Wind- oder Selbstbestäubung. Ihre Samen sind reichlich mit Stärke versehen und enthalten einen kleinen, geraden Keimling.

Obwohl die drei Familien zur gleichen Überordnung gerechnet werden, haben sie sich doch so weit von einander entwickelt, daß sie zu drei verschiedenen Ordnungen innerhalb der Tradescantia-Überordnung gestellt werden, nämlich die Juncales mit den Binsen, die Cyperales mit den Riedgräsern und die Poales mit den Gräsern. Die drei Ordnungen vertreten jeweils drei Stadien in der Rückbildung der Blüten. Die Ordnung der Juncales steht den primitivsten Gruppen der Überordnung am nächsten, sie hat vollständig entwickelte Blüten. Die Ordnung der Gräser hat sich am weitesten fortentwickelt. Bei der Beschreibung der Gruppen beginnen wir aber mit den Gräsern, da diese am besten bekannt und auch am wichtigsten sind, während die Binsen am Ende kommen.

Mit Hilfe des Stammbaums auf Seite 9 wird ein Bild von unserer Vorstellung über die stammesgeschichtlichen Beziehungen der Blütenpflanzen untereinander gegeben. Die Pflanzengruppen gleichen den Ästen an einem Baum, von dessen Stamm sie ausgehen und eine Krone nach allen Richtungen hin bilden.

Der Schnitt, der durch die Krone gelegt ist, entspricht unseren heutigen Verhältnissen. Systematische Gruppen, die viele Arten enthalten, werden als dicke Äste dargestellt, während die anderen, dünneren Gruppen mit wenigen Arten repräsentieren.

Jeder Ast entspricht einer bestimmten Überordnung, einer systematischen Einheit, deren Mitglieder bestimmte gemeinsame Merkmale aufweisen und von denen man annimmt, daß sie von gemeinsamen Vorfahren abstammen. Die Überordnungen, die zur Klasse der Einkeimblättrigen gezählt werden, sind durch besondere Textur ausgezeichnet. Hierher gehört die Tradescantia-Überordnung (Commelinanae) mit den grasartigen Pflanzen. Die drei Ordnungen der grasartigen Pflanzen umfassen gut 12 000 Arten von den rund 17 200 Arten der Überordnung. Die Gesamtzahl der Blütenpflanzen beträgt rund 170 000 und die grasartigen Pflanzen machen nicht weniger als 7% davon aus. Nimmt man jedoch ihren Anteil an der Pflanzendecke der Erde in Betracht, kommt man zu einer weit größeren Zahl. Man denke nur an die riesigen Flächen mit natürlichem Grasbewuchs, an die Grassteppen und Tundren, die von grasartigen Pflanzen beherrscht werden, ganz abgesehen von den kultivierten Flächen, den Wiesen und Getreidefeldern.

Familie Echte Gräser oder Süßgräser (Poaceae)

Die Gräser unterscheiden sich von allen anderen Pflanzengruppen durch den Bau der Triebe und die stark vereinfachten Blüten, die in Ährchen sitzen, die wiederum in größeren Ständen versammelt sind.
Gräser sind der Windbestäubung angepaßt und haben sich im Lauf der Entwicklung weit von ihren Stammformen entfernt, deren farbenprächtige Blüten von Insekten bestäubt wurden. Die heutigen Gräser haben praktisch keine Blütenhülle und tragen statt dessen **Hochblätter,** die man **Spelzen** nennt und die die Staubblätter der Narben während der Entwicklung schützen, ebenso wie das reifende Korn.

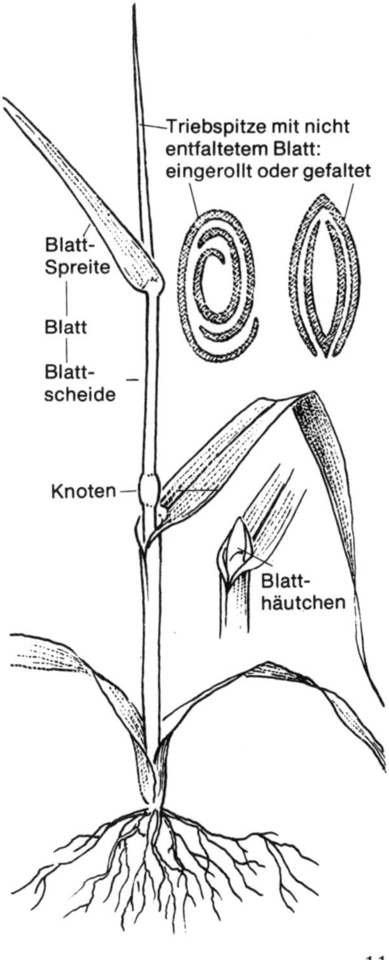

Wachsender Grashalm. Am Grunde entspringt ein Bündel Nebenwurzeln. Unten ist der Halm von alten Blattscheiden umgeben, deren Ränder auseinandergedrängt sind. Die Blattscheiden der jüngeren Blätter umschließen vollständig den Halm, da sich ihre Ränder überdecken. Die Blattscheide ist am Grunde aufgeschwollen und bildet einen Knoten. Die Blätter stehen in 2 gegenständigen Reihen am Halm und tragen lange, linealische Blattspreiten. Diese werden gewöhnlich als Grasblätter bezeichnet. Am Übergang von Scheide zu Spreite gibt es in der Regel ein Blatthäutchen. Man erkennt es am besten, wenn der Halm entfernt wird. Das Blatt an der Triebspitze hat sich noch nicht entfaltet. Es kann eingerollt sein oder gefaltet, wie man an den beiden eingefügten Querschnitten sehen kann.

Es sind nur einige kleine Schuppen zurückgeblieben, die mit einigem guten Willen als Reste einer Blütenhülle angesehen werden können. Diese als **Schwellkörper** bezeichneten Gebilde haben die Aufgabe, die Spelzen um die Grasblüte auseinanderzudrücken, wenn Blütenstaub abgegeben oder eingefangen werden soll, beides durch den Wind.
Die Lebensform der Gräser hat sich im Kampf ums Dasein gut bewährt. Die Grasfamilie ist eine der artenreichsten Pflanzenfamilien und hat für den Menschen die größte Bedeutung, teils als Lieferant des »täglichen Brots«, teils als Futter für unser Vieh und viele Wildtiere. Viele Gräser werden auch technisch verwendet, zum Dachdecken, zur Gewinnung von Fasern für Textilien und Papier, zur Gewinnung von Stärke, Zucker und Ölen, sowohl fetten als auch aromatischen, und schließlich nicht zuletzt als Rohstoff für die Brauereien.
Die Familie der Gräser umfaßt rund 620 Gattungen mit etwa 10 000 Arten und ist überall auf der Erde vertreten, wo überhaupt höheres Pflanzenleben möglich ist. Selbst in der Antarktis, wo es sonst keine Blütenpflanzen gibt, wächst eine Grasart. Bei uns kommen gegen 200 Grasarten vor, die auf etwa 50 Gattungen verteilt sind, dazu kommen die kultivierten Gräser, Getreide und Futtergräser und jene Grasarten, die eingeschleppt werden, sich aber nur zeitweise bei uns halten können.

Wachstum und Bau

Die meisten Gräser sind krautige Pflanzen, die in der Größe von wenigen Zentimetern bis zu 6 Meter Höhe variieren können, zum Beispiel in den tropischen Savannen. Das größte einheimische Gras ist Schilfrohr (Nr. 29), dessen Halme bis zu 3 m hoch werden können. In wärmeren Ländern gibt es baumartige Gräser, Arten der Gattung Bambus *(Bambusa)* und verwandter Gattungen, deren verholzte Halme bis zu 36 m hoch werden können. Einige Bambusarten wachsen sehr schnell, da sie zahlreiche Wachstumszonen haben. Man hat einen täglichen Zuwachs von bis zu 41 cm gemessen und kann das Gras buchstäblich wachsen sehen!
Die Triebe der Gräser sind leicht zu erkennen. Ihre Stengel, die Halme, sind innen hohl, von den Knoten abgesehen, die massiv sind. Bei einigen fremdländischen Arten sind die Halme mit Mark gefüllt, zum Beispiel bei Mais, Zuckerrohr und Durrha. Alle einheimischen Arten sind hohl und die Halme haben einen meist runden Querschnitt, seltener sind sie zusammengedrückt (zum Beispiel das Flache Rispengras, Nr. 48). Charakteristisch ist auch die Gliederung der Halme durch **Knoten.** Die **Blätter** sitzen in zwei Reihen und entspringen an den Knoten.
Der Halm wird vom unteren Teil der Blätter der **Blattscheide** – umschlossen. Die beiden Ränder der Blattscheide überdecken sich und bilden eine geschlossene Röhre. Diese Ränder können bei einigen Arten fast über die ganze Länge verwachsen sein. Das ist zum Beispiel charakteristisch für die Gattungen Trespe, Schwaden und Perlgras.
Der oberste Teil des Blattes, die **Blattspreite,** ist lang und schmal und besitzt parallele Nerven. Gräser, die auf feuchten Böden wachsen, haben meist flache, bandförmige Blätter. Arten von trockenen und sonnigen Stellen hingegen besitzen eingerollte Blätter, an denen die Spaltöffnungen auf der Oberseite sitzen und verborgen sind, oder borstenförmige Blätter, an denen die Spaltöffnungen in einer Furche auf der Oberseite verborgen sind.

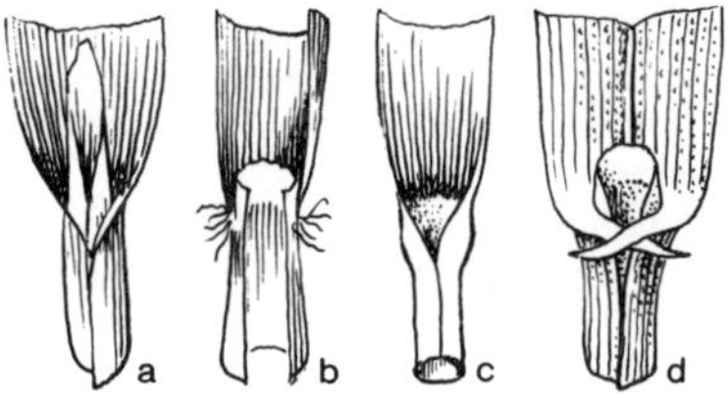

Bei den Gräsern sind Spreitenbasis und Blatthäutchen auf sehr verschiedene Weise geformt. Bei einigen Arten verringert sich die Blattspreite gleichmäßig zum Grunde hin (a–c). Bei anderen erweitert sich die Spreitenbasis zu Auswüchsen, Blattöhrchen, die den Halm wie ein Schloß umfassen (d). Das Blatthäutchen kann lang und spitz sein (a) oder kurz und abgeschnitten (b). Der Rand kann gerade, gezähnt oder gefranst sein. Bei einigen Grasarten ist das Blatthäutchen durch einen Kranz von Haaren ersetzt (c).

Am Übergang zwischen Blattscheide und Blattspreite gibt es bei den meisten Gräsern ein farbloses **Blatthäutchen.** Gelegentlich tritt an die Stelle des Blatthäutchens ein Kranz von Haaren (zum Beispiel bei Schilfrohr, Nr. 29, Pfeifengras, Nr. 30, und Dreizahn, Nr. 31) und bei Hühner-Hirse, Nr. 89, fehlt das Blatthäutchen ganz. Man erkennt dieses am besten, wenn man das Blatt vom Halm wegzieht.
Gelegentlich gibt es einen spitzen Fortsatz auf jeder Seite der Basis der Blattspreite **Blattöhrchen (Zähne),** die den Halm umfassen wie ein Schloß (zum Beispiel Wiesen-Schwingel, Nr. 55, und Gemeine Quecke, Nr. 76).
So lange die Spreite nicht ausgebreitet ist, können die beiden Seitenhälften zusammengeklappt sein, oder die eine Hälfte kann über die andere eingerollt sein. Die Form des Blattquerschnitts kann man leicht an jungen Trieben erkennen und gibt ein gutes Bestimmungsmerkmal für nicht blühende Gräser. Alle Rispengräser haben zusammengeklappte Blattspreiten, ebenso Knäuelgras und Englisches Raygras. Dagegen sind die Blätter bei Italienischem Raygras, bei Wiesen-Schwingel, Wiesen-Fuchsschwanzgras, Wiesen-Lieschgras und bei Glatthafer eingerollt.
Bei eingeklappten Blattspreiten findet man oft zwei gelbgrüne Streifen an beiden Seiten des Mittelnervs, wenn man das Blatt gegen das Licht hält. Diese Streifen stammen von langen Reihen großer, wasserklarer Gelenkzellen. Sie spielen eine Rolle bei der Entfaltung der Blätter, da sie die beiden Blatthälften auseinanderdrücken, wenn sie sich mit Zellsaft füllen.
An eingerollten Blattspreiten erkennt man gelegentlich mehrere Reihen der Gelenkzellen, die für das Ausrollen von Bedeutung sind. Sie sind aber selten so deutlich wie bei der Rasen-Schmiele (Nr. 23), bei der die Gelenkzellen an den dünnsten Stellen der Blattspreite zwischen den Adern liegen.
Jeder, der einen Grashalm herausgezogen hat, um an ihm zu kauen, hat die Erfahrung gemacht, daß der von der Blattscheide verdeckte Teil weich und saftig ist. Hier, am Grunde des Halms, findet das **Längenwachstum** statt. Es ist deshalb sinnvoll, daß dieser weiche Teil des Halms von der Blattscheide umschlossen ist. Wird ein Halm umgeknickt, so wächst der untere Teil des Knotens stärker als der obere und der Halm richtet sich wieder auf.

Junge Grastriebe haben kurze Abstände zwischen den Knoten und die Blätter sitzen dicht übereinander. Mit dem Wachstum der Halme werden die Abstände zwischen den Knoten größer, was besonders beim Erscheinen der Blütenstände auffällt, die ja aus der letzten Blattscheide hervorkommen.
Die **Verzweigung** der Halme vollzieht sich gewöhnlich nur am Grunde, d. h. die Halme verzweigen sich aus Knospen in den Blattachseln innerhalb der Blattscheiden. Hier entstehen ständig neue Blätter, wenn die alten abgefressen oder abgemäht werden. Außerdem bilden sich neue Triebknopsen in den Achseln der alten Triebe. Graspflanzen werden deshalb immer dichter, je öfter sie abgeschnitten werden.
Das Geheimnis der Unempfindlichkeit der Gräser gegenüber Abgrasen und Mähen liegt einfach darin, daß die Triebspitzen so lange nahe der Erdoberfläche bleiben, bis sie blühen können. Die Blätter wachsen von unten in die Höhe gegen das Licht, indem sich die Blattscheide vom Knoten ausgehend verlängert. Triebe, die sich strecken um zu blühen und zu fruchten, sterben jedoch ab, wenn die Frucht reif wird. Hier gibt es aber – bei den mehrjährigen Gräsern – neue Seitentriebe von den unterirdischen Pflanzenteilen, der Erdachse.
Die oberen Teile der Halme sind gewöhnlich unverzweigt. Unter den heimischen Gräsern bilden nur Rohr-Glanzgras, Nr. 3, und Lanzettliches Reitgras, Nr. 16, Seitentriebe von den Blättern des oberen Halmteils. Bei den Bambus-Arten gibt es dagegen reichlich Seitentriebe hoch oben an den baumstammartigen Halmen. Das gilt auch für die Arten, die bei uns im Garten gehalten werden.
Die Verzweigung unserer heimischen Grasarten kann übrigens auf verschiedene Weise vor sich gehen. Bei Gräsern mit aufrechten Trieben und horstigem Wuchs, zum Beispiel Knäuelgras, Nr. 36, richten sich die Seitentriebe sofort auf und ihr unterirdischer Teil ist sehr kurz. Die Blattscheiden, aus denen die Seitentriebe stammen, werden aufgerissen, die verwelkten Häute bleiben aber erhalten und schützen die jungen Triebe.
Gräser mit kriechender Erdachse und mehr zerstreut stehenden Halmen schicken ihre Seitentriebe ein Stück waagrecht durch den Boden, bevor er sich aufrichtet (zum Beispiel die Gemeinde Quecke, Nr. 76). Bei anderen wachsen die Seitentriebe über den Boden hin und wurzeln an den Knoten, bevor sie sich zum Blühen aufrichten (zum Beispiel Weißes Straußgras, Nr. 14)

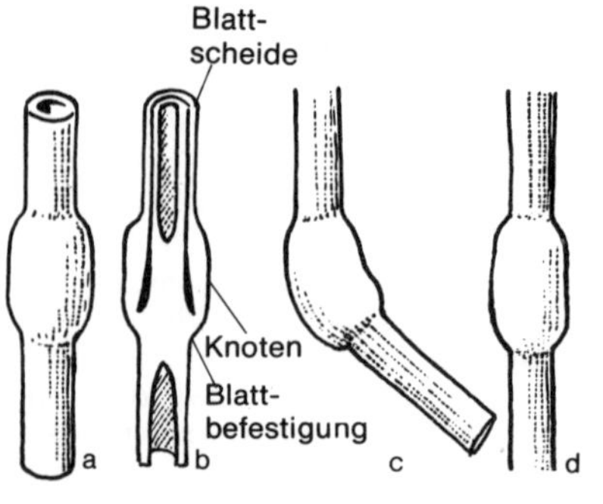

Knoten eines Grashalms, von außen (a) und im Längsschnitt (b) gesehen. Mit Ausnahme des Knotens ist der Halm hohl. Im Längsschnitt ist die Befestigung des Blattes gut sichtbar. Die Basis ist angeschwollen und bildet den Knoten. Dann umschließt das Blatt den Halm mit einer dünnen Blattscheide. An aufrechten Halmen ist der Knoten gleichmäßig gerundet (d). Wird der Halm durch Wind oder Regen niedergebogen, streckt er sich wieder nach oben, indem die eine Seite des Knotens stärker wächst als die andere (c).

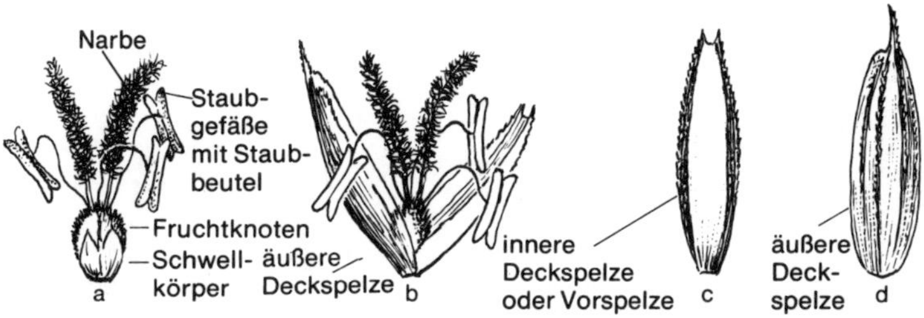

Eine Grasblüte (Weizen, Nr. 81), teils ohne Deckspelzen (a), teils von den Deckspelzen umgeben (b). Rechts sieht man die beiden Deckspelzen von der Rückenseite, innere Deckspelze oder Vorspelze (c) und äußere Deckspelze (d). Vor dem Fruchtknoten sitzen die beiden Schwellkörper, die während der Blüte die Spelzen auseinanderdrükken. Auf dem Fruchtknoten sitzen 2 Griffel, die in je einer langen, behaarten Narbe enden. Die Staubgefäße bestehen aus großen, wippenden Staubbeuteln und dünnen Staubfäden, die zur Mitte der Staubbeutel führen.

Die Wurzeln der Gräser sind **Nebenwurzeln,** die in dichten Kränzen von den unterirdischen oder auf dem Boden liegenden Stengelgliedern ausgehen. Die Keimwurzel verschwindet sehr schnell.
Bei den einjährigen Gräsern blühen und fruchten in der Regel alle Triebe bevor sie absterben. Bei den mehrjährigen Gräsern dagegen werden neben den blühenden Trieben auch **vegetative Triebe** gebildet, die als Seitentriebe nie blühen, sondern Nahrung für die Erdachse liefern und damit die Blüten- und Fruchtbildung fördern. Gewöhnlich sind diese sterilen Seitentriebe ziemlich kurz gegliedert und ihre Blattspreiten bilden Büschel, die aus den Knospen der Erdachse dicht über dem Boden ausgehen. Bei einigen unserer Gräser mit kriechender Erdachse, zum Beispiel Gemeine Quecke, Nr. 76, bilden sich im Lauf des Sommers jedoch aufrechte, sterile Triebe, die fast so hoch werden können wie die blühenden Halme.
Die sterilen Triebe der Quecke und anderer Gräser, die sich in gleicher Weise verhalten, sterben im Winter ab und die Knospen, die das Wachstum des Grases erhalten sollen, liegen im Boden verborgen. Die meisten anderen unserer mehrjährigen Gräser sind hingegen wintergrün und tragen ihre Triebknospen an der Erdoberfläche. Sie können das ganze Jahr über wachsen und neue Blätter bilden, ausgenommen während Frostperioden, in denen das Wachstum stillsteht. Die älteren, voll entwickelten Blätter sterben natürlich im Winter ab, bleiben aber als schützende Hülle um die jungen Triebe erhalten.
Die Gräser haben einen großen Vorteil in ihrem Bestand, wenn sie sich auf dem einmal eingenommenen Platz behaupten können und das ganze Jahr über wachsen und Nahrung bilden, soweit das Klima dieses zuläßt. Es ist daher nicht verwunderlich, daß die Gräser in der Zusammensetzung der Pflanzendecke in weiten Gebieten der Erde dominieren, teils als natürliche Grassteppe, teils als kultivierte Grasflächen.

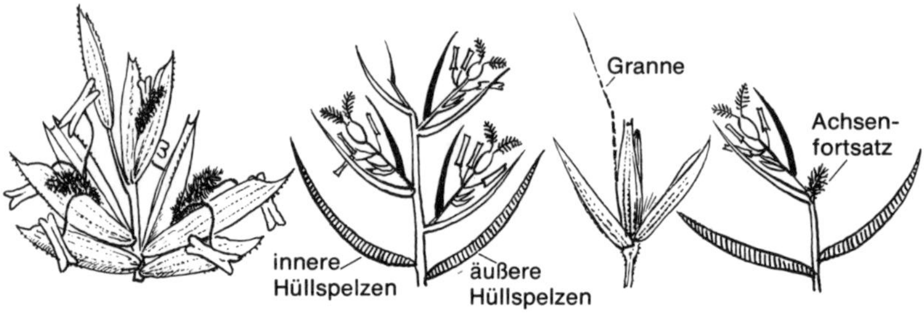

Links ein 3blütiges Ährchen einer Grasart (Weizen, Nr. 81), teils nach der Natur, teils schematisch. In der schematischen Darstellung wurden äußere und innere Hüllspelzen schraffiert. Die äußere Deckspelze ist wie die Achse des Ährchens weiß, die innere Deckspelze oder Vorspelze ist schwarz angelegt. Die Achse des Ährchens endet in einer tauben Blüte, die nur durch die Deckspelzen vertreten ist.
Rechts davon sieht man auf gleiche Weise dargestellt ein einblütiges Ährchen einer anderen Grasart (Rohr-Reitgras, Nr. 17). Bei dieser Art ist die äußere Deckspelze mit einer geknieten Granne ausgestattet, die an der Rückenseite fast ganz am Grunde sitzt. Die Achse des Ährchens endet in einem kleinen Stiel, der mit langen Haaren bekleidet ist und Achsenfortsatz genannt wird.

Blüten und Früchte
Grasblüten sind, wie schon erwähnt, klein und unansehnlich. Sie sind tatsächlich so klein, daß man meist eine Lupe braucht, um sie zu untersuchen, und es ist auch nützlich, eine spitze Pinzette und Nadeln zu haben, um die verschiedenen Teile eines Ährchens voneinander zu trennen – eine Arbeit, die viel Geduld und Übung verlangt.
Die **Blüte** besteht aus Staubblättern, Fruchtblättern und 2 Schwellkörpern. Meist gibt es nur 3 Staubblätter. Bei einigen tropischen Gräsern, zum Beispiel Bambus und Reis, können 6 Staubblätter vorkommen, und in unserer einheimischen Flora gibt es einige Grasarten, deren Blüten weniger als 3 Staubblätter aufweisen (zum Beispiel Wohlriechendes Ruchgras, Nr. 1, mit 2 Staubblättern und Trespen-Fuchsschwingel, Nr. 59, mit nur einem Staubblatt).
Die **Staubblätter** bestehen aus einem dünnen Stiel, dem Staubfaden, der mehr oder weniger wippende große Staubbeutel trägt, die den Blütenstaub (**Pollenkörner**) entlassen, damit dieser durch den Wind an die Narben anderer Blüten getragen wird. Pollenkörner werden in großen Mengen gebildet. Bekanntlich kann die Luft mit Graspollen gefüllt sein und vielen Menschen großes Unbehagen bereiten, wenn sie gegen die Eiweißstoffe der Pollen allergisch sind. Sie bekommen Heuschnupfen, wenn im Sommer die Blütezeit der Gräser ansteht.
Für die Roggenpflanze wurde festgestellt, daß ein einziger Staubbeutel rund 19 000 Pollenkörner enthält. Eine Roggenähre besteht mindestens aus 70 Blüten mit je 3 Staubbeuteln und produziert daher etwa 4 Millionen Pollenkörner. Wie viele entstehen da in einem ganzen Roggenfeld!
Den 4 Millionen Pollenkörnern stehen nur 70 Eizellen in jeder Ähre gegenüber, nämlich eine in jeder Blüte. So viele Pollenkörner müssen also entstehen, um die Entwicklung von 70 Roggenkörnern zu sichern.

Die 2 oder 3 **Fruchtblätter** sind zu einem **Fruchtknoten** verwachsen, der eine Kammer bildet, die eine **Samenanlage** enthält. Vom Fruchtknoten gehen 2 Griffel aus, die zu den langen, behaarten Narben verlängert sind. Diese sind wohl geeignet, den vom Wind vorbeigetragenen Blütenstaub einzufangen. (Beim Borstengras, Nr. 73, gibt es jedoch nur einen Griffel und eine Narbe). Natürlich landen verschiedene Pollen auf der Narbe, aber nur jene Pollen, die mit der Narbenoberfläche übereinstimmen, können eindringen und durch den Griffel zur Eizelle vorwachsen und diese befruchten, so daß ein Samen gebildet werden kann.

Nicht selten gehört das Pollenkorn, das die Eizelle befruchtet, einer anderen, nahe verwandten Grasart an. In diesem Fall kommt es zur **Kreuzung** und ein **Hybride** entsteht. Kreuzungen können in der Regel keine reifen Früchte bilden, unter besonderen Umständen, wenn nämlich eine Chromosomenverdoppelung in den Geschlechtszellen des Hybriden stattfindet, kann sich die Kreuzung jedoch zu einer lebenstüchtigen Pflanze mit normaler Samenbildung entwickeln (zum Beispiel Hohes Schlickgras, Nr. 92).

Die Blüte wird von **Spelzen** umgeben. Die beiden Spelzen, die die Blüte innen umgeben, werden Deckspelzen genannt, die innere davon auch Vorspelze, die äußere einfach Deckspelze. Aufgabe der **Schwellkörper** ist es, die Spelzen auseinanderzudrängen, wenn das Gras blüht, und Staubbeutel und Narben freizustellen. Nach der Blüte schrumpfen die Schwellkörper und die Spelzen schließen sich wieder zusammen.

Bei einigen Gräsern, zum Beispiel Wohlriechendes Ruchgras, Nr. 1, und Knick-Fuchsschwanzgras, Nr. 10, gibt es keine Schwellkörper und Narben und Staubbeutel müssen selbst den Weg ins Freie bahnen. Bei diesen Gräsern kommen die Narben zuerst hervor und die Staubbeutel erst, wenn diese verwelkt sind. Diese Blüten sind immer proterogyn. Bei den Gräsern mit Schwellkörpern kommen

Die Frucht der Gräser, das Korn, ist eine Nuß besonderer Art, deren Samenschale mit der Fruchthülle verwachsen ist. Auf dem Bild ist ein Weizenkorn (Nr. 81) teils von der Rückenseite (a), teils von der Bauchseite (b) und teils im Längsschnitt (c) zu sehen. Der Keimling sitzt schräg unten am Samen, während das Innere von der mehligen Speichernahrung erfüllt ist (Pfeil). Unmittelbar unter der Schale gibt es eine Schicht großer Speicherzellen, Aleuronzellen, die besonders viel Vitamine und Eiweißstoffe enthalten. Der Keim ist auch äußerlich an der Schale zu erkennen, da er auf der Rükkenseite unten wie ein Knoten hervortritt (a). Auf der Bauchseite des Korns gibt es eine tiefe Furche (b). Sie ist bei verschiedenen Grasarten unterschiedlich ausgebildet.

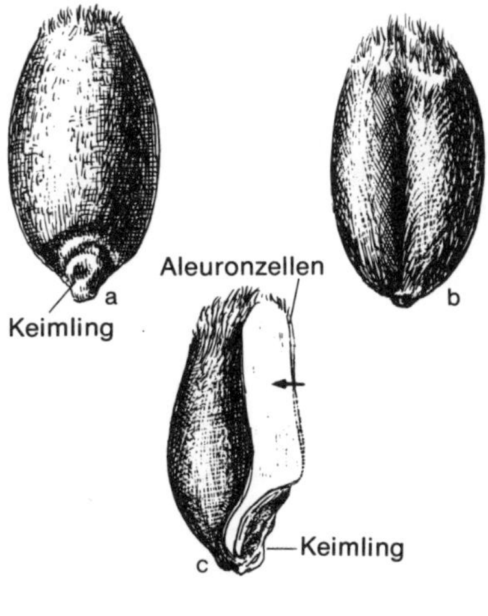

Narben und Staubbeutel immer zugleich hervor. Selbstbestäubung ist hier möglich, Selbstbefruchtung wird trotzdem meist verhindert, da die eigenen Pollenkörner auf der Narbe nicht verträglich sind oder andere Mechanismen bewirken, daß die Pflanze selbststeril ist. Andere Gräser kommen zur Samenreife ohne vorhergehende Befruchtung, sie sind apomiktisch.

Die einzelnen Blüten sind in kleinen **Blütenständen,** den **Ährchen** angeordnet, die, wie schon erwähnt, von Spelzen umgeben sind. Bei der Betrachtung eines mehrblütigen Ährchens findet man die Spelzen in 2 gegenständigen Reihen an der Ährchenachse wie die Laubblätter in 2 Reihen an einem Stengel sitzen. Die beiden untersten Spelzen nennt man äußere und innere **Hüllspelzen.** In ihren Achseln gibt es keine Blüten. Die folgenden, die äußeren **Deckspelzen** hingegen, tragen je eine Blüte oder besser einen blühenden Seitensproß. Die Blüte sitzt nämlich auf einem ziemlich kurzen Seitentrieb in der Achsel der äußeren Deckspelze. Dieser Seitentrieb trägt zuerst die häutige, zweikielige, innere Deckspelze, die auch **Vorspelze** genannt wird, und endet in der Blüte.

Dieser Seitentrieb, der Vorspelze und Blüte trägt, ist so kurz, daß er gelegentlich nur theoretisch existiert. Tatsächlich sitzt die Vorspelze direkt auf der Achse des Ährchens und die Blüte in der Achsel zwischen den beiden Deckspelzen.

Die Grasblüte bildet mit den beiden Deckspelzen eine Einheit und die Deckspelzen ersetzen auf ihre Weise die fehlenden Blütenblätter. Bei vielen Grasarten schließen sich die Deckspelzen fest um das reife Korn zusammen und die äußere Deckspelze ist oft mit einem borstenförmigen Fortsatz versehen, einer Granne, die für die Ausbreitung des Samens von Bedeutung ist. Wenn die Früchte reifen,

Der zusammengesetzte Blütenstand der Gräser ist dann eine Rispe (a), wenn die Ährchen in einigem Abstand voneinander an verlängerten Stielen sitzen, wie z. B. beim Wiesen-Rispengras, Nr. 44. Als Ährenrispe (b und c) wird der Blütenstand bezeichnet, wenn die Ährchen dicht beisammen an kurzen Stielen sitzen, die meist erst zu erkennen sind, wenn man den Blütenstand zerlegt; Beispiele sind Wohlriechendes Ruchgras, Nr. 1 (b), und Wiesen-Fuchsschwanzgras, Nr. 9 (c). Von einer Ähre (d) spricht man, wenn die Ährchen direkt auf der Achse des Blütenstands sitzen, wie z. B. bei der Binsen-Quecke, Nr. 75. Schließlich können die Ährchen auch fingerartig-rispig angeordnet sein (e), so bei der Faden-Hirse, Nr. 88.

zerbricht oft die Achse der Ährchen und kleine Stücke davon bleiben zusammen mit den Spelzen an den Körnern sitzen.
Die Frucht der Gräser ist eine Abart der Nuß, die man gemeinhin **Korn** nennt und in der die Samenschale mit der Wand des Fruchtknotens verwachsen ist. Bei einigen Gräsern (zum Beispiel Roggen und Weizen) sind die Körner »nackt«, da sie nicht von Spelzen umschlossen werden. Bei anderen werden die Körner, wie schon erwähnt, mehr oder weniger von den Spelzen umgeben und die Fruchtwand kann mit den Deckspelzen ganz verwachsen sein wie bei der Gerste. Das Korn kann auch eine Längsfurche aufweisen. Innerhalb der Samenschale gibt es ein stärkereiches Speichergewebe und den Keimling. Dieser, eine junge Graspflanze, findet sich am unteren Ende des Korns. Die große Menge gespeicherter Stärke hat den Gräsern die besondere Bedeutung für den Menschen verliehen. Wenn das Korn keimt, werden im Keimling Enzyme gebildet, die die unlösliche Stärke in lösliche Zucker spaltet, die wiederum vom Keimling aufgenommen werden. Die Fähigkeit des Keimlings, unlösliche Stärke in löslichen Zucker zu verwandeln, wird bekanntlich von den Brauereien ausgenützt, die zuerst die Gerste keimen lassen, wodurch Malz entsteht, das dann ausgekocht wird. Die zuckerhaltige Lösung wird dann zu Bier vergoren.
Die Zahl der Blüten in einem **Ährchen** kann auf zwei oder eine verringert werden, gelegentlich gibt es aber auch Reste anderer Blüten in Form tauber Spelzen oder anderer Strukturen.
Die Ährchen sind in größeren, zusammengesetzten **Blütenständen** angeordnet, die verschieden gebaut sind: Rispen, Ährenrispen und Ähren. Ährenrispen und Ähren können ihrerseits in verzweigten, fingerartig-rispigen Blütenständen angeordnet sein (zum Beispiel Faden-Hirse, Nr. 88, und Hühner-Hirse, Nr. 89).
In einer **Rispe** sitzen die Ährchen in einigem Abstand von einander an mehr oder weniger verlängerten Stielen. Von der Achse der Rispe entspringen Zweige in Etagen und können sich weiter verzweigen bis sie in einem Ährchen enden. Während der Blüte sind die Zweige meist ausgebreitet, aber vorher und nachher ist die Rispe oft zusammengezogen, indem sich die Zweige senkrecht stellen. Je nach Entwicklungszustand haben die Rispen deshalb oft ein ganz verschiedenes Aussehen. (siehe zum Beispiel die beiden Abbildungen von der Rispe des Glatthafers, Nr. 26, links die abgeblühte Rispe und rechts die blühende).
Eine **Ährenrispe** ist eine Rispe mit sehr viel kürzeren Ästen, die meist erst zu erkennen sind, wenn man den Blütenstand auseinander nimmt. Die Ährchen stehen sehr dicht und bilden äußerlich eine Ähre, unterscheiden sich von dieser aber durch die kurzen Stiele der Ährchen.
In einer **Ähre,** oder besser in einer zusammengesetzten Ähre, sitzen die Ährchen direkt auf der Achse des Blütenstands, also ungestielt, und meist abwechselnd in 2 Reihen, wodurch die Ährenachse gebuchtet und gegliedert wird. Oft gibt es nur ein Ährchen an jedem Glied (Englisches Raygras, Nr. 77, und Gemeine Quecke, Nr. 76), es können aber auch 2 oder 3 an jedem Glied stehen (Strandhafer, Nr. 69).
Es gibt ein ganz gutes Kennzeichen, unsere Gräser durch die Blütenstände von den Halbgräsern zu unterscheiden: Bei den Gräsern gibt es keine Hochblätter an der Basis der Blütenstände. Dieses Merkmal gilt aber nicht allgemein, da bei unserem Blaugras (Nr. 35) beispielsweise einige taube Spelzen direkt unter dem Blütenstand sitzen.

Familie Ried- oder Sauergräser (Cyperaceae)

Pflanzen, die zu den Ried- oder Sauergräsern gehören, erinnern sehr an die echten Gräser und haben wie diese unansehnliche, grünliche oder bräunliche Blüten, die vom Wind bestäubt werden. Sie unterscheiden sich aber leicht durch die meist markgefüllten Halme, die oft dreikantig im Querschnitt sind und keine auffallenden Knoten aufweisen. Die Blätter sitzen in drei Reihen an den Trieben im Gegensatz zu den zwei Reihen der Gräser. Der Zuwachs erfolgt wie bei den Gräsern am Grunde der Halme, wo die weichen Enden von den umgebenden Blattscheiden beschützt werden.

Riedgräser sind mehrjährige Kräuter, deren Triebe aus Knospen an der Erdachse stammen. Bei der abgebildeten Art (Hirsen-Segge, Nr. 134) zweigen von der Erdachse kriechende Ausläufer ab und die Triebe stehen zerstreut. Bei anderen Arten steht die Erdachse senkrecht und verzweigt sich nach oben, so daß horstförmiger Wuchs entsteht. Die Erdachse ist mit schuppenförmigen Niederblättern besetzt. Die untersten Blätter des aufrechten Triebs bestehen ausschließlich aus Blattscheiden. Die oberen Blätter haben neben der Blattscheide eine lange und schmale Blattspreite. Die Blattscheide bildet ein geschlossenes Rohr ohne freie Ränder, die bei den unteren Blättern während des Wachstums aufreißt. Zwischen Blattscheide und Blattspreite gibt es ein kurzes Blatthäutchen. Die Triebe sind durch 3 Reihen von Blättern gekennzeichnet. Der Halm ist dreikantig und mit Mark gefüllt. Die Blattscheiden haben deshalb auch einen dreikantigen Querschnitt.

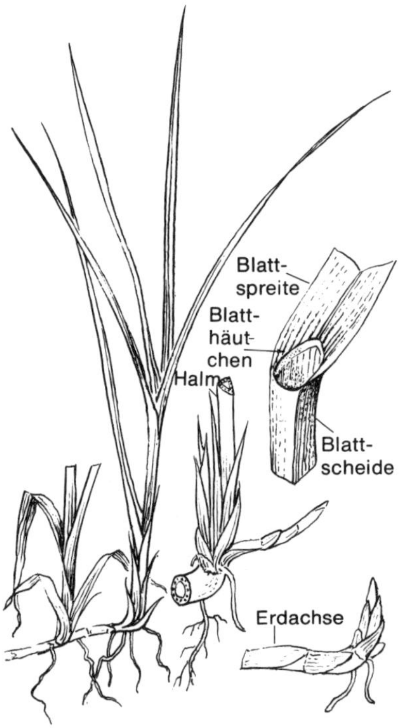

Die **Blätter** umgeben die Halme am Grunde mit einer geschlossenen **Blattscheide.** Die **Blattspreite** ist lang linealisch und das Blatthäutchen am Übergang von Scheide zu Spreite fehlt in der Regel. Bei einigen Arten ist die Blattspreite flach oder längsgefaltet, bei anderen rinnig mit aufgestellten Kanten, gelegentlich rundlich, dreikantig oder borstenförmig.

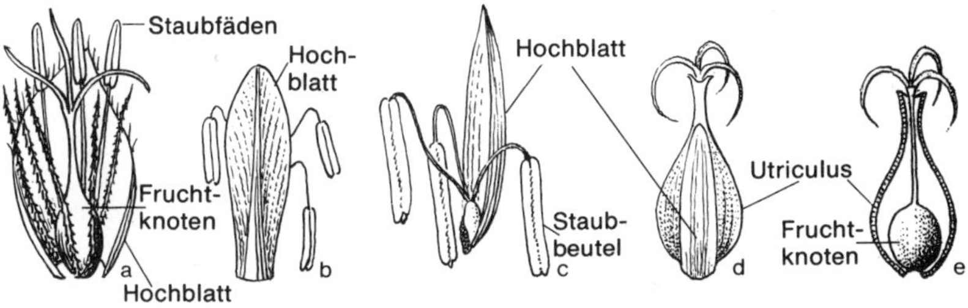

Die Blüten der Riedgräser sitzen in den Achseln spelzenartiger Hochblätter. Bei den meisten Gattungen sind die Blüten zwittrig und tragen Haare oder Borsten. Diese Borsten werden als stark vereinfachte Blütenhülle betrachtet (a) am Beispiel der Wald-Binse, Nr. 101. Es gibt meist 3 Staubfäden mit aufrechten oder herabhängenden Staubbeuteln, die im Gegensatz zu den Gräsern am Ende befestigt sind. Der Fruchtknoten trägt einen Griffel, der sich bei der abgebildeten Art in 3 Narben teilt. Bei anderen Arten gibt es 2 Narben.
Bei der Gattung Segge (b–e) sind die Blüten immer eingeschlechtig. Man sieht eine männliche Blüte in der Achsel ihrer Spelze, b, von der Rückenseite der Spelze, c, von der Bauchseite. Die weibliche Blüte ist von einer flaschenförmigen Fruchthülle (Utriculus) umgeben, durch deren Spitze die Narben hervorragen. Man sieht die weibliche Blüte mit ihrer Hülle von der Rückenseite der Spelze (d) und mit durchschnittener Hülle (e), so daß der Fruchtknoten sichtbar wird.

Die Riedgräser sind einjährige oder häufiger mehrjährige Kräuter mit einer **Erdachse,** die scheidenförmige **Niederblätter** trägt. Bei einigen Arten verzweigt sich die senkrechte Erdachse und bildet Horste. Bei anderen kriecht die Erdachse, deren aufrechte Triebe zerstreut oder in lockeren Horsten stehen. Neben den aufrechten, blütentragenden Trieben bilden die Erdachsen der Riedgräser wie die Gräser sterile, vegetative Triebe, die nur Blätter tragen.
Die Arten dieser Pflanzenfamilie wachsen hauptsächlich auf feuchten und sumpfigen Böden, wo sie die Vegetation vollständig beherrschen können. Sie spielen eine große Rolle bei der Verlandung von Gewässern und bei der Torfbildung. Als Futterpflanzen haben sie jedoch kaum Bedeutung. Ihre Blätter und Halme sind meist steif und scharf, da viel Kieselsäure in ihren Zellwänden abgelagert wird und das Vieh sie deshalb verschmäht. Die populäre Bezeichnung Halbgräser bezieht sich wohl darauf.
Die Blüten sitzen in Ähren oder ährenförmigen Blütenständen, die wiederum in **zusammengesetzten Blütenständen** angeordnet sein können. Die einzelnen Blüten entspringen in den Achseln spelzenähnlicher Hochblätter und sind stark rückgebildet und oft ohne Blütenhülle (»nackt«). Bei den ursprünglicheren Gattungen gibt es Reste der Blütenhülle in Form von einigen Borsten oder Haaren (zum Beispiel bei den Gattungen Wollgras und Simse). Es gibt aber niemals eine schuppenartige Blütenhülle wie bei den Binsengewächsen. Im Gegensatz zu den Gräsern gibt es immer Hüllblätter an der Basis der Äste des Blütenstands. Diese können entweder laubblattähnlich sein oder klein und spelzenartig, und sie umgeben den Halm oft mit einer Scheide.

Die Blüten der Riedgräser sitzen in Ähren oder ährenähnlichen Blütenständen, die bei einigen Arten einzeln am Halmende vorkommen, bei anderen in zusammengesetzten Blütenständen versammelt sind. Die einzelnen Ähren wie auch die Äste des Blütenstands sind am Grunde von Spelzen oder laubblattähnlichen Hüllblättern umgeben. Endständige Ähre des Gemeinen Sumpfriets (Nr. 97); sie wird an der Basis von 2 Spelzen umgeben. Alle anderen Spelzen tragen zwittrige Blüten. Die anderen Abbildungen (c–d) zeigen zusammengesetzte Ähren verschiedener Seggenarten. b: Ährchen der Entferntährigen Segge (Nr. 117); unten erkennt man männliche Blüten mit 3 Staubbeuteln, oben weibliche Blüten mit 2 Narben. c: Zusammengesetzter Blütenstand der Sand-Segge (Nr. 112); er besteht aus mehreren Ährchen, die alle männliche und weibliche Blüten enthalten können. d: Zusammengesetzter Blütenstand der Hirsen-Segge (Nr. 134); das Ährchen an der Spitze enthält ausschließlich männliche Blüten und darunter gibt es ährenförmige Blütenstände mit weiblichen Blüten.

Die **Blüte** hat 3 (oder 2) Staubfäden mit endständigen Staubbeuteln (nicht wippend wie bei den Gräsern) und einen Griffel mit 2 oder 3 Narben, je nach Anzahl der Fruchtblätter. Die Frucht ist eine Nuß mit hohem Stärkegehalt. Im Gegensatz zu den Gräsern ist die Samenschale nicht mit der Fruchtschale verwachsen. Bei den meisten Gattungen ist die Blüte zwittrig (in gewissen Fällen gibt es rein männliche Blüten oder solche mit rückgebildeten oder funktionslosen Fruchtblättern). Bei der großen Gattung Segge sind die Blüten jedoch immer eingeschlechtig. Der besondere Bau der Blüten dieser Gattung ist näher unter der Artbeschreibung erläutert.

Die **Früchte** werden teils durch den Wind, teils mit Hilfe des Wassers verbreitet. Es gibt oft besondere Strukturen bei den Früchten, die der Verbreitung dienen. So können die wollartigen Haare der Blütenhülle des Wollgrases, die an der Frucht erhalten bleiben, durch den Wind weit herumgetragen werden. Die Dornen an den Blütenborsten des Schnabelriets verhängen sich im Pelz von Tieren

und die schwammige Fruchtwand der Schneide ermöglicht es den Früchten zu schwimmen und vom Wasser weit herumgeführt zu werden.
Diese Familie umfaßt etwa 100 Gattungen mit zusammen rund 4000 Arten. In Mitteleuropa kommen gegen 100 Arten vor.

Familie Binsengewächse (Juncaceae)

Im Gegensatz zu den Gräsern und Riedgräsern haben die Pflanzen dieser Familie vollentwickelte Blüten, wenn sie auch klein sind und trockene, schuppenförmige Blütenhüllblätter aufweisen. Bei der Betrachtung durch eine Lupe wird man feststellen, daß der Grundbauplan ihrer Blüten mit jenem der Liliengewächse übereinstimmt, deren Arten sich durch farbenprächtige Blüten mit Insektenbestäubung auszeichnen.
Die Blüten der Binsengewächse werden jedoch vom Wind bestäubt und ihre Blütenhüllblätter dienen nicht als »Reklameschilder«, sondern beschützen lediglich die Geschlechtsorgane, Frucht- und Staubblätter, während der Entwicklung. Diese sogenannten Perigonblätter umschließen auch die reife Frucht.
Die **Blüten** sind regelmäßig und bestehen aus 6 Blütenhüllblättern in 2 Kreisen (Perigon) und 6 Staubgefäßen, ebenfalls in 2 Kreisen (gelegentlich kann der innere Kreis der Staubgefäße fehlen, so daß nur 3 vorhanden sind). Die Staubbeutel sind endständig an aufrechten Staubfäden wie bei den Riedgräsern und nicht wippend wie bei den Gräsern. Der oberständige Fruchtknoten trägt einen Griffel mit 3 Narben entsprechend den 3 Fruchtblättern. Die **Frucht** ist eine Kapsel mit unterschiedlich vielen Samen, die viel Stärke enthalten. Bei den Binsen wird die Fruchtschale klebrig, wenn sie feucht wird, und die Samen bleiben an Tieren hängen und werden dadurch verbreitet. Bei den Hainsimsen haben die Samen einen fleischigen, öligen Anhang und werden durch Ameisen verbreitet.
Mit der Verkleinerung der Blüten und der Anpassung an die Windbestäubung geschah auch eine Veränderung des Entwicklungsrhythmus. Der weibliche Geschlechtsapparat ist früher reif als der männliche und die Narben können den Blütenstaub anderer Blüten empfangen bevor die eigenen Staubgefäße reif sind. Diese Blüten sind proterogyn. Das entgegengesetzte Verhalten ist häufiger, da

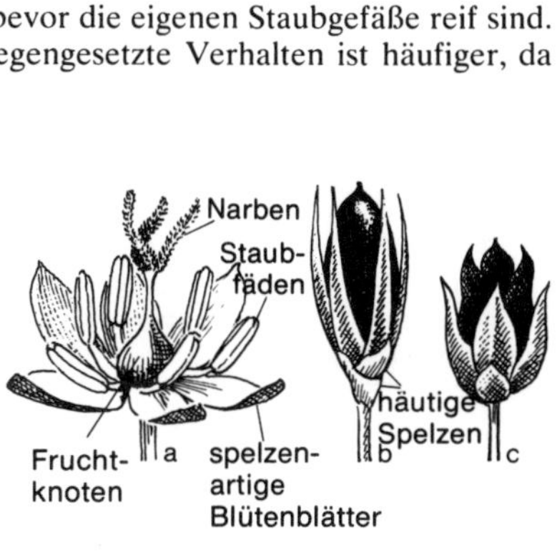

Die Binsengewächse haben vollständig dreizählige Blüten mit zwei Kreisen trokkener, spelzenartiger Blütenblätter, 2 Kreisen (seltener nur einer) von Staubfäden und einem Fruchtknoten, dessen Griffel in 3 Narben endet (a: Behaarte Hainsimse, Nr. 145). Die Frucht ist eine Kapsel (b), die auch in der Reife von den Perigonblättern umschlossen wird. Schließlich öffnet sich die Kapsel mit 3 Klappen (c). Die Perigonblätter sind am Grunde von häutigen Spelzen umgeben.

Blütenstände der Binsen: Die Blüten sitzen einzeln in einem offenen, doldigen Stand a: Behaarte Hainsimse, Nr. 145, oder sie können dicht in köpfchenartigen Ständen versammelt sein, die ihrerseits in doldenartigen Ständen stehen b: Rasen-Binse, Nr. 142; c: Vielblütige Hainsimse, Nr. 147). Am Grunde der Äste der Blütenstände sitzen laubblattähnliche oder schuppenförmige Hüllblätter.

die proterandrischen Blüten besser damit übereinstimmen, daß in den Knospen die Staubgefäße vor den Fruchtblättern entwickelt werden. Proterandrische Blüten haben in der Regel Insektenbestäubung, während proterogyne Windbestäubung aufweisen.

Die Blüten sind in büschelförmigen **Blütenständen** versammelt, bald ausgebreitet mit einzeln sitzenden Blüten, bald mehr zusammengezogen mit Blüten in köpfchenförmigen Ständen, die ihrerseits in größeren Blütenständen angeordnet sein können. Blüten und Äste der Blütenstände sitzen in der Regel in den Achseln schuppenförmiger Hochblätter.

Unsere einheimischen Arten sind alle ein- oder mehrjährige Kräuter mit runden oder selten zusammengedrückten, markgefüllten Halmen ohne Knoten. Bei einzelnen Binsen-Arten ist das Mark in Kammern gegliedert. Die Halme werden von den **Blattscheiden** umgeben, die bei den Hainsimsen an den Rändern verwachsen sind, bei den Binsen aber hoffen, und der Zuwachs erfolgt auch hier am einzigen Knoten am Grunde des Halms, der von Blattscheiden umgeben ist.

Die **Blattspreiten** sind schmal und linealisch, sie können flach, rinnig mit erhöhten Kanten oder rund im Querschnitt sein. Es kann ein schwach entwickeltes Blatthäutchen am Übergang von Blattscheide zu Blattspreite geben. Die Blätter sitzen wie bei den Riedgräsern in drei Reihen an den Trieben.

Die Binsen haben ihren größten Formenreichtum auf der südlichen Halbkugel. In Südafrika gibt es die Art Palmbinse, *Prionium serratum,* mit 1–2 m hohem, holzigem Stamm, der in einer »Krone« schmaler und steifer, am Rande dorniger, 0,5 m langer Blätter endet und einer kleinen Palme gleicht.

Die Familie umfaßt 9 Gattungen mit rund 400 Arten, von denen die meisten zu den Binsen und Hainsimsen gehören, die auch bei uns vertreten sind und gut zwei Dutzend Arten aufweisen. Die übrigen Gattungen gibt es nur auf der südlichen Halbkugel.

1 Wohlriechendes Ruchgras
Anthoxanthum odoratum

2 Wohlriechendes Mariengras
Hierochloe odorata

3 Rohr-Glanzgras
Baldingera arundinacea

4
5

4 Flattergras
Milium effusum

5 Feder-Pfriemengras
Stipa pennata

6 Wiesen-Lieschgras
Phleum pratense

7 Knotiges Lieschgras
Phleum bertolonii

8 Sand-Lieschgras
Phleum arenarium

9 Wiesen-Fuchsschwanzgras
Alopecurus pratensis

10 Knick-Fuchsschwanzgras
Alopecurus geniculatus

11
12
13
14

11 Windhalm
Apera spica-venti

12 Rotes Straußgras
Agrostis tenuis

13 Sumpf-Straußgras
Agrostis canina

14 Weißes Straußgras
Agrostis stolonifera

15. Land-Reitgras
Calamagrostis epigeios

16 Lanzettliches Reitgras
Calamagrostis canescens

17 Rohr-Reitgras
Calamagrostis arundinacea

18
19

20

21

22

18 Wolliges Honiggras
Holcus lanatus

19 Weiches Honiggras
Holcus mollis

20 Silbergras
Corynephorus canescens

21 Früher Schmielenhafer
Aira praecox

22 Nelkenhafer
Aira caryophyllea

23 Rasen-Schmiele
Deschampsia caespitosa

24 Geschlängelte Schmiele
Deschampsia flexuosa

25 Goldhafer
Trisetum flavescens

26 Glatthafer
Arrhenatherum elatius

25
26

27
28

27 **Wiesen-Hafer**
Helictotrichon pratense
28 **Flaum-Hafer**
Helictotrichon pubescens
29 **Schilfrohr**
Phragmites australis
30 **Pfeifengras**
Molinia caerulea
29
30

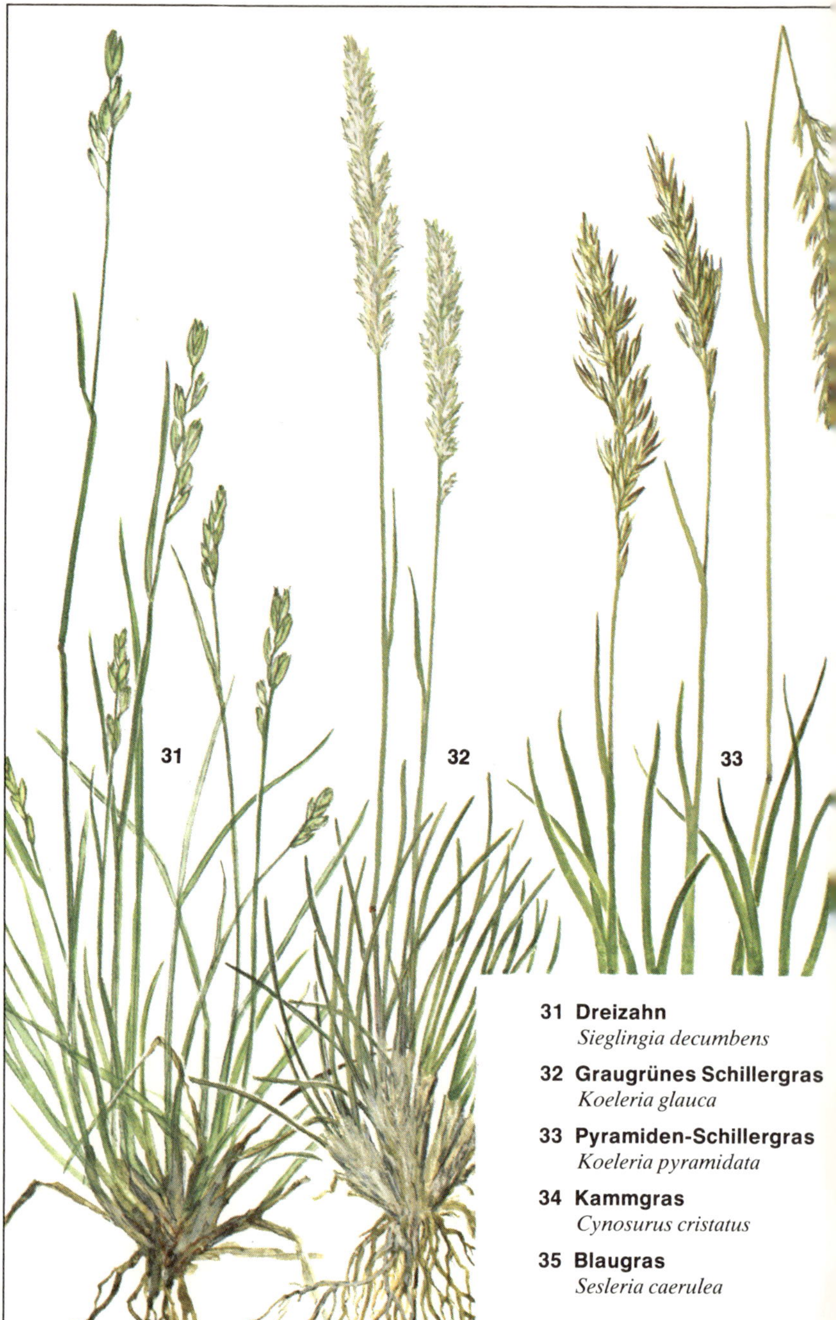

31 Dreizahn
Sieglingia decumbens

32 Graugrünes Schillergras
Koeleria glauca

33 Pyramiden-Schillergras
Koeleria pyramidata

34 Kammgras
Cynosurus cristatus

35 Blaugras
Sesleria caerulea

36 Gemeines Knäuelgras
Dactylis glomerata

37 Zittergras
Briza media

38 Einblütiges Perlgras
Melica uniflora

39 Nickendes Perlgras
Melica nutans

40 Wimper-Perlgras
Melica ciliata

38
39
40

41 Quellgras
Catabrosa aquatica

42 Kleines Liebesgras
Eragrostis poaeoides

43 Einjähriges Rispengras
Poa annua

44 Wiesen-Rispengras
Poa pratensis

45 Gemeines Rispengras
Poa trivialis

44
45

46
47
48

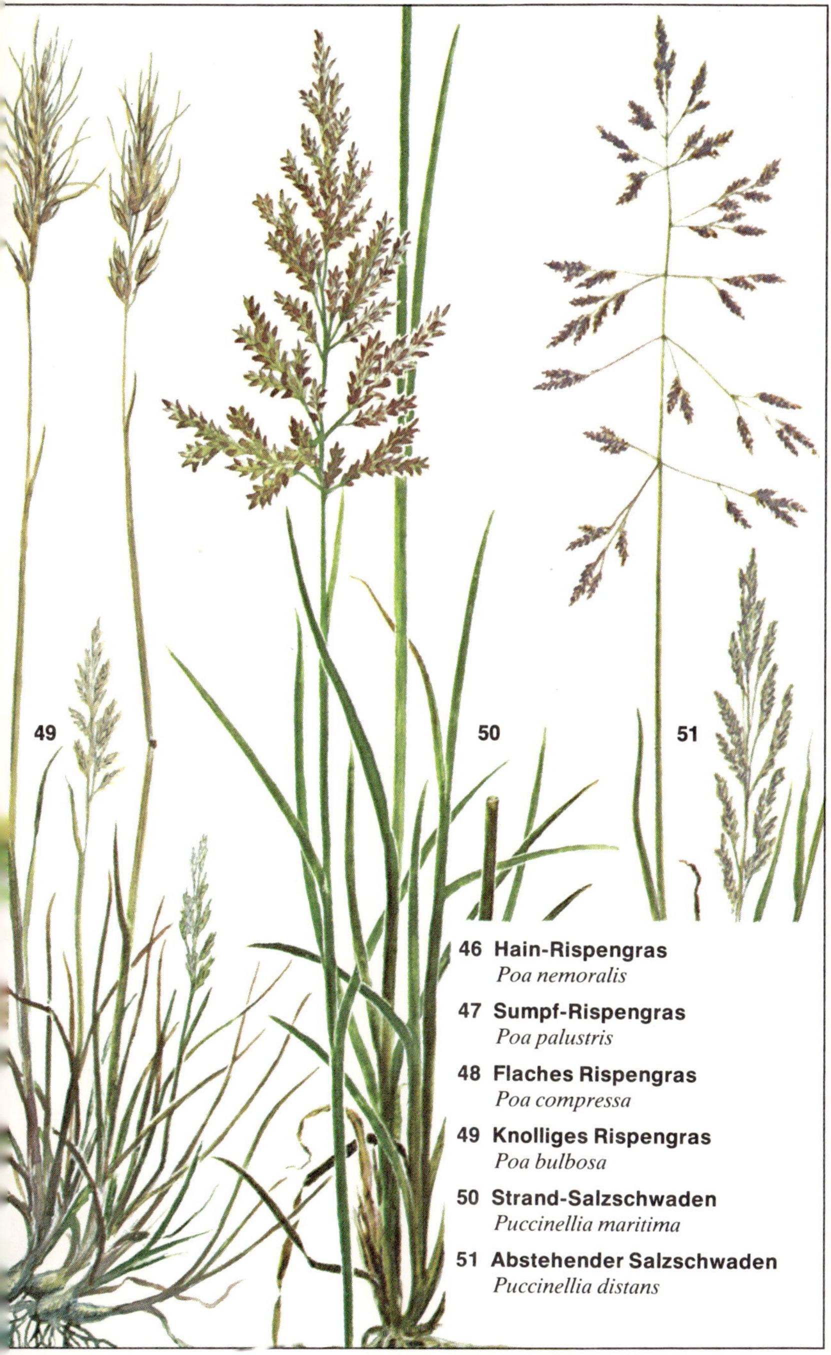

46 Hain-Rispengras
Poa nemoralis

47 Sumpf-Rispengras
Poa palustris

48 Flaches Rispengras
Poa compressa

49 Knolliges Rispengras
Poa bulbosa

50 Strand-Salzschwaden
Puccinellia maritima

51 Abstehender Salzschwaden
Puccinellia distans

52
53

52 Großer Schwaden
Glyceria maxima

53 Manna-Schwaden
Glyceria fluitans

54 Riesen-Schwingel
Festuca gigantea

55 Wiesen-Schwingel
Festuca pratensis

56 Rohr-Schwingel
Festuca arundinacea

57 Schaf-Schwingel
Festuca ovina

58 Roter Schwingel
Festuca rubra

59 Trespen-Fuchsschwingel
Vulpia bromoides

60 Dach-Trespe
Bromus tectorum

61 Taube Trespe
Bromus sterilis

59
60
61

62
63

62 Wald-Trespe
Bromus ramosus

63 Aufrechte Trespe
Bromus erectus

64 Weiche Trespe
Bromus hordeaceus

65 Acker-Trespe
Bromus arvensis

66 Roggen-Trespe
Bromus secalinus

67
68

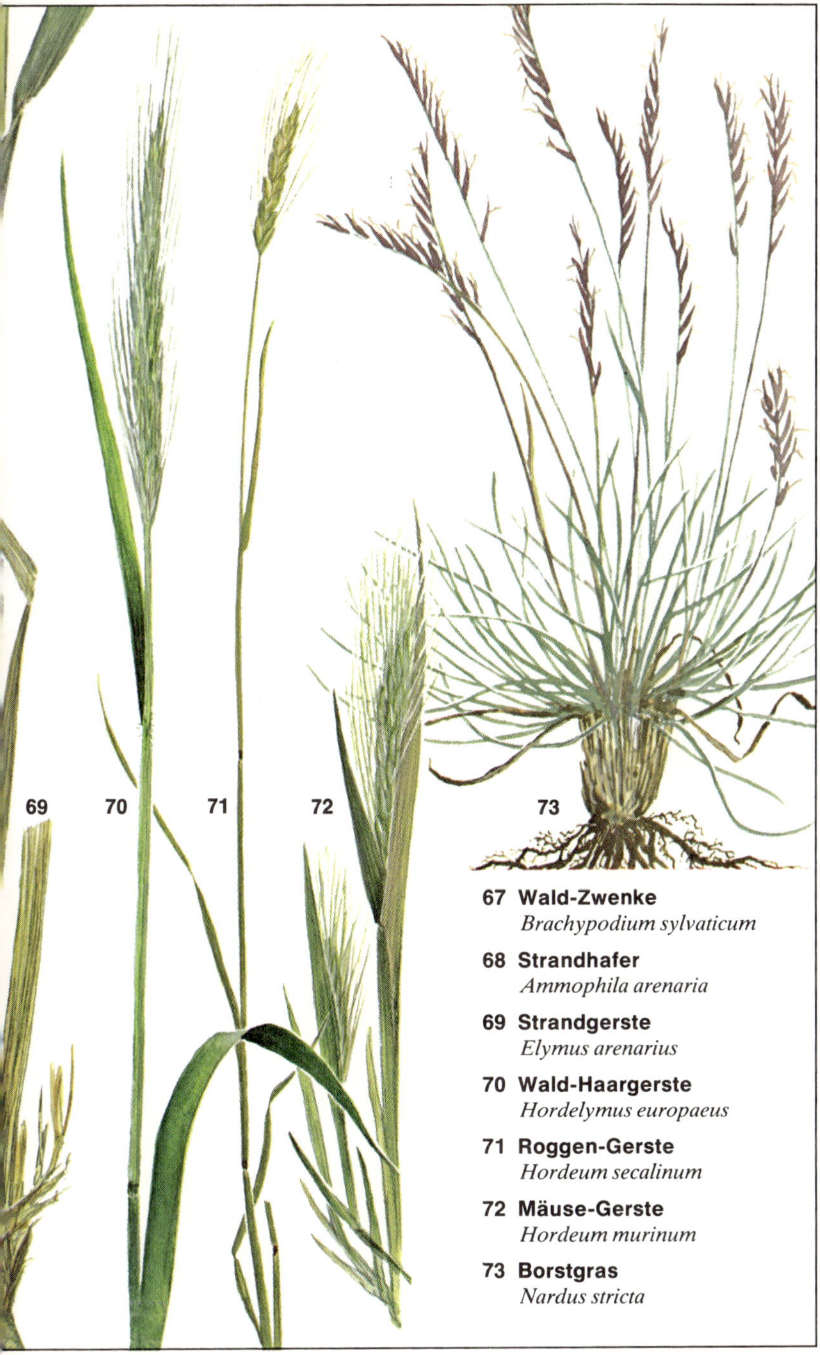

67 Wald-Zwenke
Brachypodium sylvaticum

68 Strandhafer
Ammophila arenaria

69 Strandgerste
Elymus arenarius

70 Wald-Haargerste
Hordelymus europaeus

71 Roggen-Gerste
Hordeum secalinum

72 Mäuse-Gerste
Hordeum murinum

73 Borstgras
Nardus stricta

74
75
76

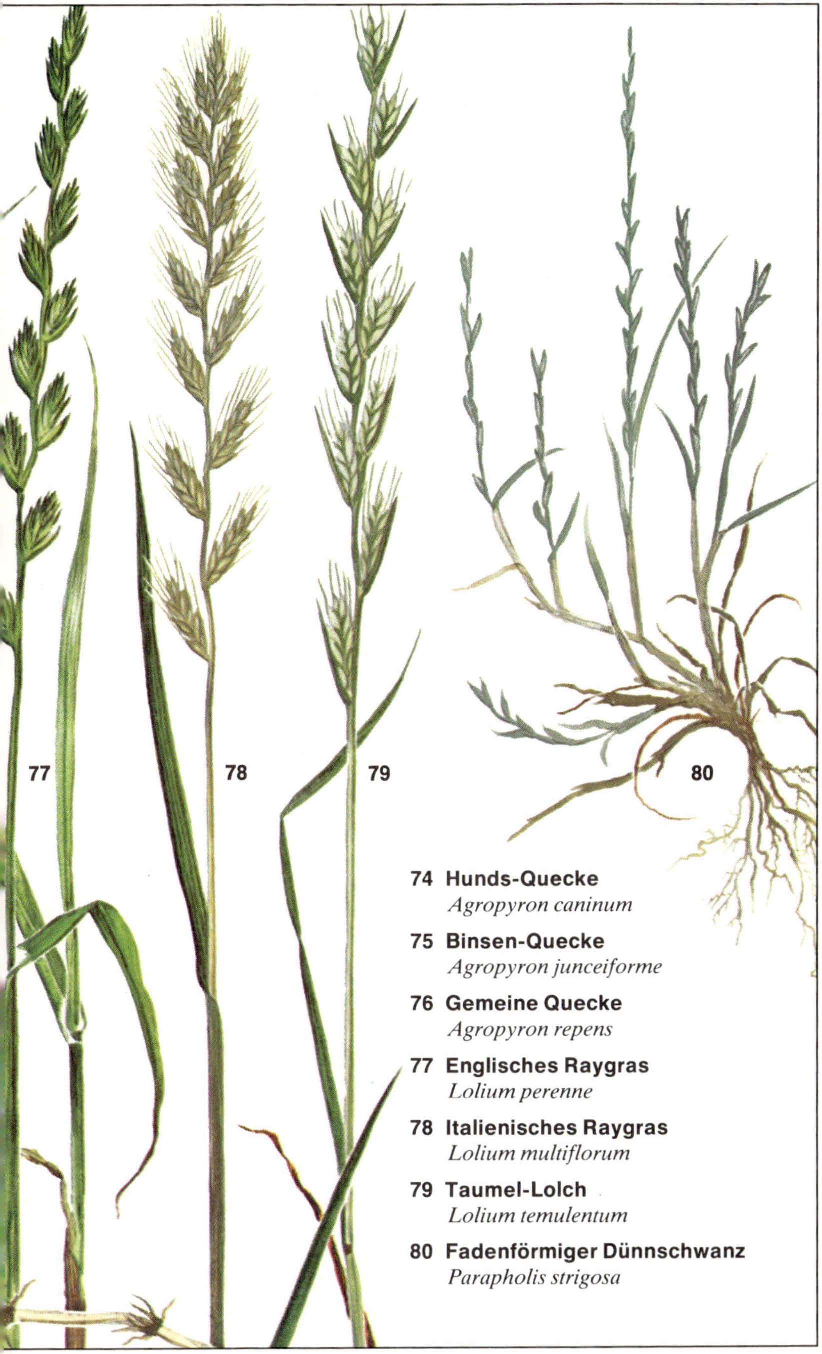

74 Hunds-Quecke
Agropyron caninum

75 Binsen-Quecke
Agropyron junceiforme

76 Gemeine Quecke
Agropyron repens

77 Englisches Raygras
Lolium perenne

78 Italienisches Raygras
Lolium multiflorum

79 Taumel-Lolch
Lolium temulentum

80 Fadenförmiger Dünnschwanz
Parapholis strigosa

81
82
83
84

81 Gemeiner Weizen
Triticum aestivum

82 Roggen
Secale cereale

83 Zweizeilige Gerste
Hordeum distichum

84 Sechszeilige Gerste
Hordeum vulgare

85 Saat-Hafer
Avena sativa

86 Wind-Hafer
Avena fatua

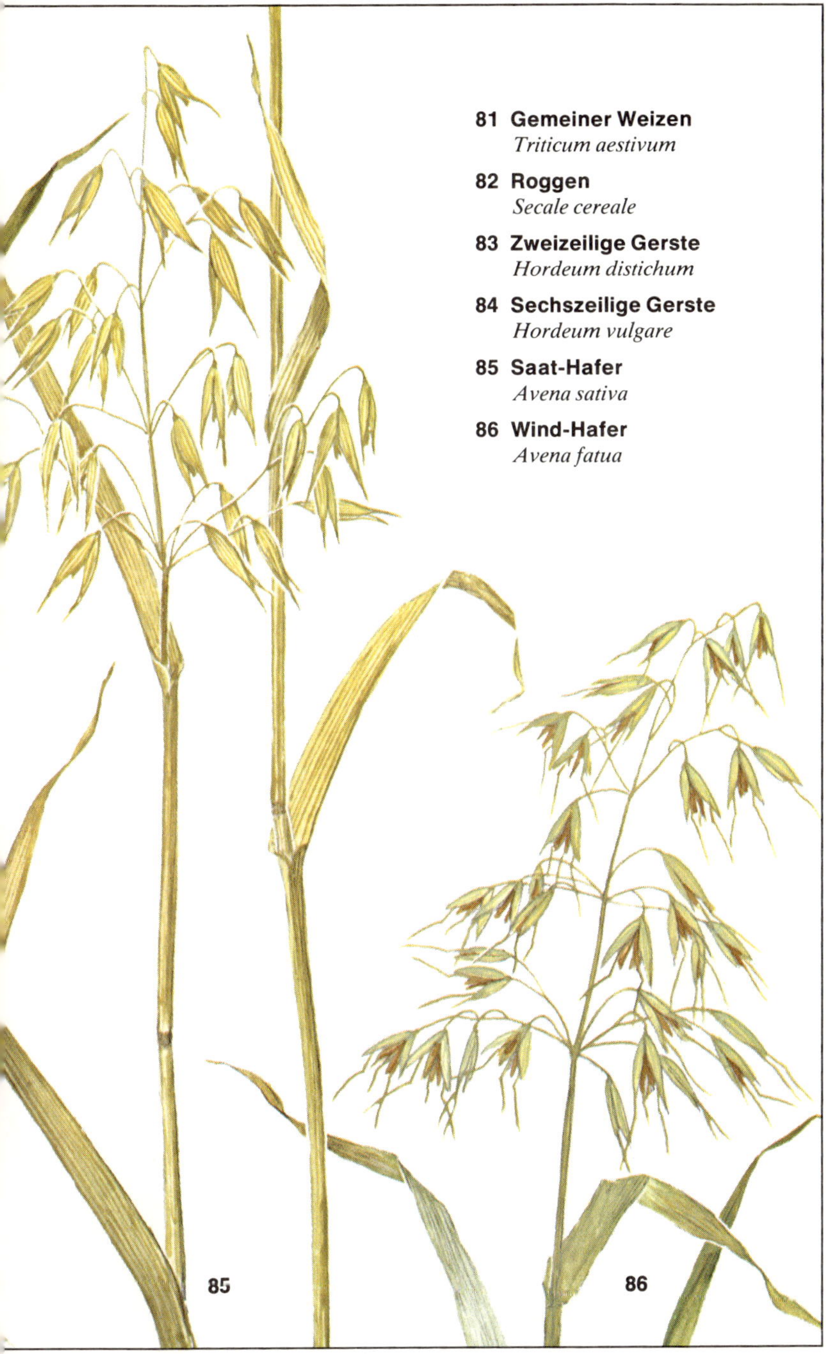

87
88
89

90

91

92

87 Echte Hirse
Panicum miliaceum

88 Faden-Hirse
Digitaria ischaemum

89 Hühner-Hirse
Echinochloa crus-galli

90 Grüne Borstenhirse
Setaria viridis

91 Kolben-Borstenhirse
Setaria italica

92 Hohes Schlickgras
Spartina townsendii

93 Schwarzrotes Zypergras
Cyperus fuscus

94 Rostrotes Kopfriet
Schoenus ferrugineus

95 Weißes Schnabelriet
Rhynchospora alba

96 Braunes Schnabelriet
Rhynchospora fusca

97 Gemeines Sumpfriet
Elocharis palustris

98 Armblütiges Sumpfriet
Scirpus quinqueflorus

99 Borstige Moorbinse
Scirpus setaceus

100 Zusammengedrücktes Quellried
Scirpus compressus

98
99
96
97
100

101
102

101 Wald-Binse
Scirpus sylvaticus

102 Rasenbinse
Scirpus caespitosus

103 Sumpf-Binse
Scirpus lacustris

104 Strand-Binse
Scirpus maritimus

105 Schneide
Cladium mariscus

106
107
108

106 Schmalblättriges Wollgras
Eriophorum angustifolium

107 Scheiden-Wollgras
Eriophorum vaginatum

108 Zweihäusige Segge
Carex dioica

109 Floh-Segge
Carex pulicaris

110 Zweizeilige Segge
Carex disticha

111 Hasenfuß-Segge
Carex ovalis

112 Sand-Segge
Carex arenaria

113
114
115
116

113 Rispen-Segge
Carex paniculata

114 Sonderbare Segge
Carex appropinquata

115 Draht-Segge
Carex diandra

116 Hain-Segge
Carex otrubae

117 Entfertährige Segge
Carex remota

118 Stachel-Segge
Carex spicata

119 Igel-Segge
Carex echinata

120 Verlängerte Segge
Carex elongata

121 Graue Segge
Carex curta

122
123
124
125

122 Steife Segge
Carex elata

123 Braune Segge
Carex nigra

124 Scharfe Segge
Carex acuta

125 Ufer-Segge
Carex riparia

126 Schnabel-Segge
Carex rostrata

127 Blasen-Segge
Carex vesicaria

128 Zypergras-Segge
Carex pseudocyperus

129 Hänge-Segge
Carex pendula

130
131
132
133

130 Faden-Segge
Carex lasiocarpa

131 Rauhe Segge
Carex hirta

132 Pillen-Segge
Carex pilulifera

133 Blaugrüne Segge
Carex flacca

134 Hirsen-Segge
Carex panicea

135 Schuppensegge
Carex lepidocarpa

136 Wald-Segge
Carex sylvatica

137 Frühlings-Segge
Carex caryophyllea

138 Flatter-Binse
Juncus effusus

139 Knäuel-Binse
Juncus conglomeratus

140 Faden-Binse
Juncus filiformis

141 Stumpfblütige Binse
Juncus subnodulosus

142 Glanzfrüchtige Binse
Juncus articulatus

143 Salz-Binse
Juncus gerardii

141
142
143

144 Wald-Hainsimse
Luzula sylvatica

145 Behaarte Hainsimse
Luzula pilosa

146 Feld-Hainsimse
Luzula campestris

147 Vielblütige Hainsimse
Luzula multiflora

Beschreibung der Arten

Echte Gräser oder Süßgräser Poaceae

Wohlriechendes Ruchgras (1)

Anthoxanthum odoratum

Ein mehrjähriges Gras mit dünnen, 14–15 cm hohen Halmen in dichten Horsten. Blätter mit ziemlich kurzer und schmaler Spreite und langen Haaren am Grund. Das Blatthäutchen ist mittellang (bis 2 mm). Der Blütenstand ist länglich, bräunlich verdunkelt, aus kleinen, etwas zusammengedrückten Ährchen zusammengesetzt, die nur eine fruchtbare (zwittrige) Blüte enthalten, welche von 2 tauben Blüten umgeben ist. Im Gegensatz zu den Blüten der meisten anderen Gräser hat die Blüte des Ruchgrases nur 2 Staubblätter. Die tauben Blüten bestehen nur aus einer Spelze mit rostbraunen Haaren und einer Granne. Die Spelzen der fertilen Blüte sind dagegen glatt und ohne Granne. Blütezeit Mai–Juni. Die Blüte ist stark proterogyn, die lange, federförmige Narbe ragt aus den Ährchen heraus lange bevor die Staubgefäße erscheinen. Damit wird Selbstbestäubung verhindert.

Das reife Korn wird dicht von den glatten, rotbraunen Deckspelzen umschlossen. Diese werden wiederum von den behaarten und eine Granne tragenden Deckspelzen der tauben Blüten umgeben, die als ein Satz zusätzlicher Spelzen dienen und der Verbreitung dienen, da sich die Grannen im Fell vorbeikommender Tiere einhängen. Die reife Ährenrispe nimmt eine gelbliche Farbe an. Die ganze Pflanze enthält einen Stoff, der beim Trocknen in das wohlriechende Kumarin verwandelt wird, das dem Heu mit diesem Gras einen eigentümlichen kräuterartigen Duft verleiht. Der Name Ruchgras leitet sich davon ab. Auch der bekannte Waldmeister enthält diesen Stoff.

Das Wohlriechende Ruchgras ist weit verbreitet auf Wiesen, Triften und in Wäldern und steigt bis in die alpine Stufe der Alpen. Es kommt in Europa

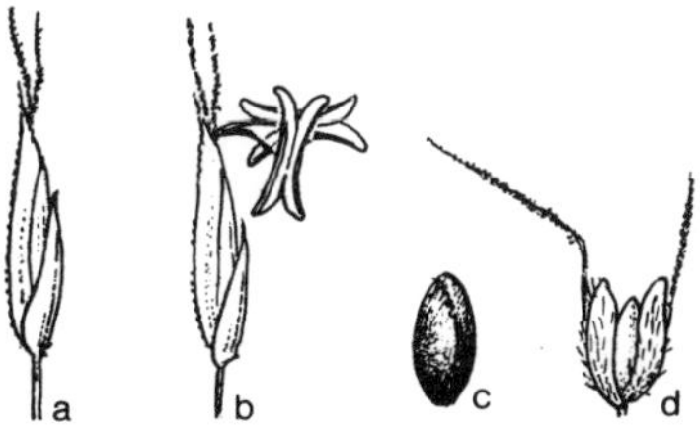

Wohlriechendes Ruchgras (Nr. 1). a: Ährchen im weiblichen Stadium. Das Ährchen ist ganz von der großen inneren Hüllspelze umgeben und die Narben kommen durch eine enge Öffnung hervor. b: Ährchen im männlichen Stadium. c: Reifes Korn, das von den Deckspelzen umgeben ist. d: Dasselbe von begrannten, tauben Blüten umgeben. a und b: 2 ×, c und d: 3 × natürliche Größe).

und Asien vor. Als Tierfutter hat es wenig Wert, da es nur wenig Heu ergibt und wegen seines Gehalts an Kumarin bitter und wohl auch schädlich ist.

Wohlriechendes Mariengras (2)
Hierochloe odorata

Mehrjährig, mit kriechender Grundachse, unterirdischen Ausläufern und 25–60 cm hohen, aufrechten Halmen, die in einer lockeren Rispe mit braunglänzenden Ährchen enden. Die blühenden Halme tragen nur wenige und kleine Blätter, sind aber von sterilen Blatt-Trieben mit sehr langen Blättern umgeben. Blätter mit ziemlich langen Blatthäutchen. Die Ährchen besitzen durchsichtige Hüllspelzen, die 3 Blüten umschließen, in der Mitte eine zwittrige Blüte mit 2 Staubblättern und 2 männlichen Blüten mit 3 Staubblättern. Blütezeit ist April–Mai.
Auch dieses Gras enthält Kumarin und in früheren Zeiten wurde es mancherorts an Feiertagen vor den Kirchentüren ausgebreitet, damit sich der Geruch beim Zertreten verbreiten konnte. Davon leitet sich auch der Name ab.

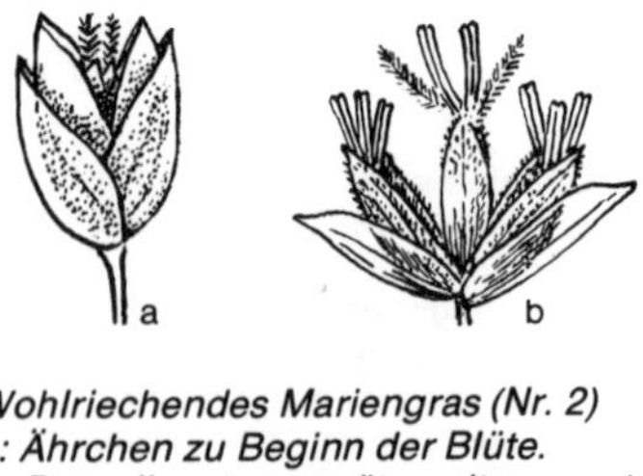

*Wohlriechendes Mariengras (Nr. 2)
a: Ährchen zu Beginn der Blüte.
b: Dasselbe etwas später mit ausgestellten Hüllspelzen, so daß die einzelnen Blüten von einander getrennt sind.
(4 × natürliche Größe).*

Wächst auf feuchten Wiesen und an Ufern und ist im Norden des Gebiets zerstreut, im Süden selten. Die Verbreitung liegt auf beiden Seiten des Atlantik, in Nordwesteuropa, im östlichen Nordamerika und in Grönland.

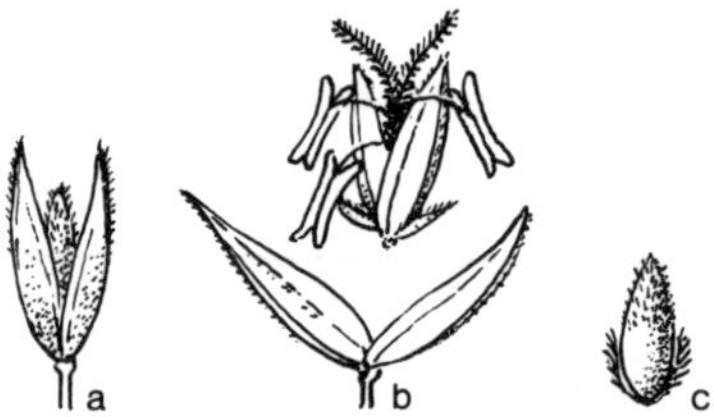

Rohr-Glanzgras (Nr. 3) a: Ganzes Ährchen. b: Blühendes Ährchen, das ganz abgetrennt ist und die tauben Blüten als 2 kleine Schuppen am Grunde der Deckspelzen der fruchtbaren Blüte sichtbar werden. c: Reifes Korn, von Deckspelzen und tauben Spelzen umgeben. (3 × natürliche Größe).

Rohr-Glanzgras (3)
Baldingera arundinacea

Mehrjährig, mit kriechender Grundachse, aus der aufrechte, bis zu 2 m hohe, graugrüne Halme sprossen, die sich verzweigen können. An den Halmen sitzen lange und breite Blätter mit rauhen Kanten. Rispe groß und ausgebreitet, blaßgrün oder rotviolett angelaufen. Das Gras erinnert an Schilfrohr (Nr. 29) und trägt deshalb den Namen, unterscheidet sich aber durch ein 6–10 mm langes weißes Blatthäutchen, während das Schilfrohr an dieser Stelle einen Kranz von Haaren trägt. Die Ährchen sind einblütig. Ihre Hüllspelzen sind länger als die Deckspelzen, die eine zwittrige Blüte mit 3 Staubblättern und 2 Narben umschließen. Am Grunde der Spelzen der ferti-

len Blüte gibt es 2 ziemlich kleine Schuppen, die 2 sehr reduzierte taube Blüten darstellen. Blütezeit ist Juni–August.
Wächst in dichten Beständen an Ufern und auf feuchten Wiesen und ist weit verbreitet. Es kommt auf der ganzen nördlichen Halbkugel vor. Jung wird es vom Vieh als Futter angenommen, ausgewachsen ist es zu grob. Früher fand es örtlich in Strohdächern Verwendung. Eine weißgestreifte Form wird als Zierpflanze verwendet.
Syn.: *Phalaris arundinacea*

Flattergras (4)
Milium effusum

Mehrjährig, mit 0,5–1,2 m hohen Halmen in lockeren Horsten. Die frischgrünen Blätter sind breit und weich mit rauher Kante und langem Blatthäutchen. Rispe groß mit blaßgrünen, einblütigen Ährchen an haarfeinen, abgeflachten Ästen, die nach der Blüte herabhängen. Die Ährchen sind eiförmig und tragen gewölbte Hüllspelzen, die so lang sind wie die Deckspelzen der Blüten. Alle Spelzen ohne Grannen. Blütezeit ist Mai–Juli. Das Korn wird von den glatten, graubraunen, knorpelartig harten Deckspelzen umschlossen. Es erinnert dadurch an kleine Hirsekörner. Der lateinische Name dieses Grases ist vom alten lateinischen Namen für Hirse, »Milium«, abgeleitet. Die kleinen, aber ziemlich schweren Körner fallen aus den Hüllspelzen, wenn sie der Wind schüttelt. Beim herbstlichen Wandern durch einen Bestand dieses Grases hört man bei jedem Schritt die Körner zu Boden fallen.
Das Flattergras ist ein typisches Waldgras besonders in hellen Buchen- und Eichenwäldern. Es bildet oft große Bestände und ist weit verbreitet, über die gesamte gemäßigte nördliche Halbkugel der Erde.

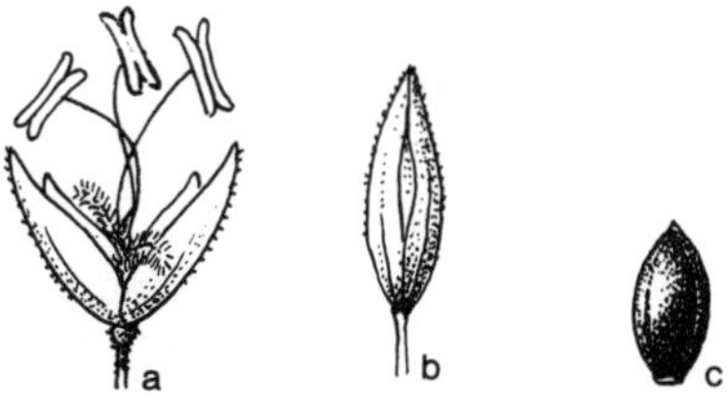

Flattergras (Nr. 4) a: Blühendes Ährchen. b: Dasselbe abgeblüht. c: Reifes Korn von glatten und harten Deckspelzen umgeben. (4 × natürliche Größe).

Feder-Pfriemengras (5)
Stipa pennata

Ein mehrjähriges, 30–70 cm hohes, glattes und graugrünes Gras mit steifen aufrechten Halmen in dichten Horsten und mit schmalen, borstenförmig eingerollten Blättern mit einem langen, spitzen Blatthäutchen. Der Blütenstand ist eine Rispe mit einblütigen Ährchen. Die Deckspelze trägt eine bis zu 30 cm lange Granne, die in den oberen zwei Dritteln ihrer Länge 2 Reihen abstehender Haare trägt und wegen der Federform der Pflanze den Namen gegeben hat. Zunächst ist der Blütenstand von den Blattscheiden der obersten Blätter umschlossen und nur die federförmigen Grannen ragen hervor. Die Blüten sind deshalb selbstbestäubend. Blütezeit ist Mai–Juni. Der Blütenstand wird erst frei, so wie abgebildet, wenn die Körner reifen. Sie lösen sich von den Hüllspelzen und werden vom Wind verbreitet. Die Deckspelzen umhüllen das Korn und die lange federförmige Granne dient als Flugapparat, kann aber auch im Fell von Tieren hängenbleiben. Der un-

tere, nicht behaarte Teil der Granne hat eine andere Funktion. Er ist hygroskopisch und rollt sich bei trockenem Wetter ein, streckt sich aber wieder, wenn er feucht wird. Durch diese Bewegungen bohrt die Granne das Korn in die Erde.
Federgras ist in Steppengebieten mit trockenem Klima zu Hause und deshalb besonders in Südosteuropa und Zentralasien verbreitet. Die mitteleuropäischen Vorkommen beschränken sich daher auf die wenigen kleinen Gebiete mit solcher Vegetation im Jura, im Rheingebiet und mehrere im östlichen Teil, häufiger jedoch zum Beispiel im östlichen Österreich. Aus diesem Grund steht das Federgras auch unter strengem Naturschutz.

Lieschgras *Phleum*

Gräser, die zur Gattung Lieschgras gerechnet werden, sind durch eine Ährenripse gekennzeichnet, die schmal und dicht aus einblütigen Ährchen zusammengesetzt ist mit stachel-spitzigen Hüllspelzen, die länger sind als die

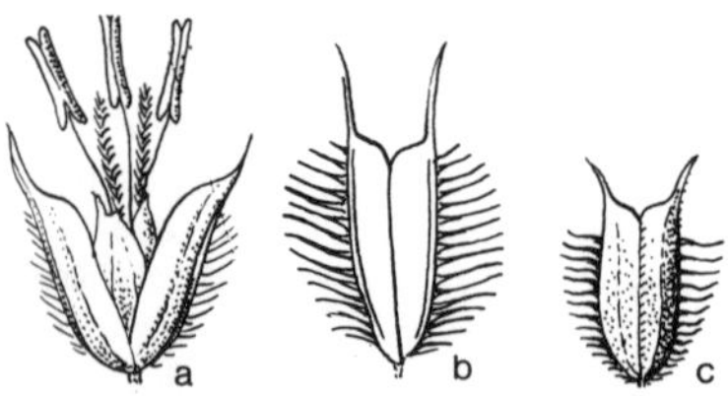

a: Blühende Ährchen von Wiesen-Lieschgras (Nr. 6) mit ausgestellten Hüllspelzen und danach sichtbaren Deckspelzen. b: Ährchen des gleichen Grases nach der Blüte. c: Ährchen des Knotigen Lieschgrases (Nr. 7) (4 × natürliche Größe).

grannenlosen Deckspelzen. Biegt man den Blütenstand, so ist zu erkennen, daß zumindest manche Ährchen an kurzen Stielen sitzen. In einer Ähre sitzen die Ährchen hingegen ungestielt direkt auf der Achse. Die Ährenrispen der Arten dieser Gattung fühlen sich im Gegensatz zu jenen der nachfolgenden Gattung durch die spitzen Hüllspelzen kratzig an, während jene weicher sind. Auch sie haben einblütige Ährchen, die Deckspelze trägt aber eine lange Granne, die zwischen den stumpfen Hüllspelzen herausragt. Bei den Lieschgräsern ist das reife Korn nur lose von den häutigen Deckspelzen umgeben und trennt sich leicht davon. Bei den folgenden, den Fuchsschwanzgräsern, fällt das ganze Ährchen zusammen mit dem Korn ab.
Die Gattung Lieschgras umfaßt 15 Arten mit mehreren einheimischen.

Wiesen-Lieschgras (6)
Phleum pratense

Mehrjährig, mit horstigem Wuchs und 50–100 cm hohen aufrechten Halmen, die am Grunde oft etwas verdickt sind und eine walzenförmige (6–15 cm (–30 cm) lange und 6–10 mm dicke) Ährenrispe aus sehr dicht sitzenden Ährchen tragen. Die hell oder blaß blaugrünen Blätter sind flach und recht breit mit rauhen Kanten und recht langem Blatthäutchen, das an den oberen Blättern bis zu 5 mm lang werden kann. Die Ährchen sind zusamengedrückt, mit stachelspitzigen Hüllspelzen und steifbehaartem Kiel. Die Deckspelzen sind häutig und ohne Granne. Blütezeit ist Mai–September.
Das Wiesen-Lieschgras ist eines der wichtigsten Futtergräser. Seit mehr als 150 Jahren wird es systematisch aus Samen gezogen, die ursprünglich aus Nordamerika kamen, heute aber selbst produziert werden und mit anderen

Gräsern oder zusammen mit Klee ausgesät werden.
Die Pflanze wurde allerdings im 18. Jahrhundert aus England eingeführt und ist demnach europäischen Ursprungs. Aus der Kultur verwildert ist sie auf beiden Seiten des Atlantik und praktisch über die ganze nördliche Halbkugel verbreitet, ja sogar an geeigneten Stellen der südlichen. Bei uns kommt die Art auf Wiesen vor.

Knotiges Lieschgras (7)
Phleum bertolinii

Gleicht einer verkleinerten Ausgabe des Wiesen-Lieschgrases und wurde früher als Wildform von diesem betrachtet. Ist an den schwächeren, nur bis 50 cm hohen Halmen zu erkennen, die aber an der Basis zwiebelförmig angeschwollen sind (daher der Name), und an den oft recht langen oberirdischen Ausläufern. Der Blütenstand ist bedeutend kürzer (1–6 cm lang) und dünner (3–6 mm dick). Blützezeit ist Juli.
Die Art wächst weit verbreitet an trokkenen, grasigen Stellen und kommt in Europa, Vorderasien und Nordafrika vor. Die Pflanze ist hart und genügsam und man hat mit ihrer Kultur begonnen. Besonders auf Sportplätzen und Wegen, die stark beansprucht werden, findet sie Verwendung.
Syn. *Phleum nodosum*

Sand-Lieschgras (8)
Phleum arenarium

Ein einjähriges, früh absterbendes Gras mit horstig stehenden, in der Regel nur 5–15 cm hohen Halmen mit aufgeblasenen Blattscheiden und einer kleinen, kegelförmigen Ährenrispe. Blütezeit ist Mai–Juli.
Die Pflanze wächst auf den Dünen der Küsten und auf Binnendünen am Rhein. Sie kommt vom Mittelmeer bis zur Ostsee an allen europäischen Küsten vor.

Fuchsschwanzgras *Alopecurus*

Der Blütenstand dieser Gräser ist eine dichte, walzenförmige Ährenrispe, die an beiden Enden abgerundet ist. Er unterscheidet sich von den Lieschgras-Arten (Nr. 6–8) durch mehr lockere und weichere Struktur (daher der Name Fuchsschwanzgras) und durch zusammengedrückte, einblütige Ährchen, deren Hüllspelzen nicht dornspitzig sind. Die Deckspelze ist kürzer als die Hüllspelzen, trägt aber eine lange Granne, die über das Ährchen hinausragt. Das reife Korn fällt zusammen mit dem ganzen Ährchen ab und man vermutet, daß die Granne der Deckspelze für die Verbreitung von Bedeutung ist, da sie sich in das Fell von Tieren einhängen kann.
Die Gattung umfaßt 50 Arten mit rund einem Dutzend mitteleuropäischer.

Wiesen-Fuchsschwanzgras (9)
Alopecurus pratensis

Ein mehrjähriges, frisch grünes Gras, das in Horsten wächst, die zahlreiche sterile, blattragende Triebe enthalten, aber oft nur einzelne oder wenige blühende Triebe mit 45–90 cm hohen Halmen. Die Blätter sind breit mit flacher Spreite und ziemlich langem, wie abgeschnittenem Blatthäutchen. Der Blütenstand ist eine dichte, walzenförmige 3–6(–11) cm lange Ährenripse mit 4–5 mm langen Ährchen. Die Blüte beginnt schon zeitig im Mai und kann durch den Sommer andauern. Es gibt keine Schwellkörper in den Blüten und die Ährchen lockern sich während der Blütezeit nicht auf. Zuerst erscheinen die Narben zwischen den Hüllspelzen und erst einige Zeit danach erscheinen die Staubblätter. Die Blüten sind stark proterogyn und Selbstbestäubung wird vermieden. Die Pflanze kann sich auch nicht selbst bestäuben, da sie selbststeril ist und zur Befruchtung Blütenstaub einer anderen Pflanze benötigt. In der Reife fällt das ganze Ährchen mit dem Korn ab.

Das Wiesen-Fuchsschwanzgras ist ein wertvolles Futtergras, das fruchtbaren, tiefgründigen Boden benötigt. Es ist ein blattreiches Gras mit weichen Halmen, das vom Vieh gerne gefressen wird. Außerdem entwickelt es sich früh und ist ausdauernd. Die Art wird schon lange kultiviert und gehört wohl zu unserer usprünglichen Flora auf feuchten Wiesen. Die Verbreitung erstreckt sich über Europa und Nordasien und – bedingt durch Kultivierung – auf viele andere Stellen.

Knick-Fuchsschwanzgras (10)

Alopecurus geniculatus

Ein ein-, zwei- oder mehrjähriges, Büschel bildendes Gras mit zahlreichen, 15–45 cm langen, geknickten Halmen, die am Boden aufliegen und dort Wurzeln bilden. Blattscheiden aufgeblasen und die Spreite der obersten Blätter ziemlich kurz. Das Blatthäutchen ist lang und spitz. Die dunkelgrüne oder violett angelaufene Ährenrispe ist kurz und schmal, mit 3 mm langen Ährchen und ziemlich langen Grannen, die weit aus den Ährchen herausragen. Blütezeit ist Mai–Oktober.

Dieses Gras wächst auf feuchten und oft überschwemmten Böden und an Ufern und Gräben. Es ist weit verbreitet und kommt in fast ganz Europa vor, in den Alpen bis in die alpine Stufe. Es wurde auch in andere Erdteile verschleppt (z. B. Westgrönland).

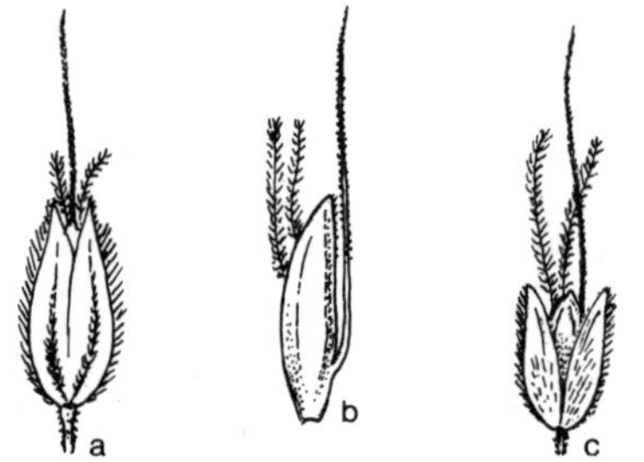

a: Blühendes Ährchen von Wiesen-Fuchsschwanzgras (Nr. 9) im weiblichen Stadium. b: Blüte nach Entfernung der Hüllspelzen, aber mit begrannter Deckspelze. Es gibt keine Vorspelze bei den Arten der Fuchsschwanzgräser. c: Ährchen des Knickfuchsschwanzgrases (Nr. 10). (a: 3 ×, b und c: 4 × natürliche Größe).

Windhalm (11)

Apera spica-venti

Ein einjähriges Gras mit 30–100 cm hohen Halmen und schmalen und rauhen Blättern mit langen, gefransten Blatthäutchen. Der Blütenstand ist groß (bis zu 30 cm lang), eine reich verzweigte Rispe mit dünnen, rauhen Zweigen. Die grünlichen oder violett angelaufenen Ährchen sind einblütig. Die Deckspelze der Blüte trägt eine Granne, die 3–4 mal so lang ist wie diese. Blütezeit ist Juni und Juli. Die-

*Windhalm (Nr. 11)
a: Ährchen. b: Korn von den Deckspelzen umgeben. Die Granne kommt von der Rückenseite der äußeren Deckspelze, nahe der Spitze. (5 × natürliche Größe).*

ses Gras ist ein altes Unkraut, das besonders auf leichten, sandigen Böden in Roggenfeldern wächst. Es ist schwer zu bekämpfen, da seine Körner sehr fein und leicht sind und in ungeheueren Massen produziert werden. Sie werden dann vom Wind verbreitet und reifen vor der Getreideernte.
In stark befallenen Roggenfeldern bilden die Rispen des Windhalms gleichsam einen Schleier über dem Feld und lassen den Eindruck entstehen als wären sie zusammen mit dem Getreide ausgesät worden. Durch die modernen Anbaumethoden sieht man das heute zwar selten, aber im Rheingebiet zum Beispiel kommt es immer noch vor. Starke Vorkommen deuten außerdem auf Kalkmangel. Man weiß nicht sicher, wo der Windhalm ursprünglich heimisch war, nimmt aber Südosteuropa an, und heute ist die Art weit verbreitet. Vermutlich wurde sie mit dem Roggen verschleppt, der wohl auch aus Südosteuropa kam.
Syn. *Agrostis spica-venti*

Straußgras *Agrostis*

Diese Gattung umfaßt mehrjährige Gräser mit zusammengedrückten, einblütigen Ährchen, die an dünnen Stielen in einer lockeren und feinen, reich verzweigten Rispe sitzen. Die Hüllspelzen der Ährchen sind bootförmig und häutig, länger als die Deckspelzen. 150–200 Arten mit einem halben Dutzend einheimischer.

Rotes Straußgras (12)
Agrostis tenuis

Ein horstbildendes Gras, das oft unterirdische Ausläufer hat, aber nie am Boden liegende Triebe wie das Sumpf-Straußgras (Nr. 13) oder das Weiße Straußgras (Nr. 14). Die Blätter sind flach und das Blatthäutchen kurz. Die zarten, 20–60 cm hohen Halme tragen eine rotbraune oder braunviolette Rispe, deren Zweige auch nach der Blüte abstehen. Bei den beiden anderen Arten (Nr. 13 und 14) ist die Rispe vor und nach der Blüte zusammengezogen. Die Deckspelze trägt in der Regel keine Granne. Blütezeit ist Juni bis August.
Dieses Gras wächst auf trockenem, mageren Boden auf Wiesen, Weiden und Heidemooren und kann als Unkraut in Grasflächen auf Böden mit Kalkmangel auftreten. Es spielt als Futter auf natürlichen Weiden eine Rolle und wird auf Grasflächen und Wegen ausgesät. Es ist als Wildpflanze weit verbreitet und kommt in Europa

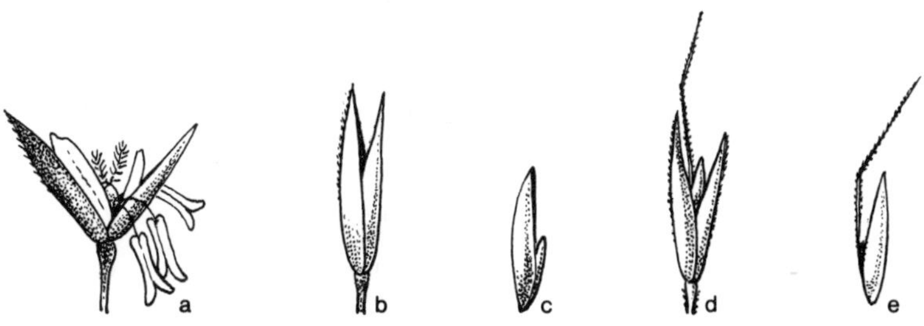

a: Blühende Ährchen von Rotes Straußgras (Nr. 12). b: abgeblüht. c: Isolierte Blüte mit den Deckspelzen. d: Ährchen von Sumpf-Straußgras (Nr. 13). e: Äußere Deckspelze dieses Grases. (8 × natürliche Größe).

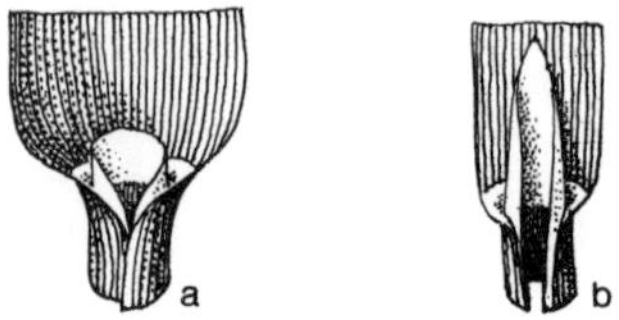

Blattgrund und Blatthäutchen a: Rotes Straußgras (Nr. 12) b: Sumpf-Straußgras (Nr. 13). (4 × natürliche Größe).

und Asien vor, wurde aber auch nach Amerika und Australien gebracht.
Syn. *Agrostis capillaris*

Sumpf-Straußgras (13)
Agrostis canina

Ein blaugrünes mehrjähriges Gras, das lockere Horste bildet, bestehend aus dichten Büscheln borstenförmiger Grundblätter und aufrechten, 25–50 cm hohen Halmen mit flachen Blättern und langen, spitzigen Blatthäutchen. Rispe fein verzweigt. Außerdem gibt es oberirdische Ausläufer, die sich bewurzeln und wieder Büschel borstenförmiger Grundblätter bilden. Die Ährchen sind einblütig wie bei den anderen Arten, sind aber daran zu erkennen, daß die Deckspelze eine gekniete Granne trägt, die aus dem Ährchen herausragt. Blütezeit ist Juni–August. Die Äste der Rispe sind nur während der Blütezeit ausgebreitet, sonst sind sie zusammengezogen.
Wächst auf Mooren und feuchten, nährstoffarmen Böden und ist weit verbreitet. Kommt in Europa und Asien vor.

Weißes Straußgras (14)
Agrostis stolonifera

Mehrjährig, mit lockeren Horsten und bis zu 2 m langen, wurzelnden oberirdischen Ausläufern (Kriechsprossen), aber nie mit unterirdischen Ausläufern. Die Halme sind 10–60 cm hoch, am Grunde oft gekniet. Sie tragen wie die Ausläufer mehrere Blätter mit langen Blatthäutchen und enden in einer fein verzweigten Rispe mit grünlich weißen, seltener rötlichen, einblütigen Ährchen ohne Grannen. Die Rispe ist nur während der Blüte ausgebreitet, Juni–August, sonst ist sie zusammengezogen.
Dieses Gras ist auf feuchten Wiesen und an Küsten verbreitet und kann auf dem Wasser schwimmende Inseln bilden mit den langen Ausläufern, die aber dann nicht blühen. Vor allem in eingedeichten Gebieten wurde es früher kultiviert, da es schnell einen dichten Bewuchs bildet. Heute geschieht dies nicht mehr, es wird aber zur Aussaat auf Grasflächen beigemischt. Ursprünglich in Europa und Asien beheimatet, ist es heute als Kulturpflanze fast über die ganze Erde verbreitet.
Syn. *Agrostis alba*

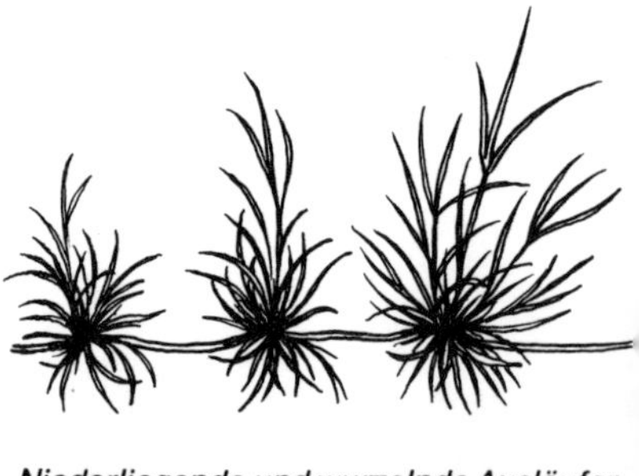

Niederliegende und wurzelnde Ausläufer von Sumpf-Straußgras (Nr. 13). In den Blattachseln der Ausläufertriebe gibt es kleine Horste tauber Triebe mit borstig zusammengerollten Blattspreiten. Einzelne Triebe beginnen zu aufrechten, blühenden Halmen mit flachen Blättern auszuwachsen. (2-3 × natürliche Größe).

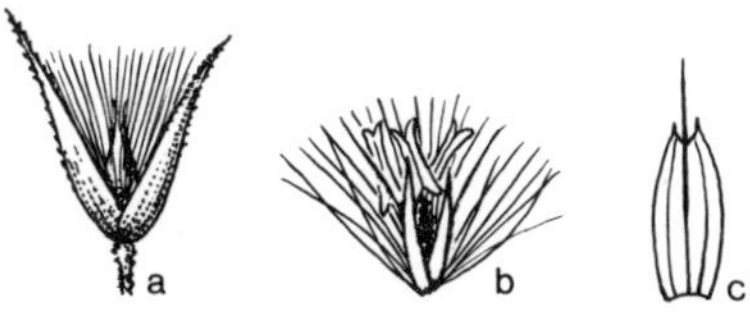

Land-Reitgras (Nr. 15) a: Ährchen b: Blüte von Deckspelzen umgeben, aber ohne Hüllspelzen. c: Äußere Deckspelze ausgebreitet und von der Innenseite gesehen. (3 × natürliche Größe).

Reitgras *Calamagrostis*

Die Gattung Reitgras umfaßt große und kräftige, mehrjährige Gräser, von denen einige in der Größe an Schilfrohr erinnern. Ihr Blütenstand ist eine Rispe, die reich verzweigt einblütige Ährchen trägt, deren Hüllspelzen länger als die Deckspelzen sind. (Das erinnert an Straußgras, Nr. 12–14). Sie sind jedoch leicht daran zu erkennen, daß die Deckspelze am Grunde von langen, seidigen Haaren umgeben ist (Das erinnert auch an Schilfrohr, das aber mehrblütige Ährchen trägt). Die häutigen Deckspelzen umschließen auch das reife Korn und die langen Haare dienen als Flugapparat, wenn die Körner vom Wind verbreitet werden. 80 Arten mit fast einem Dutzend einheimischer.

Land-Reitgras (15)
Calamagrostis epigeios

Ein kräftiges, graugrünes Gras, das gern in großen, einheitlichen Beständen wächst, da es sich vegetativ durch weitreichende unterirdische Ausläufer vermehrt. Die steifen und rauhen Halme werden 0,6–1,5 m hoch. Sie tragen lange und breite rauhe Blätter, die bei trockenem Wetter eingerollt sind, und ein langes, spitzes Blatthäutchen aufweisen. Die große Rispe ist aufrecht und sehr dichtblütig und auch während der Blütezeit, Mai–August, zusammengezogen.
Dieses Gras wächst auf trockenen Böden in Wäldern und an Waldrändern sowie auf Heiden, an Ufern und am Strand. Es ist weit verbreitet und kommt in Europa und Nordasien vor. Wo es zusammen mit dem Strandhafer (Nr. 68) vorkommt, findet man oft Hybriden zwischen den beiden Arten.

Lanzettliches Reitgras (16)
Calamagrostis canescens

Mehrjährig mit kriechender Achse und langen unterirdischen Ausläufern. Die recht zarten Halme werden 60–120 cm hoch. Sie tragen lange, schmale Blätter mit recht kurzen Blatthäutchen und enden in einer großen, weichen Rispe, die während der Blüte ausgebreitet ist, später aber zusammengezogen. Blütezeit ist Juni–August. Im Sommer verzweigt sich der glatte Halm oft von den oberen Knoten. Bei den meisten anderen Gräsern verzweigen sich die Triebe sonst nur am Grunde. Neben den blühenden Trieben gibt es auch zahlreiche rein vegetative Ernährungstriebe mit verzweigten Halmen.
Dieses Gras wächst oft in größeren Beständen auf feuchtem Grund in Mooren, an Ufern und in Gebüschen, häufiger im Osten als im Westen. Verbreitung ist Mittel- und Nordeuropa sowie westliches Nordasien.

Rohr-Reitgras (17)
Calamagrostis arundinacea

Mehrjährig, mit 50–120 cm hohen Halmen in lockeren Horsten, von denen kurze unterirdische Ausläufer ausgehen. Die Blätter sind lang und schmal, mit matt grüner, fein behaarter Oberseite und glänzend dunkelgrü-

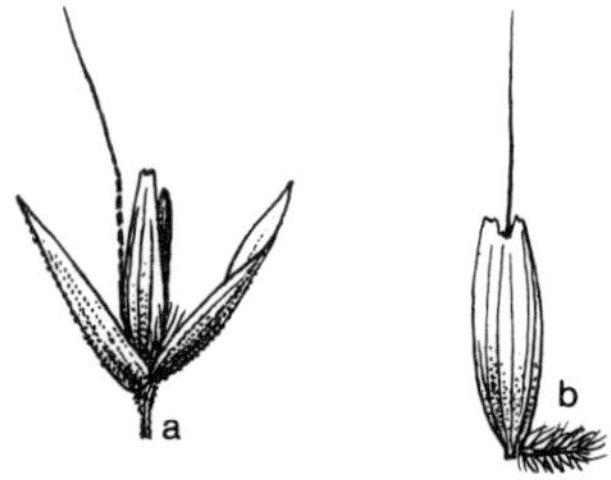

Rohr-Reitgras (Nr. 17). a: Ährchen mit ausgebreiteten Hüllspelzen und sichtbaren Deckspelzen. Die äußere Deckspelze trägt am Grunde ein Büschel Haare und eine lange, gekniete Granne auf der Rükkenseite. b: Deckspelze ausgebreitet und von der Innenseite gesehen. Die behaarten Reste der Ährchenachse sind unten zu erkennen. (4 × natürliche Größe).

ner Unterseite. Das Blatthäutchen ist kurz, weniger als 2 mm lang. Die Halme tragen eine lange und schmale, blaßgrüne Rispe mit aufrechten Zweigen, die nach der Blüte zusammengezogen ist. Die einblütigen Ährchen sind gekennzeichnet durch eine verhältnismäßig lange, gekniete Granne an der Deckspelze, die aus dem Ährchen hervorragt, und durch die kurzen Haarbüschel am Grunde der Deckspelze. Blütezeit ist Juni und Juli. Wächst in lichten Bergwäldern, Auwäldern und Erlenbrüchen auf kalkarmen aber mineralstoffreichen Böden. Seine Vorkommen sind zerstreut. Die Art findet sich in Europa und Asien vom Flachland bis zur Waldgrenze.

Wolliges Honiggras (18)
Holcus lanatus

Ein graugrünes, weichhaariges, mehrjähriges Gras mit in Horsten versammelten, 20–70 cm hohen Halmen, die weiche, schlaffe Blätter tragen mit wohlentwickeltem Blatthäutchen. Die Rispe ist stark und flaumig, auf der einen Seite rötlich, auf der anderen weißlich. Sie ist während und nach der Blüte ausgebreitet. Blützezeit ist Juni–August. Die zusammengedrückten Ährchen sind zweiblütig und die Hüllspelzen sind länger als die Deckspelzen. Die untere Blüte im Ährchen ist zwittrig und ohne Granne, die obere ist männlich und ihre Deckspelze trägt eine gebogene Granne, die im Ährchen verborgen ist. Wenn das Korn reif ist, fällt das ganze Ährchen, von den Hüllspelzen umgeben, ab. Die hakenförmige Granne der männlichen Blüte bleibt damit mit dem Korn verbunden und dient der Verbreitung, indem sie sich im Fell von Tieren einhängen kann. Das Korn kann aber auch durch den Wind verbreitet werden, indem die Hüllspelzen als Flugapparat dienen.

Das Wollige Honiggras wächst sowohl auf feuchten als auch auf trockenen

Wolliges Honiggras (Nr. 18) a: Blühendes Ährchen mit 2 Blüten, unten eine fruchtbare, zwittrige Blüte, oben eine männliche. b: Ährchen mit fast reifem Korn. Die gebogene Granne der männlichen Blüte erscheint zwischen den Hüllspelzen. c: Reifes Korn von den festen und harten Deckspelzen der fruchtbaren Blüte umgeben. Die männliche Blüte bleibt am Korn sitzen. (4 × natürliche Größe).

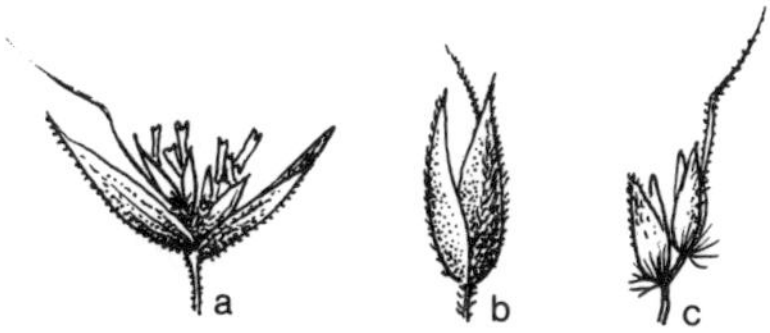

Weiches Honiggras (Nr. 19) a: Blühendes Ährchen. b: Nach der Blüte. c: Fruchtbare untere und männliche obere Blüte ohne Hüllspelzen, jede aber von ihren Deckspelzen umgeben. (3 x natürliche Größe).

Böden und findet sich an Wegrändern, auf Wiesen und in Wäldern. Auf Wiesen ist es eher als Unkraut zu betrachten denn als Viehfutter und nur auf mageren Böden mag es mangels besserer Arten als Futter eine Rolle spielen. Die Art ist weit verbreitet und häufig und kommt in Europa vor, wurde aber auch in die meisten gemäßigten Gebiete der Erde verschleppt.

Weiches Honiggras (19)
Holcus mollis

Mehrjährig, mit kriechender Achse und langen, unterirdischen Ausläufern. Die 30–70 cm langen Halme sind glatt mit Ausnahme der Knoten, die einen Kranz abwärtsgerichteter Haare tragen. Die Blattspreite ist schwach behaart, ebenso wie die untersten Blattscheiden. Das Blatthäutchen ist fein gezähnt. Die weißliche oder gelbbraune Rispe ist nur während der Blüte ausgebreitet, später zusammengezogen. Blütezeit ist Juni und Juli. Die Ährchen sind zweiblütig mit einer zwittrigen und einer männlichen Blüte wie bei der vorhergehenden Art, die Hüllspelzen sind aber zugespitzt und die gekniete Granne ragt aus dem Ährchen heraus.
Die Art wächst auf sauren, mageren Böden und findet sich im Wald und an Waldrändern. Im Küstengebiet kann es auf mageren Wiesen wie die Quecke (Nr. 76) als Unkraut auftreten und große Bestände bilden. In Europa weit verbreitet und oft verschleppt.

Silbergras (20)
Corynephorus canescens

Ein mehrjähriges Gras, das in dichten, blaugrün-rötlich angelaufenen Horsten wächst, aus denen zahlreiche 10–20 cm hohe Stengel vorkommen. Die Blätter sind steif und borstenförmig zusammengerollt. Die kleine, blaß rotviolette Rispe ist während der Blüte ausgebreitet, sonst aber zusammengezogen. Blütezeit ist Juni–August.
Die Ährchen sind zweiblütig mit zwei zwittrigen Blüten. Die häutigen Hüllspelzen sind länger als die Deckspelzen. Die Deckspelze trägt eine sehr eigenartige Granne, die es sonst bei keinem anderen Gras gibt. Sie trägt in der Mitte einen Haarkranz und ist kopfüber kolbig geformt, darunter aber gedreht und hygroskopisch wie etwa die Grannen der Hafer-Arten. Das reife Korn fällt mit der Deckspel-

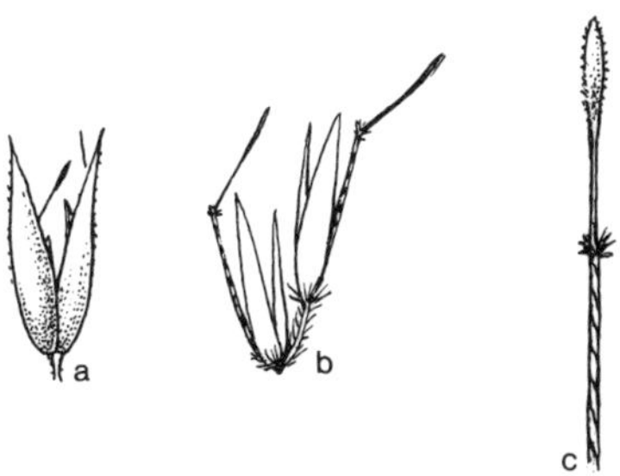

Silbergras (Nr. 20) a: Ährchen. b: Beide Blüten von Deckspelzen umgeben, ohne Hüllspelzen. c: Granne (a und b: 4 ×, c: 8 × natürliche Größe).

ze ab, die für die Verbreitung von Bedeutung ist.
Dieses Gras wächst nur auf sauren, mageren sandigen Böden. Es ist für Küstengebiete und Kiefernwälder charakteristisch, wo es steife, graublaue Horste bildet, den Sand befestigt und die Reibung mit Flugsand aushält. Wird es verschüttet, so kann es leicht wieder austreiben, wenn die Bedekkung nicht zu dick ist. Außer in den Küstengebieten ist es stellenweise im Binnenland verbreitet, aber häufiger im Norden. Es kommt in Nord- und Mitteleuropa vor.

Früher Schmielenhafer (21)
Aira praecox

Ein kleines einjähriges Gras, das in kleinen Horsten mit frühzeitig vergänglichen, borstenförmigen Blättern und 5–10 cm hohen Halmen wächst. Die recht kleinen, kurzgestielten Ährchen sind in einer länglichen Rispe angeordnet, die zunächst blaßgrün, später gelbbraun ist. Blütezeit ist Mai und Juni. Die glänzenden, häutigen Hüllspelzen umschließen zwei zwittrige Blüten, deren Spelzen kürzer als die Hüllspelzen sind. Die Ährchen sind wie bei der Gattung Schmiele gebaut (Nr. 23 und 24), aber kleiner. Der Unterschied ist, daß die Deckspelzen beim Schmielenhafer tief zweigeteilt sind, bei der Schmiele aber nur am Ende gezähnt. Beide haben eine feine Granne, die mehr oder weniger aus dem Ährchen herausragt.
Eine unserer kleinsten Grasarten, die nur geringe Ansprüche an den Boden stellt und auf mageren, sandigen Böden auskommt, wo keine andere Pflanze als Konkurrent auftritt. Die Samen werden im Herbst verbreitet und die Wachstumsperiode fällt in die feuchte Spätherbst- und Winterzeit. Der Sommer ist für die Pflanze ungünstig, sie stirbt ab und nur die Körner überleben. Auf Sand und Trockenböden im Norden ist die Art verbreitet, im Süden seltener und zerstreut. Das Vorkommen erstreckt sich über Mittel- und Westeuropa, besonders aber auf die wintermilden Küstengebiete.

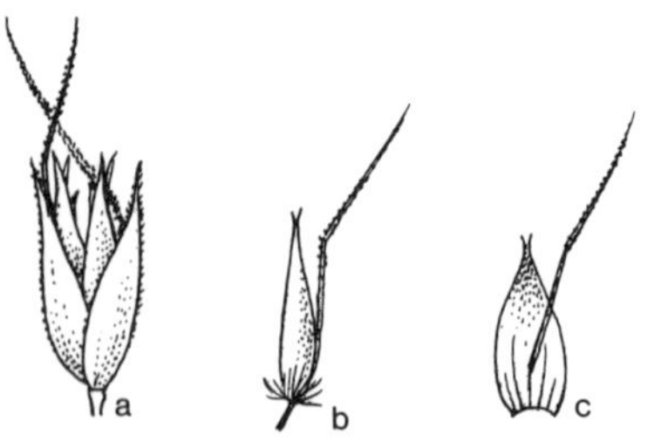

Früher Schmielenhafer (Nr. 21)
a: Ährchen. b: Blüte mit Deckspelzen.
c: äußere Deckspelze ausgebreitet und von der Rückenseite gesehen.
(5 × natürliche Größe).

Nelkenhafer (22)
Aira caryophyllea

Ein zartes, einjähriges Gras mit rötlichen, 7–25 cm hohen Halmen, borstenförmigen Blättern und einer ausgebreiteten Rispe mit haarfeinen Zweigen und silbrig glänzenden, violett angelaufenen Ährchen. Blütezeit ist Mai–Juli.
Dieses Gras wächst an ähnlichen Stellen wie das vorhergehende und kann als Unkraut auf sauren, mageren Sandböden auftreten. Es ist auf Sandböden und in Nadel- und Laubwäldern verbreitet und kommt in West- und Mitteleuropa vor. Außerdem ist es in den hohen Bergen Afrikas und in Südafrika verbreitet und wurde nach Amerika und Australien verschleppt.

Schmiele *Deschampsia*

Die Gattung Schmiele umfaßt mehrjährige Rispengräser, deren Ährchen zweiblütig sind und häutige Hüllspelzen besitzen, die der Rispe einen charakteristischen silbrigen Glanz verleihen. Die Hüllspelzen sind etwa so lang wie das ganze Ährchen. Die Deckspelze hat einen feinen Haarkranz am Grunde und eine häutige, fein gezähnte Spitze. Vom Rücken der Deckspelze, fast am Grunde, entspringt eine feine, gerade oder gekniete Granne. 60 Arten mit einem halben Dutzend im Gebiet.

Rasen-Schmiele (23)
Deschampsia caespitosa

Wächst in großen, festen und vielblättrigen Horsten, die neben lebenden, vegetativen Blattsprossen und den bis meterhohen Blütensprossen zahlreiche abgestorbene Blattscheiden früherer Sprosse enthalten. Die langen, flachen Blattspreiten sind deutlich rauh an den Rändern und tragen auf der Oberseite kräftige Rippen. Sie sind so tief gefurcht, daß die Zwischenräume der Adern im Gegenlicht wie weiße Streifen aussehen. Die zweiblütigen Ährchen sitzen in einer großen, pyramidenförmigen Rispe mit waagrechten Ästen. Die Ährchen sind bräunlich oder violett gefärbt und silbrig glänzend mit häutigen Hüllspelzen. Die Deckspelze der Blüte trägt eine kurze, gerade Granne, die kaum aus dem Ährchen herausragt. Blütezeit ist Juli–September.

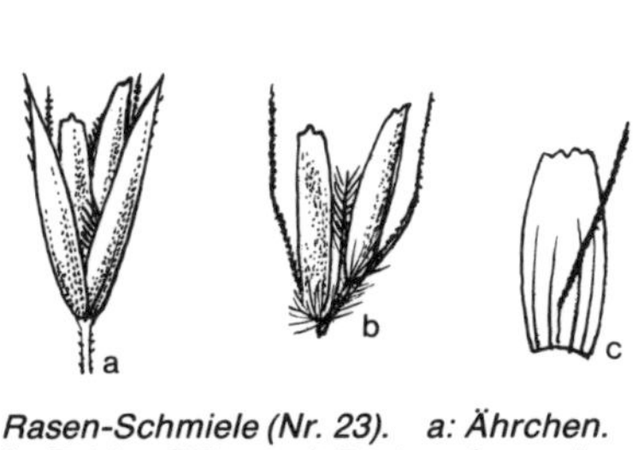

Rasen-Schmiele (Nr. 23). a: Ährchen. b: Beiden Blüten mit Deckspelzen, ohne Hüllspelzen (die Achse des Ährchens ist behaart und ragt als Fortsatz über die oberste Blüte). c: Deckspelze ausgebreitet und von der Rückenseite gesehen. (4 × natürliche Größe).

Wächst gern an feuchten Plätzen und kann nach Düngung stark hervortreten. In jungem Zustand wird es gern vom Vieh genommen, später aber nicht mehr, da es dann zu grob wird. Es spielt daher als wildwachsendes Viehfutter eine gewisse Rolle. Man findet die Art verbreitet auf Flachmooren, feuchten Wiesen und auch in Wäldern. Das Vorkommen erstreckt sich über die gemäßigten Gebiete der nördlichen Halbkugel, aber auch auf die Hochgebirge Afrikas, Australiens und auf Neu Guinea. Außerdem wurde es in viele andere Gebiete verschleppt, zum Beispiel nach Grönland.

Geschlängelte Schmiele (24)
Deschampsia flexuosa

Bildet lockere, dunkelgrüne Horste mit zahlreichen vegetativen Sprossen, die weiche, fadenförmige Blätter tragen. Das Blatthäutchen ist kurz und abgerundet. Die 30–70 cm hohen Halme tragen eine mittelgroße, auch nach der Blüte ausgebreitete Rispe mit haarfeinen Ästen, die wellenförmig gebogen sind. Die zweiblütigen Ährchen sind rötlichbraun und silberglänzend, mit durchscheinenden Hüllspelzen. Die Deckspelze trägt eine feine, gekniete Granne, die aus dem Ährchen herausragt. Blütezeit ist Juni–August.

Wächst auf nährstoffarmen, sauren Böden in Nadelwäldern und auf Heide- und Bergwiesen. Verträgt gut den Schatten der Wälder, blüht dann aber selten. An Brandstellen und frisch gepflügten Plätzen entwickelt es sich dagegen besonders gut und blüht reichlich. Es entsteht ein dichter Bewuchs, der schon in einiger Entfernung an den feinen, rötlichen Rispen zu erkennen ist, die sich im Winde bewegen. Die Art ist weit verbreitet und kommt in allen gemäßigten Gebieten der Erde vor, so auch in den tropischen Hochgebirgen und im südlichsten Südamerika.

Goldhafer (25)
Trisetum flavescens

Ein mehrjähriges, lockere Horste bildendes Gras, das 30–70 cm hohe, gelbgrüne Halme besitzt, die behaarte Blattscheiden und Blattspreiten tragen. Das Blatthäutchen ist sehr kurz und der Rand fein gezähnt. Die Rispe ist vielblütig und goldglänzend mit während der Blüte ausgebreiteten Ästen, die später zusammengezogen werden. Im Gegensatz zu den echten Hafer-Arten sind die 5–7 mm langen Ährchen des Goldhafers zusammengedrückt und die Hüllspelzen gekielt,

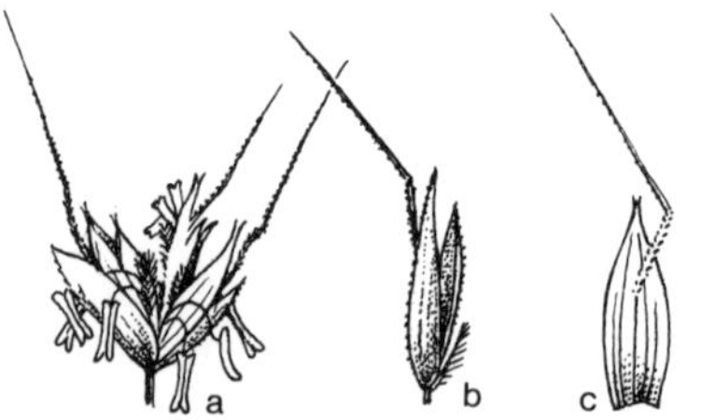

Goldhafer (Nr. 25) a: Blühendes Ährchen mit 3 Blüten. b: Die oberste Blüte ist von den beiden Deckspelzen umgeben. Die Achse des Ährchens setzt sich als behaarter Fortsatz fort. c: äußere Deckspelze, ausgebreitet und von der Rückenseite gesehen. (3 × natürliche Größe).

während sie beim Hafer gewölbt sind. Die Ährchen sind meist 3blütig, können aber auch 2- oder 4blütig sein, und die Hüllspelzen sind kaum so lang wie die Ährchen. Die Deckspelze ist häutig und an der Spitze zweigeteilt und trägt eine gekniete Granne, die aus dem Ährchen herausragt. Blütezeit ist Mai und Juni.
Der Goldhafer ist auf Wiesen verbreitet und kommt besonders im Hügel- und Bergland vor. Er ist ein wertvolles Futtergras und wird angebaut und wurde auch durch die Kultur in andere Gebiete gebracht, wo er stellenweise verwildert ist.

Hafer *Avena, Arrhenatherum, Helictotrichon*

Der deutsche Gattungsname Hafer umfaßt sowohl mehrjährige wie einjährige Rispengräser, die dadurch gekennzeichnet sind, daß ihre großen, zwei oder mehrblütigen Ährchen gewölbte Hüllspelzen besitzen, die so lang oder länger als das ganze Ährchen sind. Weiterhin ist die Deckspelze an der Spitze zweigeteilt und trägt eine gekniete Granne, die am Rücken der Spelze entspringt. Die Granne ist unten gedreht und kann hygroskopische Bewegungen ausführen, da sie Wasser aufnehmen kann. In feuchtem Zustand ist sie gestreckt, dreht und verkürzt sich aber beim Trocknen und bohrt dadurch das Korn in den Boden. Beim Reifen bricht das Ährchen in der Mitte und jedes Korn wird für sich frei, umgeben von der grannentragenden Deckspelze. Die Grannen dienen der Verbreitung, da sie sich im Fell von Tieren verhängen. Später helfen sie dem Korn, wie schon erwähnt, beim Einbohren in den Boden, indem sie kreisende Bewegungen ausführen. Am

Korn sitzen steife Haare, die im Boden als Widerlager dienen und die Verankerung im Boden sichern.
Die Gattung Hafer wird in neuerer Zeit mehrfach aufgeteilt und heute steht der Name *Avena* für die einjährigen Arten, der Verwandtschaftskreis unseres Saat-Hafers. Diese Arten werden mit unseren Getreidearten (siehe Nr. 85) besprochen. Die mehrjährigen Hafer-Arten werden zu zwei Gattungen gestellt. Jene Hafer-Arten, wie der Wiesen-Hafer (Nr. 27), mit mehrblütigen Ährchen, alle zwittrig und grannentragend, werden zu der Gattung *Helictotrichon* gerechnet. 90 Arten, 5 einheimische.

Glatthafer (26)
Arrhenatherum elatius

Mehrjährig, mit glatten, 60–120 cm hohen Halmen in lockeren Horsten. Die etwas rauhen, gelblichgrünen Blätter sind auf beiden Seiten glänzend, die Oberseite mit niederen, flachen Rippen, die Unterseite mit Kiel. Das Blatthäutchen ist recht lang. Die hellgrüne, seltener violett angelaufene

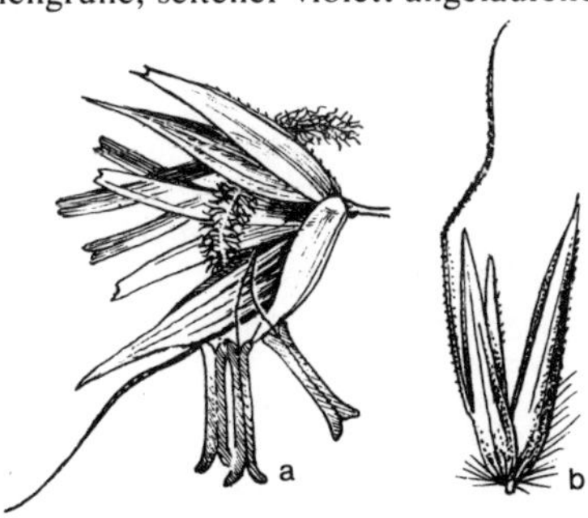

Glatthafer (Nr. 26) a: Blühendes Ährchen. Die untere Blüte ist männlich und trägt eine begrannte Deckspelze; die obere Blüte ist zwittrig und ohne Granne. b: Die beiden Blüten mit ihren Deckspelzen, aber ohne Hüllspelzen. (3 × natürliche Größe).

Rispe ist bis zu 25 cm lang, aber recht schmal. Während der Blüte sind die Äste der Rispe ausgebreitet, vorher und nachher zusammengezogen. Auf den Tafeln ist eine blühende Rispe (rechts) und eine abgeblühte (links) abgebildet. Blütezeit ist Juni und Juli. Die Ährchen sind zweiblütig und stehen aufrecht. Die untere Blüte ist männlich und besitzt eine lange, gekniete Granne, die auf dem Rücken der Deckspelze sitzt. Die obere Blüte ist zwittrig, meist ohne Granne oder mit einer sehr kurzen geraden Granne versehen. In der Reife bricht die Achse des Ährchens unter der männlichen Blüte ab, die Hüllspelzen bleiben zurück und die männliche Blüte bleibt am Korn befestigt. Die lange Granne hilft bei der Verbreitung.
Glatthafer wurde früher auch als Futtergras angebaut und fand dadurch eine weitere Verbreitung, ist aber sicher eine wildwachsende, einheimische Pflanze. Er wächst auf Wiesen und in lichten Wäldern und kommt im Küstengebiet vor. Sein Verbreitungsgebiet erstreckt sich über Europa, Nordafrika und Westasien, ist aber durch Kulturen auf alle gemäßigten Gebiete der Erde erweitert worden.
Syn.: *Avena elatior*

Wiesen-Hafer (27)
Helictotrichon pratense

Wächst in dichten Horsten mit steifen und rauhen, auf der Oberseite blaugrünen Blättern. Die 30–70 cm hohen Halme tragen eine schmale, silberglänzende Rispe mit kurzen aufrechten Zweigen, die ein einzelnes oder zwei Ährchen tragen. Diese sind recht groß, bis zu 2 cm lang, und enthalten meist 4 (3–5) Blüten, deren Deckspelzen mit einer recht kräftigen, geknieten Granne versehen sind. Blütezeit ist Mai–August.

Wiesen-Hafer wächst auf sonnigen, trockenen Abhängen und Wiesen und in Wäldern besonders auf Kalkböden. Die verbreitete Art kommt fast im ganzen Europa, im vorderen Orient und in Nordamerika vor.
Syn.: *Avena pratensis*

Flaum-Hafer (28)
Helictotrichon pubescens

Mehrjährig mit lockerem, horstartigem Wuchs und 30–70 cm langen Halmen. Die unteren Blattscheiden sind behaart und die weichen und schlaffen Blattspreiten sind ebenfalls mit langen Haaren besetzt. Die oberen Blätter sind weniger stark behaart. Die Rispe ist reichblütiger als bei der vorhergehenden Art, und die silbrig und violett scheckigen Ährchen sitzen an längeren und mehr ausgebreiteten Stielen. Die Ährchen sind etwa 1,5 cm lang und enthalten meist 3 (2–4) Blüten, jede mit einer langen, geknieten Granne. Blütezeit ist Mai–Juli.
Flaum-Hafer wächst auf trockenen Wiesen, Hängen und an Wegrändern und ist weit verbreitet. Er wurde auch mit Samen anderer Gräser verschleppt. Das Vorkommen erstreckt sich über Europa und Westasien. Als Futtergras ist er kaum wertvoll, da nur wenige Blattriebe gebildet werden, ist aber eines unserer dekorativsten Gräser durch seine luftigen, bunten Rispen.
Syn.: *Avena pubescens*

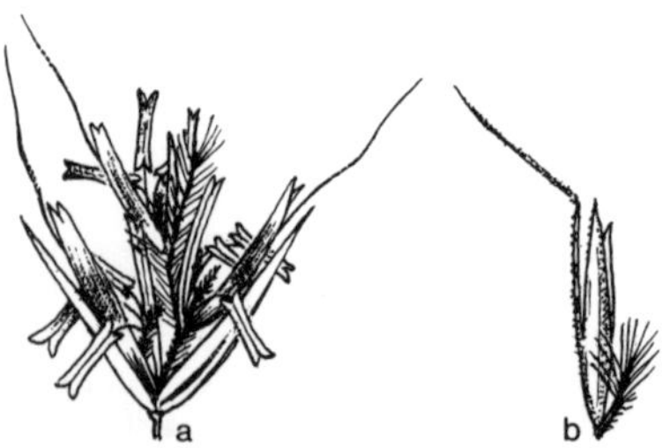

Flaum-Hafer (Nr. 28) a: Blühendes Ährchen. Die Achse des Ährchens ist behaart und endet in einer kleinen, tauben Blüte. b: Einzelne Blüte von den Deckspelzen umgeben. An der Basis sieht man die behaarten Reste der Achse des Ährchens. (1½ × natürliche Größe).

Schilfrohr (29)
Phragmites australis

Ein mehrjähriges Sumpfgras mit dikker, kriechender, reich verzweigter Erdachse, von der lange Ausläufer in den sumpfigen Untergrund abgehen. Die Halme sind 1–3 m hoch. Die Blätter sind 40–50 cm lang und 1–3 cm breit, mit einer am Rande rauhen Blattspreite. Das Blatthäutchen fehlt, an seiner Stelle gibt es einen Haarkranz. Die Rispe ist sehr groß und vielblütig, 15–40 cm lang und mit dunkelvioletten, 6–9 mm langen Ährchen. Blütezeit ist Juli–September. Die Ährchen sind vier- bis sechsblütig. Die unterste der Blüten ist männlich, die anderen zwittrig und am Grunde mit langen seidigen Haaren bekleidet, die an der Achse der Ährchen sitzen. Die Hüllspelzen sind kürzer als das Ährchen und die Deckspelzen unbegrannt. Die Samen reifen erst im Winter, im Norden gelingt das meist nicht, und die Pflanze vermehrt sich dort hauptsächlich vegetativ.
Das Schilfrohr ist eines unserer größten Gräser und bildet oft große Bestände, Röhrichte, und spielt bei der Verlandung unserer Seen eine große Rolle. Ist dann genug Boden angelandet, wird es von Erlen und Weiden abgelöst. Es wächst am besten in einer Wassertiefe von 0,5–1,5 m, aber auch in tieferem Wasser. An geeigneten Stellen kommt es auch am Land vor,

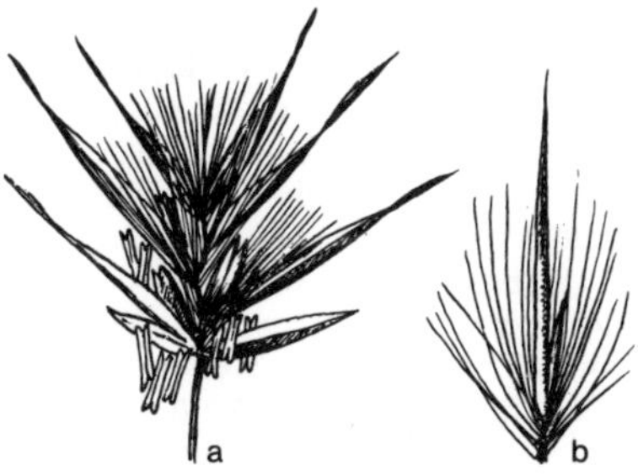

Schilfrohr (Nr. 29) a: Blühendes Ährchen. b: Einzelne Blüte von den Deckspelzen umgeben und mit einem Stück der behaarten Achse. (a: 2 ×, b: 3 × natürliche Größe).

nämlich dort, wo wasserführende Schichten dicht unter der Oberfläche liegen. Besonders auf Riedgraswiesen im Flachmoorbereich kommt es vor, leidet aber stark unter Viehverbiß und verschwindet dann. Kühe fressen gerne die frischen Triebe, meiden aber ausgewachsene, da diese zu grob sind. Im Winter werden die Blätter abgeworfen und die Halme sterben bis zum Grunde ab, bleiben aber als steife Gebilde stehen. Die Entwicklung der neuen Triebe im folgenden Frühjahr dauert sehr lange. Sie erreichen erst im Lauf des Sommers ihre volle Länge.
Schilfrohr hat große wirtschaftliche Bedeutung. Die trockenen Halme werden zum Dachdecken verwendet, als Unterlage für Mörtelputz beim Hausbau, für Matten und anderes. Es gab auch schon Pläne, Schilf zur Papierherstellung zu verwenden. Schilf wird im Herbst und Winter geerntet, besonders wenn die Gewässer zugefroren sind. Der Nahrungsbedarf dieses Grases ist groß. In saurem und nährstoffarmem Wasser gedeiht es schlecht oder fehlt ganz. Es ist weit verbreitet und findet sich auf der ganzen Erde in gemäßigten Gebieten, auch in brackigen Gewässern.
Syn.: *Phragmites communis*

Pfeifengras (30)
Molinia caerulea

Ein mehrjähriges Gras, das in sehr dichten und festen Horsten wächst und 50–120 cm hohe Halme besitzt, die einige sehr dicht beisammen stehende Knoten nahe dem Grund aufweisen, sonst aber knotenlos sind. Die Blätter entspringen den Knoten nahe dem Grund. Die Blattspreite ist lang und schmal und zerstreut behaart, ohne Blatthäutchen, dafür mit einem Haarkranz. Die Rispe ist lang, dunkel bläulich oder violett, mit dünnen Ästen und kleinen, meist dreiblütigen Ährchen. Die Rispe ist während der Blüte ausgebreitet (wie rechts auf der Tafel abgebildet), sonst aber zusammengezogen (links abgebildet). Blütezeit ist Juli–September. Die Hüllspelzen sind kürzer als das Ährchen, sie sind stark und verhältnismäßig langgestreckt, da die Blüten in einigem Abstand von einander stehen. Deckspelzen unbegrannt. Die blaue Farbe der Rispe wird verstärkt durch die bläulich roten Narben und die dunkel violetten Staubgefäße.
Das Pfeifengras wächst verbreitet auf Flach- und Heidemooren, feuchten Wiesen und in lichten Wäldern. Es bildet oft große Bestände und die mächtigen Horste können die Vegetation dominieren, besonders auf Böden, die im Winter sehr naß sind, im Sommer dagegen an der Oberfläche austrocknen. Man findet das Gras auch auf kalkhaltigen Böden. Halme und Blätter sterben im Winter ab. Zurück bleibt das unterste Glied des Halms, das grün und etwas aufgeblasen ist und Nährstoffe für die Triebe des folgenden

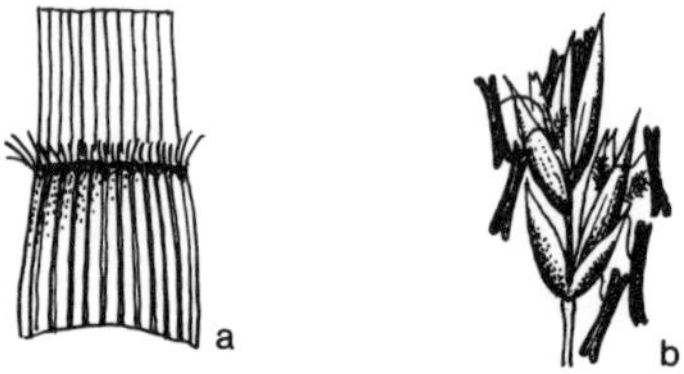

Pfeifengras (Nr. 30) a: Übergang zwischen Blattscheide und Spreite mit einem Haarkranz anstelle des Blatthäutchens. b: Blühendes Ährchen. (2 × natürliche Größe).

Jahres speichert. Dieses Stengelglied kann als steifer Zapfen noch mehrere Jahre stehenbleiben und macht die Horste steif und stachelig, wenn man darauf tritt. Die neuen Triebe erscheinen erst spät im Mai.

Pfeifengras ist in Europa weit verbreitet und kommt auch in Nordafrika, West- und Nordasien vor. Als Futtergras hat es wenig Wert, wurde aber als Einstreu verwendet und man benützte es zum Putzen der langen Pfeifenrohre, wozu sich die knotenlosen, langen Halme besonders eigneten. Daher auch der Name.

Dreizahn (31)
Sieglingia decumbens

Ein mehrjähriges Gras, das in dichten Horsten mit 10–40 cm langen Halmen wächst. Diese sind am Grunde niederliegend, dann gekniet und aufsteigend. Die flachen, etwas steifen Blätter sind graugrün und auf der Oberseite zerstreut haarig, auf der Unterseite glänzend grün. Sie haben an Stelle des Blatthäutchens einen Haarkranz. Die gedrungenen, glänzenden, 3–4 (-5)-blütigen Ährchen sind in einer lockeren Rispe angeordnet, die aufrechte Äste hat. Die Hüllspelze ist etwa so lang wie das ganze Ährchen. Die Deckspelze ist am Rande behaart und trägt 3 kleine Zähne an der Spitze. Blütezeit ist Juni–August. Im Norden wächst eine Rasse, deren Ährchen sich nicht öffnen und deren Blüten sich selbst bestäuben, oft schon bevor die Rispe aus der Blattscheide hervorgekommen ist. Die südliche Rasse hingegen wird durch den Wind bestäubt. Der Name Dreizahn kommt von den Zähnchen an der Deckspelze, die zäh und lederartig das Korn umschließt, wenn dieses reift. Beide fallen zusammen ab. Die Verbreitung erfolgt dann durch Ameisen. Am Grund des Korns sitzen an der Basis der Vorspelze zwei Auswüchse, Ölkörper, die von den Ameisen gerne gefressen werden und deshalb von ihnen auch herumgetragen werden. (Siehe auch Perlgras, Nr. 38–40, Pillen-Segge, Nr. 132 und Hainsimse, Nr. 144–147).

Eine weitere Eigentümlichkeit, die es sonst bei keinem anderen einheimischen Gras gibt, ist, daß es nicht nur in der Rispe am Halmende blüht, sondern auch an der Basis. Gräbt man einen Trieb aus und entfernt die Reste abgestorbener Blätter, so findet man meist einige kleine, blasse ein- oder

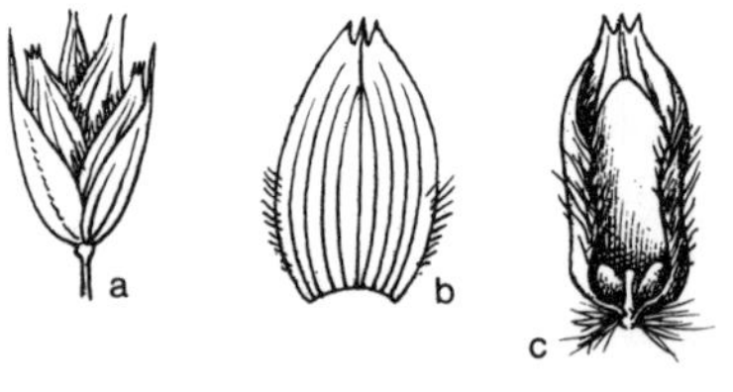

Dreizahn (Nr. 31) a: Ährchen. b: Ausgebreitete Deckspelze von der Rückenseite mit dreizähniger Spitze. c: Korn, von der lederartigen Deckspelze umgeben. Die Ölkörper sind als 2 Knoten an der Basis des Korns beiderseits des Stielchens sichtbar (a: 2 ×, b: und c: 3 × natürliche Größe).

zweiblütige Ährchen am unteren Glied des Stengels. Diese Ährchen bilden immer reife Samen.
Dreizahn wächst auf trockenen Magermatten, in Kiefernwäldern und auf Heidemooren besonders auf sauren Böden. Er ist nach Norden zu häufiger und weiter verbreitet als im südlichen Teil, wo er mehr auf das Bergland beschränkt ist. Das Vorkommen erstreckt sich über Europa, Nordafrika und Kleinasien. Natürliche Vorkommen gibt es auch in Kanada.

Graugrünes Schillergras (32)
Koeleria glauca

Ein mehrjähriges, in dichten Horsten wachsendes, blaugraues Gras, das kleine, dicht und fein behaarte, rinnig gefaltete Blätter hat, die mit einem recht kurzen Blatthäutchen versehen sind. Die Halme sind 15–40 cm lang und tragen eine dünne Ährenrispe, die aus glänzenden, gelblichweißen, zwei- bis dreiblütigen Ährchen besteht. Diese haben kielförmig zusammengedrückte Hüllspelzen mit deutlichen Spitzen. Die Deckspelze ist stumpf und ohne Granne. Sowohl die vegetativen Triebe als auch die Halme sind an der Basis von mehreren Schichten abgestorbener Blattscheiden umgeben, die wie Zwiebelschuppen die jungen Triebe vor dem Austrocknen schützen. Blütezeit ist April und Mai. Die Pflanze bevorzugt ausgesprochen trockene Böden und wächst in Kiefernwäldern und auf Heiden, auch im östlichen Küstengebiet. Die Art ist vor allem im Norden und Osten häufiger, sonst zerstreut. Die Verbreitung erstreckt sich über Osteuropa nach Südsibirien und man nimmt an, daß diese Steppenpflanze in der Folge der nacheiszeitlichen Ausdehnung der Steppen eingewandert ist. In Mitteleuropa hat

Graugrünes Schillergras (Nr. 32)
a: 2blütiges Ährchen. b: Dasselbe des Pyramiden-Schillergrases (Nr. 33).
(2 × natürliche Größe).

sie sich deshalb nur an den geeigneten Stellen gehalten. Der Name Schillergras ist wohl von den glänzenden Ährchen abgeleitet.

Pyramiden-Schillergras (33)
Koeleria pyramidata

Mehrjährig, in Horsten, mit graugrünen Blättern und 30–50 cm hohen Halmen, die eine rötlich angelaufene, etwas lappige Ährenrispe tragen, die aus silbrig glänzenden, zwei- bis vierblütigen Ährchen besteht. Deckspelzen spitz. Blütezeit ist Juni und Juli. Die Art ist weit verbreitet und wächst auf trockenen, grasigen oder steinigen Böden vom Flachland bis 2000 m in den Alpen. Im Norden ist sie selten. Vermutlich handelt es sich auch hier um eine Reliktart, die mit dem nacheiszeitlichen Klima ihre Verbreitung fand. Sie ist formenreich und hat ihr Hauptverbreitungsgebiet in Mitteleuropa.

Kammgras (34)
Cynosurus cristatus

Mehrjährig, mit steifen, aufrechten, 25–60 cm hohen Halmen, die in kleinen, dichten Horsten stehen. Die schmalen Blätter sind oft in der Länge zusammengefaltet und haben ein kurzes Blatthäutchen. Die schmale, grüne Ährenrispe ist einseitswendig und ihre

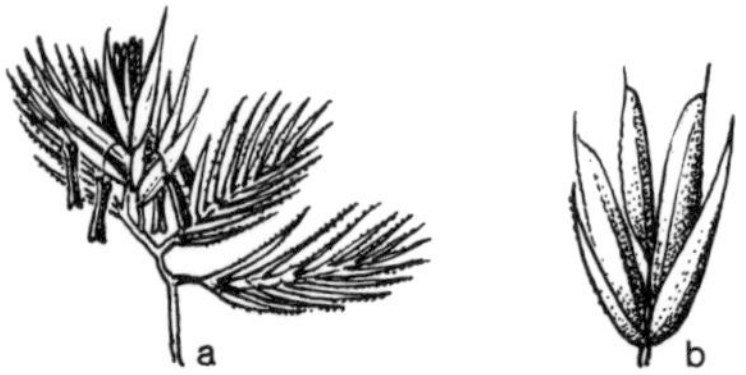

Kammgras (Nr. 34) a: Teil der Ährenrispe mit einem blühenden und drei tauben, kammförmigen Ährchen. b: 3blütiges Ährchen mit reifen Körnern von den Deckspelzen umgeben.
(a: 2 ×, b: 4 × natürliche Größe).

Achse ist gebogen. An jedem Glied der Achse der Ährenrispe sitzen zwei verschiedene Ährchen, ein fruchtbares und ein taubes. Die fruchtbaren Ährchen enthalten 3–5 zwittrige Blüten, deren Deckspelzen eine kurze Granne tragen und teilweise von den flachen, tauben Ährchen bedeckt werden, die nur aus der Achse und den Hüll- und Deckspelzen bestehen und wie die Zähne in einem Kamm aussehen, wovon auch der Name stammt. Blütezeit ist Juni und Juli.
Wächst auf Wiesen und Triften und an Wegrändern. Das Gras fällt im Herbst besonders auf, da die Halme nicht vom Vieh gefressen werden und stehenbleiben. Die Art ist weit verbreitet und kommt in Europa und Südwestasien vor. Es ist außerdem in viele andere gemäßigte Gebiete verschleppt worden. Es wurde früher auch zusammen mit anderen Gräsern angebaut, besonders auf Wegen und Rasen, wird aber heute kaum noch gebraucht.

Blaugras (35)
Sesleria caerulea

Ein mehrjähriges Gras, das in dichten, flachen Horsten wächst, die von den abgestorbenen Blattscheiden des Vorjahrs umgeben sind. Die recht kurzen und schmalen Blätter sind meist etwas zusammengefaltet und kurz bespitzt. Sie haben eine blaugraue Oberseite und eine dunkelgrüne Unterseite. Sie sind am Grunde der 10–50 cm hohen Halme versammelt und besitzen ein recht kurzes Blatthäutchen. Die Ährenrispe ist rundlich und blauviolett und unten von kurzen, breiten Schuppen umgeben. Die zweiblütigen Ährchen haben ziemlich kurze Stiele. Die Hüllspelzen sind zugespitzt und fast so lang wie die Ährchen. Deckspelzen mit vortretenden Adern, die am Ende in spitzen Zähnen auslaufen. Blütezeit ist März–August.
Bei *S. caerulea* handelt es sich um eine Sammelart, die in zwei Unterarten mit unterschiedlichen Ansprüchen an den Boden auftritt. Die eine (ssp. *caerulea*) wächst auf feuchten oder halbtrockenen Wiesen auf Kalkboden. Sie wächst hauptsächlich in Nordosteuropa und ist in Mitteleuropa selten. Die andere (ssp. *calcarea*) wächst auf kalkigen, trockenen Hängen und Felsen und ist in Mitteleuropa weit verbreitet und häufig, besonders in den Alpen und Mittelgebirgen, findet sich aber auch in England und Island.

Gemeines Knäuelgras (36)
Dactylis glomerata

Ein mehrjähriges, oft etwas graugrünes Gras, das in dichten und kräftigen Horsten wächst, mit zahlreichen Blatttrieben und verhältnismäßig wenigen, 40–140 cm hohen, steifen und glatten Halmen. Die Blatttriebe sind zusammengedrückt und scharf zweischneidig, das Blatthäutchen ist lang und die etwas rauhen Blattspreiten sind lang und breit, mit kräftigem Kiel. Die Rispe ist groß, bis 30 cm lang, mit

Gemeines Knäuelgras (Nr. 36). a: Ährchen. b: Reifes Korn von den Deckspelzen umgeben, mit einem Stück der Ährchenachse. (4 × natürliche Größe).

Ästen, die während der Blüte abstehen, sonst aufgerichtet. Die einseitswendigen Ährchen sind zusammengedrückt und enthalten zwei bis fünf Blüten. Ihre Hüllspelzen sind steifhaarig und die Deckspelzen ebenso, aber nur am Kiel, und laufen in eine Spitze aus. Blütezeit ist Mai und Juni.

Dieses Gras ist ein wichtiges Viehfutter, das sowohl zur Heugewinnung als auch auf Weiden angebaut wird. Die jungen Triebe halten sich den Winter über grün, geschützt von den abgestorbenen Blattscheiden der älteren Blätter. Der Austrieb im folgenden Frühjahr erfolgt deshalb sehr zeitig. Es sollte vor dem Erscheinen der Halme gemäht werden, da diese sehr grob sind. An unkultivierten Stellen kann es große, unregelmäßige Horste bilden, die im Lauf der Zeit in der Mitte absterben. Dieses Gras wird vermischt mit anderen Gräsern auch auf Wegen und zur Festigung von Bahndämmen ausgesät. Es ist wohl eines unserer wichtigsten Kulturgräser, das in umfangreichem Maß Saatmaterial liefert. Es ist aber auch wildwachsend weit verbreitet und häufig. Man findet es an den meisten grasigen Orten, auch im Wald. Dort wächst eine Variante, die dadurch gekennzeichnet ist, daß die Deckspelze glatt ist mit rauhem, nicht behaartem Kiel und einer Stachelspitze. Sie wird *D. glomerata* var. *pendula* genannt. Das Knäuelgras ist in Europa, Nordafrika und Asien beheimatet, wurde aber in fast alle gemäßigten Gebiete der Erde gebracht.

Zittergras (37)
Briza media

Ein mehrjähriges Gras, das in lockeren Horsten wächst, mit schmalen, etwas rauhen, bläulich grünen Blättern und 20–45 cm hohen Halmen mit einer großen Rispe, die aus ausgebreiteten, oft welligen haarfeinen Ästen besteht, an denen nickende, herzförmige, 5–9blütige, violett angelaufene Ährchen sitzen. Sie werden vom geringsten Windhauch in Bewegung gesetzt und haben der Pflanze den Namen eingebracht. Die Spelzen sind gewölbt, ohne Stachel oder Granne. Blütezeit ist Mai–September.

Eines unserer hübschesten und am leichtesten zu erkennenden Gräser, das oft zu Blumengebinden verwendet wird. Es wächst auf kalkhaltigen Böden vor allem auf trockenen Wiesen, aber auch auf etwas feuchteren. Es ist weit verbreitet und kommt fast im ganzen Europa vor.

Zittergras (Nr. 37) a: Ährchen. b: Deckspelze von der Seite gesehen. c: Dieselbe ausgebreitet und von der Rückenseite betrachtet (4 × natürliche Größe).

Perlgras *Melica*

Die Gattung Perlgras umfaßt mehrjährige Arten mit gedrungenen, oft hübsch gefärbten Ährchen in Rispen oder Ährenrispen. Die oberste Blüte im Ährchen ist immer steril und zu einem eigentümlich kolbenförmigen Körper umgewandelt. Die Hüllspelzen sind gewölbt und fast so lang wie das Ährchen. Die Deckspelzen sind ebenfalls gewölbt und ohne Granne. In vegetativem Zustand erkennt man die Arten daran, daß die Ränder ihrer Blattscheiden miteinander verwachsen sind. Das ist in der Familie der Gräser sonst selten der Fall; in der Gattung Trespe beispielsweise sind sie verwachsen (Nr. 60–66).

Einblütiges Perlgras (38)
Melica uniflora

Grundachse kriechend mit langen Ausläufern, wovon aufrechte, 30–45 cm hohe Stengel ausgehen, mit dünnen und schlaffen, frischgrünen Blättern mit verwachsenen Blattscheiden und ringförmigen Blatthäutchen. Am obersten Blatt gibt es eine charakteristische spitze Verlängerung des Blatthäutchens längs des Stengels auf der der Blattspreite abgewandten Seite. Die Rispe ist offen mit langen, aufrechtstehenden Ästen, die wenige, aber recht große Ährchen tragen. Die gewölbten Hüllspelzen sind rotbraun, die Deckspelzen grün. Es gibt nur zwei Blüten im Ährchen, eine untere zwittrige und eine obere sterile, deren Spelzen zu einem kolbigen Körper verwachsen sind. Blütezeit ist Mai und Juni. Das Korn reift im Sommer und fällt zusammen mit der sterilen Blüte aus den Hüllspelzen heraus. Die Spelzen dieser Blüte enthalten ein fettes Öl, das von Ameisen gerne verzehrt wird. Sie tragen es deshalb auch weit herum und fördern so die Verbreitung.
Wächst weit verbreitet auf humösen Böden in Laub- und Mischwäldern. Mit seinen Ausläufern durchwebt es weithin den Boden und bildet in alten Buchenwäldern oft große Teppiche, wenn die Bäume genügend Abstand haben und ausreichend Licht auf den Boden lassen. Die oberirdischen Teile sterben im Winter ab und die Knospen sitzen auf den unterirdischen Trieben. Die Art ist in Europa und Vorderasien verbreitet.

Nickendes Perlgras (39)
Melica nutans

Gleicht der vorhergehenden Art, unterscheidet sich aber durch die schmale

a: Blühendes Ährchen von Einblütigem Perlgras (Nr. 38) b: Reifes Korn der gleichen Art von Deckspelzen umgeben und mit festhängender tauber Blüte c: Blühendes Ährchen des Nickenden Perlgrases (Nr. 39) d: Blühendes Ährchen des Wimper-Perlgrases (Nr. 40) e: Blatthäutchen des Einblütigen Perlgrases (Nr. 38) (a, c und d: 2 ×, b und e: 3 × natürliche Größe).

Rispe mit nickenden Ährchen, die meist einzeln an den Ästen sitzen. Die Hüllspelzen der Ährchen sind rotbraun mit breitem, weißem, häutigem Rand und grünen Deckspelzen. Es gibt zwei fertile Blüten und eine sterile an der Spitze der Ährchen. Blütezeit ist Mai und Juni. Die Körner reifen früh. Das oberste löst sich zuerst ab und fällt zusammen mit der sterilen Blüte (Ölkörper) zu Boden und wird von Ameisen verschleppt. Das untere löst sich später ab und wird vom Wind abgeschüttelt.
Wächst auf humösen Böden, verträgt aber nicht so viel Schatten und findet sich deshalb mehr auf Lichtungen und Waldrändern sowie in Gebüschen. Die Art ist weit verbreitet und kommt in Europa, Nord- und Westasien vor, im Süden aber mehr in Berggegenden. Es ist im Norden seltener.

Wimper-Perlgras (40)
Melica ciliata

Ein mehrjähriges, horstbildendes Gras mit kurzen Ausläufern und 30–70 cm hohen Halmen, die steif und aufrecht sind und schmale und recht steife graugrüne Blätter tragen. Die Ährenrispe ist blaßgelb. Hüllspelzen mit Spitzen. Im Ährchen gibt es zwei Blüten, eine obere sterile und eine untere fertile. Die Deckspelze der fruchtbaren Blüte ist mit langen seidigen Haaren bedeckt, die während der Blüte aus dem Ährchen ragen und dem Blütenstand ein eigenartiges Aussehen verleihen. Die Haare dienen der Verbreitung durch den Wind. Blütezeit ist Mai und Juni.
Diese Art ist kalkliebend und wächst auf Trockenrasen und steinigen Abhängen häufiger im Süden als im Norden. Sie kommt von Mitteleuropa an südwärts vor bis Nordafrika und Westasien. Es gibt aber auch einige Vorkommen auf den Ostseeinseln Öland und Gotland und an einigen Ostseeküstengebieten. Hier wird es sich wohl um Relikte einer trockeneren, wärmeren Zeit handeln.

Quellgras (41)
Catabrosa aquatica

Ein mehrjähriges Gras mit kriechenden Erdachsen und langen Ausläufern sowohl über, als auch unter der Erde und auf dem Wasser schwimmend. Die 20–45 cm langen Halme sind aufsteigend. Die Blätter haben zusammengedrückte Blattscheiden und ziemlich kurze und breite Spreiten mit kahnförmiger Spitze. Die lockere Rispe ist reich verzweigt und trägt violett angelaufene, zweiblütige Ährchen, deren Hüllspelzen viel kürzer als die grannenlosen Deckspelzen sind. Blütezeit ist Mai bis Oktober.
Wächst an feuchten Stellen, Seeufern, Quellen, Gräben und Bächen, die Zufluß von nährstoffreichem Grundwasser haben. Es bildet frischgrüne Büschel, die gerne vom Vieh gefressen

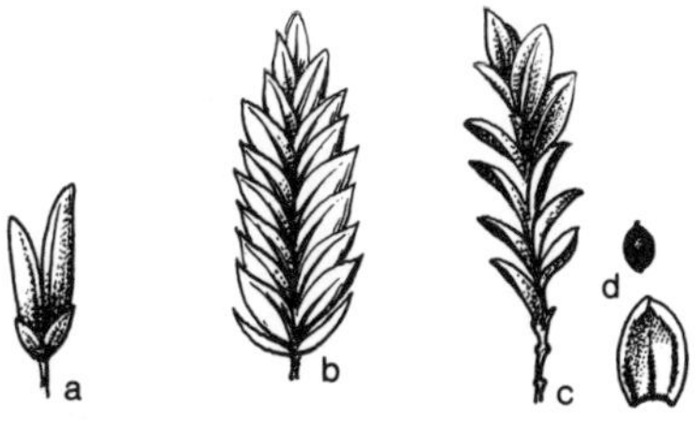

a: Ährchen von Quellgras (Nr. 41). b und c: Ährchen des Kleinen Liebesgrases (Nr. 42), teils mit unreifen, teils mit reifen Körnern, bei c sind die meisten Blüten mit Deckspelze und Korn abgefallen und nur die Vorspelzen sind an der Achse zurückgeblieben. d: Korn und Deckspelze von der Flachseite gesehen (4 × natürliche Größe).

werden, und sein Wachstum wird durch den Dung noch gefördert. Wegen seines hohen Feuchtigkeitsbedarfs kann man dieses Gras aber nicht kultivieren. Es ist an geeigneten Stellen verbreitet, geht aber zurück, da man heute viele Feuchtplätze zerstört. Es ist in den gemäßigten Gebieten der nördlichen Halbkugel verbreitet und kommt auch in Grönland vor, wo es an gut gedüngten Stellen um die Dörfer wächst.

Kleines Liebesgras (42)
Eragrostis poaeoides

Ein einjähriges Gras mit 5–30 cm hohen Halmen, die sich am Grunde verzweigen und kriechende, später gekniete und dann aufsteigende Triebe bilden. Die Blätter sind behaart und die große, offene Rispe trägt abstehende Zweige. Es gibt kein Blatthäutchen, dagegen ein Büschel langer Haare. Die zusammengedrückten, violett angelaufenen Ährchen enthalten viele Blüten (8 bis 20) mit kurzen, gedrungenen Hüllspelzen, die deutlich kürzer als die Ährchen sind. Die Deckspelze endet ebenfalls stumpf und hat drei deutlich hervortretende Nerven. Die winzigen, etwa ¾ mm großen Körner fallen zusammen mit der Deckspelze ab, während die Vorspelze an der Achse des Ährchens sitzenbleibt. Blütezeit ist Juli bis September.
Das Liebesgras wächst auf trockenem, sandigem und nährstoffreichem Boden. Es ist in Süd- und Südosteuropa beheimatet, wurde aber vielfach verschleppt und wächst als Unkraut an Wegrändern und Schutthaufen. Es ist kaum auszurotten, da die vielen kleinen Samen weit verbreitet werden. Heute wird es besonders mit Verkehrsmitteln verschleppt und findet sich oft an Bahndämmen. Die Verbreitung entlang der deutschen Bahnlinien nach Norden konnte zeitlich verfolgt werden und man bekämpft es heute besonders auf Bahnhöfen mit chemischen Mitteln (Herbizide).
Eine verwandte Art – **Tef** *(Eragrostis abyssinica)* genannt – wird in Äthiopien als Getreide angebaut und seine Körner finden in einer Art Grütze Verwendung.

Rispengras *Poa*

Die Gattung Rispengras, umfaßt Rispengräser mit kleinen, zusammengedrückten, 2–20blütigen Ährchen, deren Hüllspelzen kürzer als die Ährchen sind. Hüllspelzen und Deckspelzen sind deutlich gekielt. An der Deckspelze 5 deutlich hervortretende Nerven, die nicht in der Spitze zusammenlaufen. Die Spitze ist oft dünnhäutig. Keine Granne. Die Körner bleiben von den Deckspelzen umhüllt. In der Reife teilt sich die Achse des Ährchens und die Körner lösen sich voneinander, ein Stück der Achse bleibt aber an jedem Korn. Diese bleiben noch einige Zeit aneinander hängen, da an der Basis der Deckspelze wollige Haare vorkommen, die sich ineinander verfilzen. Die Körner werden daher auch nicht vom Wind verbreitet, sondern verhängen sich im Fell vorbeikommender Tiere. Die Blätter der Rispengras-Arten sind ebenfalls charakteristisch. Sie sind in der Knospe längs der Mittelrippe zusammengefaltet und besitzen eine kahnförmige Spitze. Im Gegenlicht erkennt man neben der Mittelrippe deutlich zwei helle Streifen. Sie entstehen durch Reihen farbloser Gelenkzellen, die dem Entfalten dienen. Die meisten Arten der Gattung haben zusammengedrückte Blattscheiden.

Einjähriges Rispengras (43)
Poa annua

Einjährig, mit 5–20 cm hohen Halmen in kleinen, dicht verzweigten Horsten. Die dünnen Blätter sind oft quer gerunzelt. Die Blattscheiden sind zusammengedrückt und das Blatthäutchen ist kurz, jedenfalls an den unteren Blättern, aber bis zu 5 mm lang an den oberen. Die Äste der ausgebreiteten Rispe hängen nach der Blüte nach unten. Die Ährchen sind eiförmig, 3–10 mm lang mit 3–6 Blüten. Ihre Hüllspelzen sind bedeutend kürzer als die Ährchen. Die untere ist sehr klein und nur mit einer Ader, die andere hat drei. Dieses Gras braucht nur sehr kurze Zeit vom Keimen bis zum Fruchtsetzen und man findet es daher das ganze Jahr über blühend. An schattigen Stellen findet man eine Form, deren Stengel Wurzeln schlagen können, und die dann mehr als ein Jahr überdauern kann.
Dieses Gras gehört zu unseren häufigsten Arten und wächst und grünt fast das ganze Jahr mit Ausnahme von Frostperioden und Trockenzeiten. Die Körner reifen und keimen zu allen Jahreszeiten. Als Pionierpflanze findet es sich schnell auf offenen Böden ein, besonders auf solchen, die von Vegetation frei gehalten werden, zum Beispiel Wegen, Straßenpflaster und dergleichen. Der Boden soll nährstoffreich sein. Die Art ist weit verbreitet und häufig und ist über die ganze Erde verbreitet, Tropen und Antarktis eingeschlossen. Es ist sicher ein Kulturfolger, der mit dem Menschen in alle besiedelten Gebiete kam.

Wiesen-Rispengras (44)
Poa pratensis

Ein mehrjähriges, graugrün oder schwach blaugrünes Gras mit kriechenden Erdachsen und langen Ausläufern, von denen vegetative Blatttriebe und 10–80 cm hohe, runde und glatte, wenigblättrige Halme ausgehen. Die Blätter haben eine deutlich kahnförmige Spitze und ein kurzes, 1–2 mm langes, abgeschnittenes Blatthäutchen. Die Rispe ist vor der Blüte zusammengezogen, später pyramidenförmig ausgebreitet, mit 4–6 mm langen, grünen oder violett angelaufenen, 2–5blütigen Ährchen. Die Hüllspelzen sind etwa gleich lang, die untere mit einem, die obere mit drei Nerven. Blütezeit ist Mai und Juni.
Das Wiesen-Rispengras ist weit verbreitet auf mäßig feuchten Wiesen und auch auf salzigen Böden im Küstengebiet. Es wächst aber auch an Wegrändern und trockeneren Abhängen. Es gibt eine ganze Menge Formen und Rassen bei diesem Gras, einige davon bilden Samen ohne vorhergehende Befruchtung und behalten deshalb von Generation zu Generation ihre Merkmale bei.
Es ist ein wichtiges Futtergras, das in großem Maße angebaut wird. Man hat die Samen zeitweise aus Nordamerika eingeführt, wo es als »Kentucky Bluegrass« berühmt ist. Heutzutage wird der Samen selbst erzeugt und findet besonders auf stark beanspruchten Rasen wie Sportplätzen und Wegen Verwendung, oft zusammen mit dem

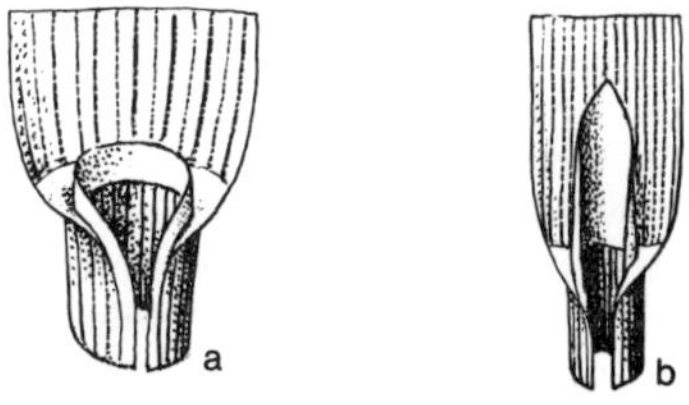

Blatthäutchen a: Wiesen-Rispengras (Nr. 44). b: Gemeines Rispengras (Nr. 45). (3 × natürliche Größe).

Englischen Raygras (Nr. 77). Diese beiden Gräser gehen an Straßenkanten am weitesten gegen den Asphalt vor und können ihn sogar sprengen. Die Art ist in Europa und Asien beheimatet, wurde aber mit der Kultur auf alle gemäßigten Gebiete der Erde verbreitet. Neben den einheimischen Beständen kommen sicher auch Abkömmlinge von eingeführten Samen vor.

Gemeines Rispengras (45)
Poa trivialis

Ein mehrjähriges Gras, das in lockeren Horsten wächst und 30–90 cm hohe Halme besitzt, die oben rauh sind. Von unseren anderen Rispengras-Arten unterscheidet es sich leicht durch die zusammengedrückten oft rauhen Blattscheiden und durch das lange (bis 8 mm) Blatthäutchen der blühenden Triebe. Es hat keine Ausläufer wie die vorhergehende Art, kann aber niederliegende, wurzelnde, vegetative Sprosse haben. Die Rispe ist groß und ausgebreitet und trägt 3–5blütige Ährchen. Blütezeit ist Juni und Juli.
Dieses Gras wächst häufig auf etwas feuchten, nährstoffreichen Böden, Wiesen, Wegrändern, Äckern und Gebüschen. Es ist ein ausgezeichnetes Futtergras, das auf feuchten Wiesen ausgesät wird. Es ist ursprünglich in Europa und Asien beheimatet, wurde mit der Kultur aber weit verbreitet.

Hain-Rispengras (46)
Poa nemoralis

Ein mehrjähriges Gras mit lockeren Horsten und kurzen Ausläufern. Die dünnen, 30–80 cm hohen Halme haben braune Knoten, die nicht von den Blattscheiden der darunter stehenden Blätter bedeckt sind. Die Blätter stehen fast horizontal ab und besitzen ziemlich kurze Blatthäutchen. Die Rispe ist etwas überhängend, mit haarfeinen Ästen, die während der Blüte abstehen, später aufgerichtet sind. Die 2–5blütigen Ährchen sind verhältnismäßig klein, 3(–6) mm lang. Blütezeit ist Mai–Juli.
Die Art wächst in lichten Wäldern, Gebüschen und Parks und ist weit verbreitet. Besonders an Waldrändern, wo der Wind das abgefallene Laub weggetragen hat und der Boden austrocknet, ist es besonders häufig zu finden. Ursprünglich in den gemäßigten Gebieten der nördlichen Halbkugel zu Haus wurde es mit Hilfe des Menschen nach Chile und Neu Seeland gebracht.

Sumpf-Rispengras (47)
Poa palustris

Mehrjährig, mit 30–90 cm hohen, glatten und runden Halmen aus dichten Horsten. Die Blattscheiden sind in der Regel so lang, daß sie die darübersitzenden Knoten bedecken und der ganze Halm mit Blattscheiden bedeckt ist. Das Blatthäutchen ist lang. Die Rispe ist groß und ausgebreitet, mit 3–5 mm langen, oft braunscheckigen, 2–5blütigen Ährchen, deren Deckspelzen schwache Adern und bräunliche, häutige Kanten aufweisen. Blütezeit ist Juni und Juli.
Das Sumpf-Rispengras wächst auf nassen Wiesen, an grasigen Ufern und an Sumpfstellen im Wald. Es ist zerstreut vorkommend und nicht so häufig. Es wurde früher stellenweise auf nassen Wiesen angebaut. Die Verbreitung erstreckt sich über die gemäßigten Gebiete der Nordhalbkugel.
Von großen Exemplaren der vorhergehenden Art unterscheidet es sich durch lange Blatthäutchen und lange Blattscheiden, vom Gemeinen Rispengras mit ebensolangen Blatthäutchen durch glatte Blattscheiden. Vom Wie-

sen-Rispengras unterscheidet es sich durch lange Blatthäutchen und fehlende Ausläufer.

Flaches Rispengras (48)
Poa compressa

Ein zartes, mehrjähriges Gras mit kriechender Erdachse und langen Ausläufern, von denen zähe, graugrüne Halme ausgehen, die wie die Blattscheiden stark zusammengedrückt sind. Das Blatthäutchen ist kurz. Die Rispe ist etwas zusammengezogen und einseitig, mit 4–7blütigen, blaugrünen oder gelbbunten, 3–6 mm langen Ährchen. Blütezeit ist Juni und Juli.
Wächst an lehmigen, sonnigen Abhängen, Mauern und Wegrändern, somit an trockenen, nährstoffreichen Böden. Die Art ist verbreitet und häufig. Ursprünglich in Europa beheimatet, wurde sie nach Nord- und Südamerika, Ostasien und Australien verschleppt. Das Gras hat bei uns keine Bedeutung als Futter, wurde aber in Nordamerika auf trockenen Flächen ausgesät.

Knolliges Rispengras (49)
Poa bulbosa

Ein zartes, früh absterbendes, mehrjähriges horstartiges Gras mit 5–45 cm hohen Halmen, die am Grunde zwiebelförmig verdickt sind. Die graugrünen Blätter sind steif und schmal, die Rispe klein und dicht, mit 4–6blütigen Ährchen, die in der Regel nicht blühen, sondern vivipar sind, das heißt an Stelle der Blüten kleine Pflanzen austreiben. Blütezeit ist April–Juli. Es ist also nicht so, daß in den Ährchen reife Körner austreiben, wie das bei unseren Getreidearten der Fall sein kann, wenn der Sommer sehr naß ist, vielmehr entwickeln sich aus den Anlagen der Ährchen sogleich neue Pflanzen, die zu Boden fallen, sich dort bewurzeln und weiterwachsen. Es handelt sich damit um eine Art vegetativer Vermehrung.

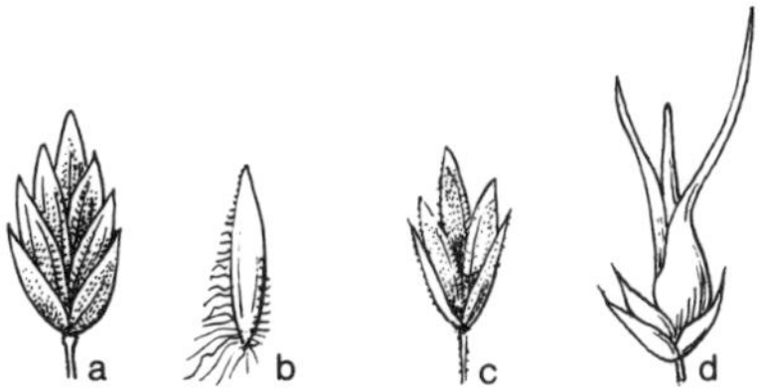

a: Ährchen von Wiesen-Rispengras (Nr. 44). b: Reifes Korn der gleichen Art von Deckspelzen umgeben. c: Ährchen von Hain-Rispengras (Nr. 46). d: Endständiges Ährchen von Knolligem Rispengras (Nr. 49). (3 × natürliche Größe).

Dieses Gras hat seine Hauptverbreitung im Mittelmeergebiet, in Südosteuropa und Zentralasien, somit in Gebieten mit trockenen, heißen Sommern. Die heiße Zeit überdauert es verwelkt und ruhend. Nur die nährstoffgefüllten Anschwellungen überleben und treiben aus, wenn die Umweltbedingungen wieder günstiger werden. Diese Bulben liegen lose am Boden und können durch den Wind, aber auch durch Mensch und Tier, verbreitet werden. Es kommt daher häufig an Wegen vor. Im nördlichen Teil unseres Gebiets ist die Art selten, wird dann nach Süden häufiger. Im Ostseegebiet gibt es einige natürliche Vorkommen.

Salzschwaden *Puccinellia*

Die Gattung Salzschwaden umfaßt Rispengräser mit rundlichen, mehrblütigen Ährchen, deren Hüllspelzen kürzer als die ganzen Ährchen sind. Die

Deckspelze ist gewölbt und besitzt 5 undeutliche Nerven, die nicht in der Spitze zusammenlaufen. Diese ist wie bei Rispengras breit gerundet und häutig. Die Arten dieser Gattung unterscheiden sich von den Rispengras-Arten durch rundliche, nicht zusammengedrückte Ährchen und gewölbte, nicht scharf gekielte Deckspelzen. 100 Arten mit 2 einheimischen.

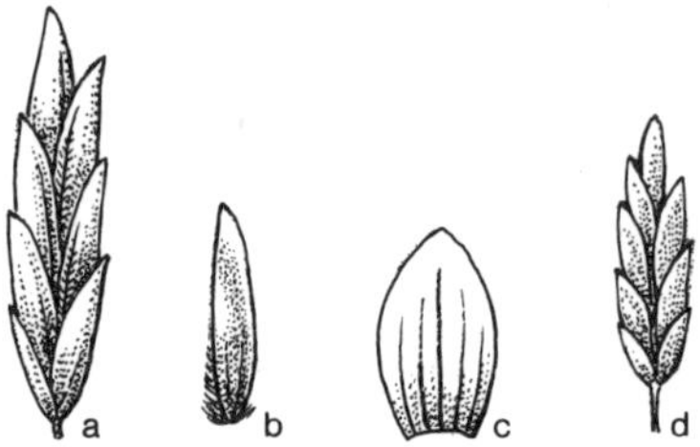

a: Ährchen von Strand-Salzschwaden (Nr. 50). b: Reifes Korn von Deckspelzen umgeben. c: Deckspelze ausgebreitet und vom Rücken gesehen. d: Ährchen von Abstehendem Salzschwaden (Nr. 51). (3 × natürliche Größe).

Strand-Salzschwaden (50)
Puccinellia maritima

Ein blaugrünes, mehrjähriges Gras, das in dichten Horsten wächst, von denen niederliegende, blatttragende Ausläufer ausgehen und Wurzeln schlagen und weitere Horste bilden, die einen zusammenhängenden Bewuchs formen können. Die fleischigen Blätter mit rundlicher Spitze sind unten zusammengefaltet und haben ein kurzes Blatthäutchen. Die aufrechten oder aufsteigenden Halme sind 10–40 cm lang und tragen eine einseitswendige Rispe, deren Äste während der Blüte ausgebreitet, später aber zusammengezogen sind. Die rundlichen, 5–8blütigen Ährchen sind violett angelaufen. Blütezeit ist Juni–September.

Dieses Gras wächst auf Strandwiesen, die regelmäßig von Salzwasser überschwemmt werden, und ist besonders im Wattenmeer von Bedeutung, wo es sich alsbald einfindet, wenn der Boden soweit gefestigt und gehoben ist, daß er nicht mehr bei jeder Flut überschwemmt wird, sondern nur noch bei Hochwasser, zum Beispiel bei Springflut und Sturmflut. Das Gras löst den Bewuchs von Queller ab, der zusammen mit dem mikroskopischen Pflanzenleben der Watten, den Blaugrünalgen eine große Rolle bei der Schlickablagerung spielt und damit die Oberfläche der Watten anhebt. Es bildet also die äußerste Zone der Marschwiesen außerhalb der Deiche und hilft selbst bei der Landgewinnung. Halme und Blätter wirken wie ein Filter, das den Schlick zurückhält, wenn die Wiesen überschwemmt werden. Wenn der Boden soweit angelandet ist, daß er nur noch selten überschwemmt wird, wird es von anderen Gräsern abgelöst. Pflanzen wie Salz-Binse (Nr. 143), Roter Schwingel (Nr. 58), Weißes Straußgras (Nr. 14) und Wiesen-Rispengras (Nr. 44) treten dann in den Vordergrund. In der Marschvegetation gibt es eine bestimmte Zonierung. In der äußersten Zone mit viel Feuchtigkeit und 25–40‰ Salz dominiert der Strand-Salzschwaden, im mittleren Gebiet mit 10–25‰ die Salz-Binse und im innersten Gebiet mit weniger Nässe und 2 bis 10‰ Salz kommt unter anderem Roter Schwingel und Wiesen-Rispengras vor. Weißes Straußgras ist in den beiden inneren Zonen gleichmäßig verteilt.

Die Entwicklung erfolgt am besten auf Lehmböden, aber auch auf Sand. Das Gras ist ein wichtiges Futter für die Schafe der Marschwiesen. Es wächst

an allen geeigneten Küsten, wenn nur der Salzgehalt nicht zu niedrig ist. In der Ostsee mit seinem geringen Salzgehalt ist es daher nur im westlichen Küstenbereich zu finden. Es sei hier daran erinnert, daß der Salzgehalt im Boden durch Wasserverdunstung höher sein kann als im überschwemmenden Meerwasser.
Diese Art ist an den europäischen Küsten weit verbreitet und kommt von Nordnorwegen bis zum Mittelmeer vor. Es kommt auch auf Grünland vor, fruchtet hier aber wenig und ist möglicherweise von den Wikingern eingeführt worden. Eine ähnliche Art, *Puccinellia americana*, gibt es an der nordamerikanischen Ostküste.

Abstehender Salzschwaden (51)
Puccinellia distans

Ein mehrjähriges, seltener einjähriges Gras mit in horstartigen Büscheln versammelten, 15–60 cm hohen, am Grunde geknieten Halmen, die im Gegensatz zur vorhergehenden Art keine Ausläufer bilden. Die graugrünen Blätter sind schmal und flach mit kurzem Blatthäutchen. Die große Rispe ist ausgebreitet und bleibt es auch nach der Blüte. Sie trägt kleine Gruppen 3–6blütiger Ährchen. Blütezeit ist Juni–Oktober.
Das Gras wächst zerstreut auf offenen Böden im Küstenbereich und auf feuchten, salzhaltigen Stellen im Binnenland. Sein Vorkommen erstreckt sich über die nördliche Halbkugel.

Schwaden *Glyceria*

Die Gattung Schwaden umfaßt mehrjährige Rispengräser mit mehrblütigen, rundlichen Ährchen, deren Hüllspelzen deutlich kürzer als das Ährchen sind. Die Deckspelze ist gewölbt, mit sieben kräftigen Nerven, die jedoch nicht in der Spitze zusammenlaufen (im Gegensatz zu den Schwingel-Arten). Keine Granne.
Ein Kennzeichen ist die bis zur Blattspreite zusammengewachsene Blattscheide und die Blattspreiten sind längs der Mittelrippe zusammengefaltet. Deshalb sieht man am ausgefalteten Blatt deutliche, helle Streifen beiderseits der Mittelrippe. Sie werden von Gelenkzellen verursacht. 40 Arten, 5 einheimische.

Großer Schwaden (52)
Glyceria maxima

Ein mehrjähriges Sumpfgras mit kriechender Erdachse, von der lange Ausläufer und gerade 1–2,5 m hohe Halme ausgehen. Letztere tragen lange und breite Blätter mit kräftigem Kiel, der an den zusammengedrückten Blattscheiden herabläuft. Deren Ränder sind fast bis zur Blattspreite verwachsen, besonders in jungem Zustand. Später können sie durch das Wachstum der Halme einreißen. Das Blatthäutchen ist recht kurz, bis 3 mm. Die Rispe ist groß, 20–50 cm lang, und reich verzweigt mit aufrecht ausgebreiteten Ästen, die verhältnismäßig kleine, 5–8 mm lange, länglich eiförmige Ährchen tragen. Diese sind zuerst hellgrün, später bräunlich violett angelaufen. Blütezeit ist Juli und August.
Wächst auf nährstoffreichen Verlandungszonen von Seen, an Flüssen und in Gräben und kann größere Bestände im Röhricht bilden. Die jungen Halme werden gerne vom Vieh gefressen, später sind sie zu grob. Die Art ist verbreitet und kommt in Europa und Nordasien vor.
Zusammen mit Rohr-Glanzgras (Nr. 3) und Schilfrohr (Nr. 29) gehört der Schwaden zu unseren größten Grä-

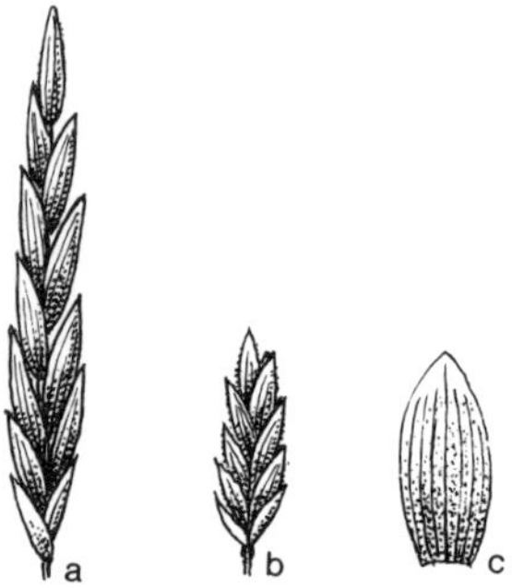

a: Ährchen von Manna-Schwaden (Nr. 53). b: Ährchen von Großem Schwaden (Nr. 52). c: Deckspelze der Blüte von Manna-Schwaden ausgebreitet, Rückseite. (a und b: 1½ ×, c: 2 × natürliche Größe).

sern. In vegetativem Zustand ist er vom Schilfrohr durch das Blatthäutchen zu unterscheiden, das dem Schilfrohr fehlt, und vom Rohr-Glanzgras durch das recht kurze Blatthäutchen und die in der Knospe zusammengefalteten Blätter, die bei letzterem zusammengerollt sind.

Manna-Schwaden (53)
Glyceria fluitans

Ein mehrjähriges Gras, das in lockeren Horsten wächst mit langen, kriechenden und wurzelnden oder auf dem Wasser schwimmenden Ausläufern und mit 40–100 cm hohen, am Grunde niederliegenden, dann aufsteigenden Halmen. Die Blattscheiden sind zusammengedrückt und haben verwachsene Ränder. Das Blatthäutchen ist lang und spitz. Die Rispe ist lang und schmal, mit einseitswendigen Ästen, die nur einzeln oder höchstens zu Dreien von jedem Glied der Rispe abzweigen. Die Zweige sind nur während der Blüte ausgebreitet, vorher und nachher sind sie aufrecht zusammengezogen und an die Hauptachse angedrückt. Die 7–13blütigen Ährchen sind walzenförmig und bis zu 2 cm lang. Die Deckspelze ist zugespitzt. Blütezeit ist Mai–September.

Die Art ist in stehenden und langsam fließenden Gewässern weit verbreitet und kommt in Europa, Nordafrika und Vorderasien vor. Sie ist nach Australien und Nordamerika eingeführt worden. Das Gras wird gern vom Vieh gefressen und die kleinen, 2–3 mm langen Körner, die braun sind und süß schmecken, wurden früher zur Manna-Grütze verwendet und haben der Pflanze den Namen gegeben.

Manna-Schwaden kann leicht mit dem verwandten, etwa gleich häufigen **Falten-Schwaden,** *Glyceria plicata,* verwechselt werden, der reichblütigere Rispen hat mit ausgebreiteten Ästen auch nach der Blüte. Die Enden der Deckspelzen sind hier abgerundet.

Schwingel *Festuca*

Die Gattung Schwingel umfaßt mehrjährige Rispengräser mit mehrblütigen Ährchen, deren Hüllspelzen kürzer sind als die Deckspelzen der nächstfolgenden Blüte. Die Deckspelzen sind am Rücken gewölbt, mit Nerven, die an der Spitze zusammenlaufen (im Gegensatz zu den vorhergehenden Gattungen mit mehrblütigen Ährchen: Rispengras, Salzschwaden und Schwaden). Die reifen Körner werden von den Deckspelzen umschlossen und fallen ab indem die Ärchenachse zerbricht, wobei ein kleines Stück am Korn sitzenbleibt. Die Deckspelzen haben oft eine Granne oder Spitze, mit deren Hilfe die Samen verbreitet werden, da sie sich im Fell von Tieren verhängen können. 80 Arten, 17 einheimische.

Riesen-Schwingel (54)
Festuca gigantea

Ein mehrjähriges Waldgras mit lockeren Horsten und 60–120 cm hohen, glatten Halmen mit braunen Knoten. Die unteren Blattscheiden sind oft tief purpurfarbig. Die Blattspreite ist bis zu 1 cm breit, schlaff und glänzend dunkelgrün auf der Unterseite, die durch Blattdrehung oft nach oben zeigt. Die Oberseite der Blätter ist dagegen matt graugrün. Die Blätter umschließen am Grunde den Halm mit großen, gekrümmten Öhrchen. Das Blatthäutchen ist kurz. Die Rispe ist bis zu 40 cm lang, mit langen und dünnen, abstehenden oder herabhängenden Ästen. Die Ährchen sind 4–8blütig und ihre Deckspelzen tragen eine lange, rauhe und gebogene Granne. Blütezeit ist Juli und August.
Dieses Gras wächst in schattigen Laub- und Auwäldern auf feuchtem, humosem Boden. Auf weniger guten Böden kommt es besonders an den Wegen vor, wo der Stickstoffgehalt am größten ist. Die Art ist weit verbreitet und kommt in Europa und Nordasien vor.

Wiesen-Schwingel (55)
Festuca pratensis

Ein mehrjähriges Gras mit lockeren Horsten, 30–90 cm hohen Stengeln und recht breiten, flachen und glatten Blättern, die am Grunde gekrümmte, stengelumfassende Öhrchen tragen und ziemlich kurze Blatthäutchen haben. Die etwas einseitige, aufrechte oder leicht überhängende Rispe hat während der Blüte ausgebreitete Äste, ist sonst aber schmal und zusammengezogen. Die verhältnismäßig langen (10–20 mm), 5–10blütigen, grünlichen, seltener violett angelaufenen Ährchen haben unbegrannte Deckspelzen. Blütezeit ist Juni und Juli. Dieses Gras ist ein wertvolles Futter, das schon lange angebaut wird und zusammen mit anderen Gräsern und Klee auf Wiesen und Grasplätzen in Gebrauch ist. Es eignet sich sowohl zur Heugewinnung als auch als Weidegras. Es bevorzugt etwas feuchtere Böden und gedeiht auf trockenen nicht so gut und wird dort auch von anderen Grasarten ersetzt. Der Wiesen-Schwingel ist sicher bei uns einheimisch, wurde aber mit der Kultur weiter verbreitet. Er kommt in Europa und Nordasien vor, findet sich heute aber in allen gemäßigten Gebieten der Erde.

Rohr-Schwingel (56)
Festuca arundinacea

Ein kräftiges, mehrjähriges Gras, das in großen, groben Horsten mit 1–1,5 m hohen Halmen wächst. Unterscheidet sich von der vorhergehenden Art durch die reichblütigere Rispe mit allseitswendigen Ästen, die auch nach der Blüte ausgebreitet bleiben, und durch verhältnismäßig kleine, 10–15 mm lange 3–7blütige Ährchen

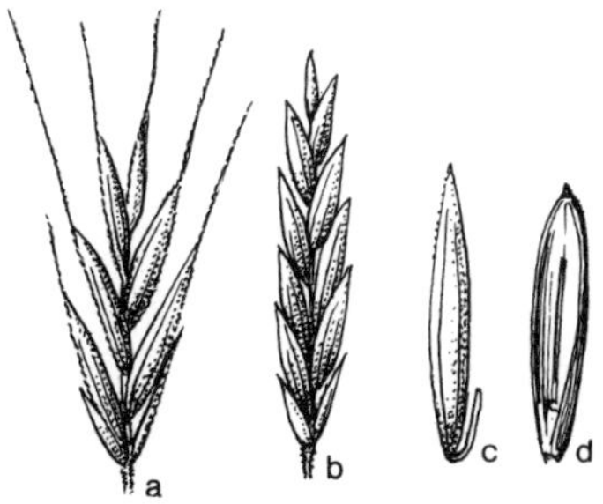

a: Ährchen von Riesen-Schwingel (Nr. 54). b: Ährchen von Wiesen-Schwingel (Nr. 55). c und d: Korn dieses Grases von der Seite und der Innenseite gesehen. (a und b: 1½ ×, c und d: 3 × natürliche Größe).

ohne oder mit nur kurzer Granne an der Deckspelze. Blütezeit ist Juni und Juli.
Wächst auf Riedwiesen und in feuchten Wäldern und kommt im Küstengebiet auf Strandwiesen und selbst am Sandstrand bis unter die Winterhochwasserlinie vor, verträgt also einigen Salzgehalt. Es gibt verschiedene Wuchsformen, die Strandform ist größer und zäher als die aus dem Binnenland. Es hat kaum Wert als Futtergras, wurde aber stellenweise zur Bodenbefestigung verwendet. Die Art ist in Europa und Nordasien verbreitet, bekam aber wie die vorhergehende Art eine weite Ausbreitung über die Erde.

Schaf-Schwingel (57)
Festuca ovina

Ein mehrjähriges Gras, das kleine, dichte Horste bildet, mit fadenförmigen, weichen und nicht mehr als 0,5 mm dicken Blättern, sowie 10–30 cm hohen Halmen. Die kleine Rispe trägt kurze, aufrechte Äste, die nur während der Blüte ausgebreitet werden, sonst zusammengezogen sind. Die kleinen, 5–7 mm langen, violett angelaufenen Ährchen sind 3–6blütig. Die Deckspelze trägt eine kurze Granne. Blütezeit ist Mai–Juli.

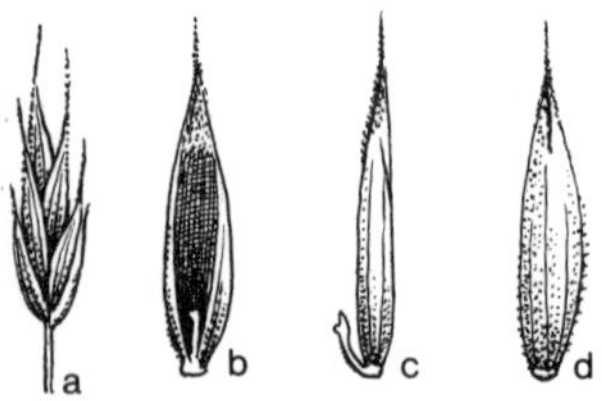

a: Ährchen von Schaf-Schwingel (Nr. 57). b–d: Korn dieses Grases von der Innenseite, der Kante und der Außenseite her gesehen. (a: 2 ×, b–d: 4 × natürliche Größe).

Die Pflanze wächst vor allem auf Trockenrasen und kommt in verschiedenen Formen vor, die sich vor allem durch ihre Blätter unterscheiden. Als Futterpflanze haben die dünnen Triebe kaum Bedeutung, höchstens für Schafe auf mageren Weiden. Eine häufige Art mit weiter Verbreitung, die in den gemäßigten Gebieten der nördlichen Halbkugel zu Hause ist, durch den Menschen aber eine weitere Verbreitung auch auf der südlichen Halbkugel fand.

Roter Schwingel (58)
Festuca rubra

Ein mehrjähriges Gras, das im Gegensatz zu den anderen Schwingel-Arten kriechende Erdachsen mit kürzeren oder längeren unterirdischen Ausläufern hat. Es wächst deshalb in flächigen Beständen mit zerstreut stehenden, 25–70 cm hohen Halmen. Die Grundblätter haben rote Blattscheiden und borstenförmig zusammengefaltete, recht lange und weiche Blattspreiten, während die Stengelblätter flache, manchmal eingefaltete Spreiten aufweisen. An der Blattscheide gibt es keine Zähne und das Blatthäutchen ist recht kurz. Die Rispe ist etwas einseitig und die Äste sind nur während der Blüte ausgebreitet, sonst zusammengezogen. Die 4–7blütigen, glatten oder kurz behaarten Ährchen sind meist rotviolett und die Deckspelze mit kurzer Granne an der Spitze. Blüteziet ist Juni–Oktober.
Eine weit verbreitete und häufige Grasart, die in trockenen Wäldern, auf Hügeln und Sandfeldern wächst, im Küstengebiet auch auf salzigen Wiesen. Schatten verträgt sie nicht. Auf guten Böden ist sie eine brauchbare Futterpflanze, liefert aber wenig Heu. Sie wird nicht als Futtergras angebaut, findet aber in Mischungen von Ge-

brauchsgräsern Verwendung. Es gibt eine Menge verschiedener Rassen, die über die ganze nördliche Halbkugel verbreitet sind.

Trespen-Fuchsschwingel (59)
Vulpia bromoides

Ein einjähriges Gras mit 10–30 cm hohen, büschelig stehenden Halmen, mit schmalen Blättern und einer einseitigen, aufrechten Rispe mit kurzen, zusammengezogenen Ästen, die am Ende etwas angeschwollen sind. Die verwandten Schwingel-Arten sind mehrjährig und ihre Rispenäste sind nicht kolbig verdickt. Die 4–6blütigen Ährchen haben kurze Hüllspelzen und lange Grannen an den Deckspelzen. Die meisten Gräser haben – wie schon erwähnt – drei Staubblätter in ihren Blüten, dieses Gras hat dagegen in der Regel nur eines. Es wird oft von den Spelzen eingeschlossen und führt zu Selbstbestäubung und bleibt auch oben auf dem reifen Korn sitzen. Blütezeit ist Mai–Juli.
Wächst auf trockenen Hügeln und Sandböden auch im Küstenbereich und kommt zerstreut vor. Ursprünglich ist die Art im Mittelmeergebiet, in Westeuropa und den Hochländern des tropischen Afrika zu Hause, wurde aber als Beimischung zu importierten Grassamen weiter verbreitet. Es findet sich deshalb in geeigneten Gebieten beider Halbkugeln.

Trespe *Bromus*

Die Gattung Trespe umfaßt ein- oder mehrjährige Gräser, deren Rispen vielblütig sind und lange Äste aufweisen. Die Hüllspelzen sind immer viel kürzer als die Ährchen, und die Nerven der Deckspelzen laufen immer in der Spitze zusammen. Sie enden in einer Stachelspitze oder einer Granne. In diesen Merkmalen stimmt die Trespe mit dem Schwingel überein. Ein vegetatives Merkmal unterscheidet sie aber. Die Trespe hat Blattscheiden, die zumindest im unteren Teil verwachsen sind, beim Schwingel sind die Blattscheiden nie verwachsen. Die beiden Gattungen können auch durch den Bau der Blüte unterschieden werden. Bei der Trespe gibt es einen eigentümlich haarigen Anhang an der Spitze des Fruchtknotens und die Griffel entspringen unterhalb davon. Der Anhang ist oft so lang wie der Fruchtknoten, kann aber nur mit einer starken Lupe gesehen werden. Er sitzt auch noch auf dem reifen Korn. Einen solchen Anhang gibt es beim Schwingel nicht.
Die Ährchen sind bei den verschiedenen Trespen-Arten recht unterschiedlich und man verteilt sie deshalb auf drei Gruppen, die oft als eigene Gattungen betrachtet werden.
Gruppe 1 *(Anisantha)* wird durch zusammengedrückte Ährchen charakterisiert, die sich nach der Blüte zur Spitze stark erweitern. Die Hüllspelzen sind ziemlich kurz, die untere mit nur einem Nerv, die obere mit drei. Die Deckspelzen zusammengedrückt, mit scharf hervortretendem Kiel, sie enden in einer Granne, die so lang oder länger als die Spelze ist. 15 Arten, alle einjährig, ein halbes Dutzend einheimisch.
Gruppe 2 *(Zerna)* hat längliche, zusammengedrückte Ährchen, die sich zur Spitze hin nicht erweitern. Die Hüllspelzen sind ebenfalls kurz, ein- und dreinervig. Deckspelze zusammengedrückt und gekielt, Granne aber verhältnismäßig kurz oder fehlend. 25 Arten, alle mehrjährig, mehrere einheimisch.

Gruppe 3 (*Bromus* im engeren Sinne) mit eiförmigen oder rundlichen, nicht zusammengedrückten Ährchen, deren Hüllspelzen 3–5 und 5–7 Nerven aufweisen und deren Deckspelzen gewölbt und ungekielt sind. Die Granne ist kaum so lang wie die Spelze. 50 Arten, alle mehrjährig, eine Anzahl einheimisch.

Dach-Trespe (60)
Bromus tectorum

Ein einjähriges Gras mit 10–60 cm hohen, am Grunde verzweigten Halmen, die oben weich behaart sind. Blätter und Blattscheiden sind ebenfalls behaart, das Blatthäutchen ziemlich kurz. Die Rispe ist einseitswendig mit langbegrannten, nickenden, oft rötlich angelaufenen, 4–8blütigen, flach zusammengedrückten, nach der Blüte verbreiterten Ährchen, mit scharf gekielten Spelzen. Die Granne der Deckspelze ist so lang wie dieselbe. Bei der sonst ähnlichen Art Taube Trespe (Nr. 61) ist sie bedeutend länger als die Deckspelze. Blütezeit ist Mai und Juni.
Wächst auf trockenen Äckern, Schuttplätzen und sandigen Stellen mit nährstoffreichem Boden. Sie ist ursprünglich im Mittelmeergebiet und auf den Steppen Südosteuropas und Asiens beheimatet, wurde aber fast über die ganze Erde verschleppt. Sie ist bei uns schon früh aufgetreten, ist aber heute vor allem ein »Eisenbahngras«. Die leichten Körner bleiben von den Spelzen mit ihren rauhen, langen Grannen umgeben und werden vom Wind oder durch Festhängen im Fell von Tieren verbreitet, natürlich auch mit Eisenbahnwaggons. Schienen und Stationen sind bevorzugte Plätze, aber auch Strohdächer, die der Pflanze den Namen gegeben haben.
Syn.: *Anisantha tectorum*

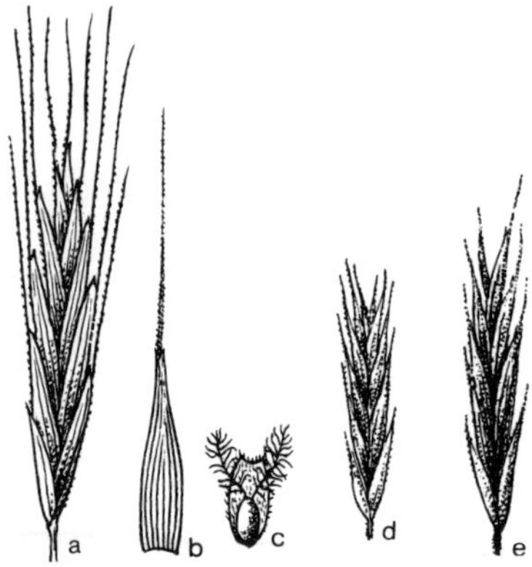

a: Ährchen von Tauber Trespe (Nr. 61). b: Deckspelze der gleichen Art ausgebreitet und Rückenseite. c: Fruchtknoten der gleichen Art mit dem eigenartigen, behaarten Anhang hinter den Griffeln und Narben. d: Ährchen von Wald-Trespe (Nr. 62). e: Ährchen von Aufrechter Trespe (Nr. 63). a, b, d und e: natürliche Größe, c: 5 × natürliche Größe.

Taube Trespe (61)
Bromus sterilis

Einjährig, mit 25–80 cm hohen Halmen. Blattscheiden und Blätter sind behaart, der Halm aber glatt. Das Blatthäutchen ist 2–4 mm lang, mit fein gezähntem Rand. Die Rispe ist allseitig ausgebreitet, mit langen Zweigen, die erst aufrecht stehen, später herabhängend. Die grünen oder rötlich angelaufenen, 4–10blütigen Ährchen sind groß (4–6 cm lang mit der Granne) und ihre rauhe Granne ist bedeutend länger als die zusammengedrückte, scharf gekielte Deckspelze. Blütezeit ist Mai und Juni.
Die Taube Trespe wächst als Unkraut auf trockenen Plätzen, im Gebüsch, an Wegrändern und Mauern, um Häuser

und an Eisenbahnstrecken. Sie gedeiht nicht, wo es eine geschlossene Vegetation mehrjähriger Gräser gibt, nur auf offenen Stellen. Sie ist weit verbreitet und häufig. (Pflanzen, die auf künstlich offengehaltenen Stellen wachsen, nennt man Ruderalpflanzen, abgeleitet vom lateinischen Wort für Ruine: »rudera«.) Trotz ihres Namens erzeugt die Taube Trespe kleine, harte Körper, die keimfähig sind. Der Name ist eher von ihrer wirtschaftlichen Unbrauchbarkeit abzuleiten. Die Art ist im Mittelmeergebiet und Westasien zu Hause, wurde aber über fast ganz Europa, nach Nordamerika und nach Neu Seeland verschleppt.
Syn.: *Anisantha sterilis*

Wald-Trespe (62)
Bromus ramosus

Ein mehrjähriges Waldgras mit lockeren Horsten und 0,5–2 m hohen Halmen, deren Blattscheiden mit langen, hängenden Haaren bekleidet sind. Die breiten, rauhen Blattspreiten haben zwei Öhrchen am Grunde und das Blatthäutchen ist bis zu 6 mm lang. Die Rispe ist bis zu 30 cm groß und hat lange, abstehende oder nickende Äste mit kleinen, zusammengedrückten, 4–11blütigen Ährchen, die mit der Granne 2,5–4 cm lang sind. Die Granne ist fast so lang wie die scharf gekielte Deckspelze. Blütezeit ist Mai–Juli.
Wächst in humusreichen Laubwäldern und manchmal auch auf Wiesen. Die verwandte Art **Frühe Wald-Trespe**, *Bromus benekenii,* wächst an den gleichen Stellen, blüht aber früher im Jahr und ist an den fast glatten Blattscheiden der oberen Blätter zu erkennen, während die unteren spärlich behaart sind.
B. ramosus ist in Europa verbreitet, im Westen jedoch häufiger. Sie erinnert an Riesen-Schwingel (Nr. 54), mit dem sie zusammen wächst, der aber ganz kahl ist.
Syn.: *Zerna ramosa*

Aufrechte Trespe (63)
Bromus erectus

Ein mehrjähriges Gras, das in dichten Horsten mit 40–120 cm hohen, steif aufrechten Halmen wächst und schmale, am Rande behaarte Blätter trägt. Die Aufrechte Rispe trägt nach der Blüte aufrecht zusammengezogene Äste mit 3–4 cm langen, zusammengedrückten Ährchen, deren Grannen nur halb so lang sind wie die Spelzen. Blütezeit ist Mai–Juli.
Diese Art wurde eingeschleppt und ist heute weit verbreitet auf Magerrasen und trockenen Böden. Sie bevorzugt Kalk. Wahrscheinlich ist sie weiter südlich beheimatet.

Weiche Trespe (64)
Bromus hordeaceus

Ein einjähriges, oft einjährig überwinterndes Gras mit samtig weichhaarigen, in Horsten stehenden Halmen, die meist aufrecht stehen und 10–60 cm hoch sind. Es gibt auch Formen mit nach allen Seiten niederliegenden Halmen sowie Hungerformen mit nur einem Ährchen am Ende. Die Blätter sind auch weich behaart und die aufrechte, nach der Blüte zusammengezogene Rispe trägt länglich eiförmige, 5–9blütige, begrannte Ährchen mit gewölbten (nicht stark gekielten) Deckspelzen, die oft weich behaart sind (wie die Rispenäste), aber bei den Formen mit aufsteigenden Halmen glatt sind. Blütezeit ist Mai und Juni.
Wächst auf trockenen, grasigen Stellen wie Wegrändern, auf Wiesen, Rainen und Äckern, und wurde früher als Fut-

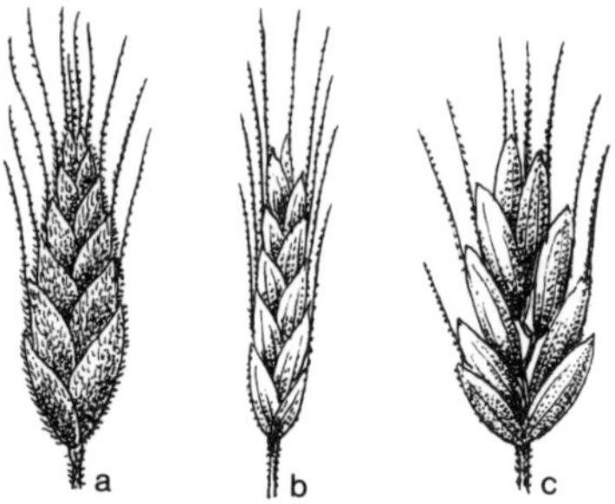

a: Ährchen von Weicher Trespe (Nr. 64). b: Ährchen von Acker-Trespe (Nr. 65). c: Ährchen von Roggen-Trespe (Nr. 66) mit teilweise eingerollten Deckspelzen. (1½ × natürliche Größe).

tergras verwendet. Es ist eine Art mit vielen Formen; eine der ausgeprägtesten Formen mit niederliegenden Halmen und kahlen Ährchen wird als eigene Art betrachtet: *Bromus thominii.* Man findet diese Form vor allem im Küstengebiet. Die Sammelart ist ursprünglich in Europa und Westasien beheimatet, wurde aber nach Amerika, Australien und in andere Gebiete verschleppt.
Syn.: *Bromus mollis*

Acker-Trespe (65)
Bromus arvensis

Ein graugrünes, einjähriges Gras mit 30–100 cm hohen, glatten Halmen. Die unteren Blattscheiden sind mit weichen Haaren bekleidet, das 2–4 mm lange Blatthäutchen ist zugespitzt und die Blattspreite weich und schlaff. Die große, vielblütige Rispe hat lange und dünne Äste, die auch nach der Blüte ausgebreitet sind. Die Ährchen sind glatt und länglich, 4–10blütig, 10–20 mm lang, violett und weißbunt. Die Granne ist so lang wie die gewölbte Deckspelze. Blütezeit ist Mai–August.

Die Pflanze wächst auf Ödland, Äkkern, Wegrändern und ähnlichen Plätzen mit sandigen Böden und wurde auch kultiviert. Ihre Vorkommen sind heute zerstreut. Ursprünglich stammt die Art wohl aus den Steppengebieten Südosteuropas und Asiens, wurde aber fast über die ganze Erde verschleppt.

Roggen-Trespe (66)
Bromus secalinus

Einjährig, mit 50–100 cm hohen, kräftigen Halmen, die wie die Blattscheiden kahl sind, während die Blätter Haare tragen. Die Rispe ist aufrecht und ausgebreitet in der Blüte, wird später aber nickend. Die 4–11blütigen, glatten Ährchen sind groß (15–25 mm lang) und gelbgrün. Ihre Grannen sind nur halb so lang wie die gewölbten Deckspelzen. Blütezeit ist Juni–September. Die reifen Ährchen sind gelb und die Spelzen spreizen sich von einander, indem sich ihre Ränder um das Korn rollen. Wenn die Rispe vom Wind bewegt wird, erzeugen die Ährchen ein eigentümliches Rascheln. Es ist eine sehr alte Greteideunkrautpflanze, deren Heimat man nicht kennt. Sie wächst hauptsächlich in Roggenfeldern, viel seltener unter Weizen, geht heute aber stark zurück, da das Saatgetreide sorgfältig gereinigt wird. Man vermutet, daß dieses Gras durch den Menschen in unfreiwilliger Auswahl während vieler Generationen entstanden ist. Es reift und keimt zusammen mit dem Roggen und da die Körner in den Ährchen verbleiben wie bei den Getreidearten, werden sie auch mit diesen geerntet. Bei den meisten wilden Gräsern fallen sie ab, so bald sie reif sind. Roggen und Roggen-Trespe vertragen jedoch nicht in gleichem Maße Feuchtigkeit oder Trokkenheit. Auf trockenen Böden oder in Trockenperioden erhält der Roggen das Übergewicht. Auf feuchten Böden und in regenreichen Sommern wächst die Trespe auf Kosten des Roggens. Früher nahm man deshalb an, daß sich Roggen in Trespe verwandeln konnte. Im Saatgut waren die Samen beider Arten und die herrschenden Umweltbedingungen bestimmten, welche Art besser gedieh. Die Trespenkörner waren jedoch nicht ganz ohne Wert. In der Not konnten die recht großen Körner auch zum Brotbacken verwendet werden, wenn auch das Brot dunkel und bitter wurde. Seit Roggen angebaut wurde, gab es auch Roggen-Trespe, die bis in das vorige Jahrhundert oft sehr schädlich war, heute aber, wie schon erwähnt, kaum noch von Bedeutung ist. Die Art wurde über die ganze Erde verschleppt.

Wald-Zwenke (67)
Brachypodium sylvaticum

Ein mehrjähriges Waldgras mit 30–120 cm hohen Halmen in dichten Horten. Die Halme sind an den Knoten dicht behaart, sonst kahl. Die Blattscheiden sind ebenfalls behaart wie die ziemlich breiten und schlaffen Blätter. Die Blattunterseite, die oft nach oben gedreht wird, zeigt einen kräftigen, weißen Mittelnerv. Das Blatthäutchen ist mittellang, 1–3 (–6) mm. Die lange, überhängende Ähre besteht aus 2–4 cm langen, 8–15blütigen, lang begrannten Ährchen, die anfangs rundlich und später etwas zusammengedrückt sind. Sie wenden ihre breite Seite der Ährenachse zu. Die oberen sitzen direkt auf der Achse, die unteren sind kurz gestielt, so daß keine vollständige Ähre vorliegt, sondern ein Übergang zur Ährenrispe. Die Hüllspelzen sind kurz, kaum halb so lang wie die Ährchen. Die Granne an der Deckspelze ist fast so lang wie diese. Blütezeit ist Juli und August.
Wächst verbreitet in Wäldern und Gebüschen mit humösen Böden und kommt in ganz Europa, Nordafrika und Teilen von Asien vor. Kann mit Hunds-Quecke (Nr. 74) verwechselt werden, die an den gleichen Stellen wächst. Bei der letzteren Art sind die lang begrannten Ährchen doch bedeutend kürzer und sitzen ungestielt dicht beisammen. Ihre Hüllspelzen sind deutlich länger als das halbe Ährchen (ohne Granne). Außerdem gibt es keinen weißen Mittelnerv auf der Blattunterseite. Die Gattung Zwenke nimmt eine Mittelstellung zwischen den Trespen und Quecken ein. Sie hat die langen Ährchen der Trespe, die aber nicht in einer Rispe, sondern in einer Art Ähre sitzen. Die Ährchen wenden die Breitseite zur Ährenachse wie bei der Quecke, hier sind aber die recht kurzen Ährchen völlig ungestielt und ihre Hüllspelzen sind mehr als halb so lang wie das ganze Ährchen.

Strandhafer (68)
Ammophila arenaria

Ein grobes, hell graugrünes, mehrjähriges Gras mit langen, unterirdischen Ausläufern und tiefreichenden Wurzeln. Die Ausläufer bilden horstig stehende Halme und sterile Blatttriebe. Die Blätter sind steif mit stechender Spitze und vollständig eingerollt (bei trockenem Wetter), so daß nur die glatte, gekrümmte Unterseite sichtbar ist. Ein Mittelnerv fehlt vollständig. Bei feuchtem Wetter ist die 4–6 mm breite Blattspreite etwas ausgebreitet und man sieht die gefurchte Oberseite mit behaarten Rippen, zwischen denen die Spaltöffnungen verborgen sind, wohl gegen Austrocknen beschützt. Die Blätter bleiben den Winter über

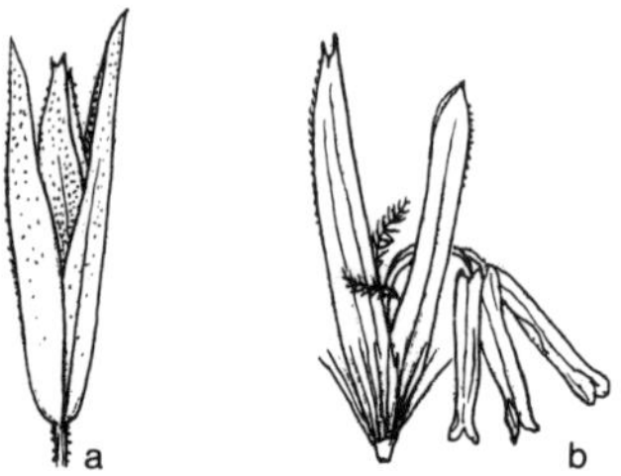

Strandhafer (Nr. 68). a: Ährchen. b: Blüte von Deckspelzen umgeben. (3 × natürliche Größe).

grün. Das 1–3 cm lange Blatthäutchen ist an der Spitze tief gespalten. Die Halme sind 0,6–1 m hoch und tragen eine 15 (7–22) cm lange, walzenförmige weißliche Ährenrispe mit zusammengezogenen Ästen und dicht angeordneten, 10–16 mm langen, einblütigen Ährchen an kurzen, aufrechten Stielen. Die Hüllspelzen sind länger als die Deckspelzen, die ein kurzes Haarbüschel am Grunde und eine ziemlich kleine Granne nahe der Spitze tragen. Blütezeit ist Juni und Juli.

Der Name Strandhafer leitet sich von der Verbreitung im Küstengebiet ab. Der Strandhafer ist die wichtigste Dünenpflanze und spielt eine große Rolle beim Befestigen derselben, da er den Sand in allen Richtungen mit seinen langen Ausläufern durchwächst. Je tiefer er vom Sand bedeckt wird, um so stärker entwickelt sich sein Wuchs. Halme und Blätter stehen in verstreuten Horsten auf dem nackten Sand und geben den Dünen ein ganz charakteristisches Aussehen. Wenn die Oberfläche der Dünen mit der Zeit stärker bewachsen wird, und andere Pflanzen zwischen dem Strandhafer auftauchen, ist der Sand zum Stillstand gekommen. In den nun grauen Dünen hält sich der Strandhafer noch etwas, gedeiht aber nicht mehr so gut, da die Bedeckung mit frischem, relativ nährstoffreichem Sand fehlt, er kommt nicht mehr zur Blüte. An den Küsten wurde der Strandhafer wegen seiner Wirkung als Sandbefestiger mehr oder weniger geschützt. Dies geschah mancherorts schon vor langer Zeit, so in Dänemark im Jahre 1539. Im Dünengebiet der Küsten ist der Strandhafer verbreitet und häufig, es gibt aber auch einzelne Vorkommen im Binnenland. Die Verbreitung reicht von den Küsten Norwegens bis Portugal. Nahe verwandte Arten gibt es im Bereich des Mittelmeeres und an der Ostküste Nordamerikas.

Die Gattung *Ammophila* ist dem Reitgras, *Calamagrostis* (Nr. 15–17) am nächsten verwandt. Der wesentliche Unterschied besteht im Blütenstand. Er ist beim Strandhafer eine Ährenrispe, in der die Ährchen an kurzen Stielen an der Achse befestigt sind, während das Reitgras eine Rispe mit langen, verzweigten Ästen trägt. Strandhafer ist auch der Strandgerste (Nr. 69) ähnlich und wird oft mit dieser verwechselt. Deren Blätter sind aber breiter, 8–20 mm, mit kurzem Blatthäutchen und mit 3(–6)blütigen Ährchen, die in einer Ähre sitzen.

An Stellen, wo Strandhafer und Land-Reitgras (Nr. 15) zusammen wachsen, kommt es oft zu Kreuzungen und die Hybriden haben eine größere und mehr aufgelockerte Ährenrispe als der Strandhafer, von bräunlicher Farbe. Sie laufen unter dem Namen *Ammocalamagrostis baltica.*

Strandgerste (69)
Elymus arenarius

Ein kräftiges, blaugrünes, mehrjähriges Strandgras mit langen und dicken Ausläufern und steif aufrechtstehen-

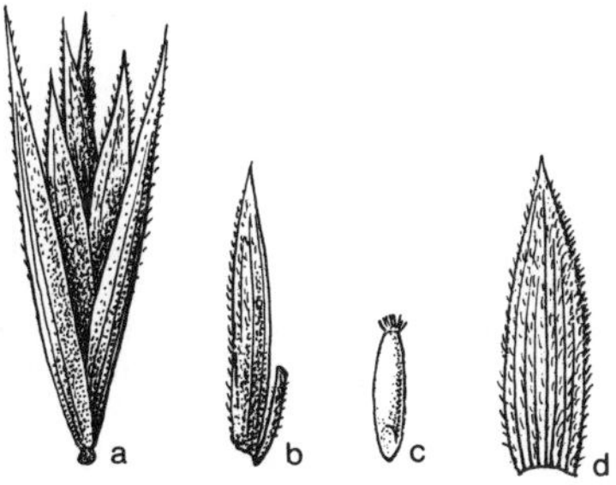

Strandgerste (Nr. 69). a: Ährchen mit 3 fruchtbaren Blüten und einer kleinen tauben Blüte an der Spitze der Achse. b: Blüte von Deckspelzen umgeben, mit einem Stück der Ährchenachse. c: Reifes Korn, von der Rückenseite. d: Deckspelze ausgebreitet, Rückenseite. (1½ × natürliche Größe).

den, 0,5–1,5 m hohen Halmen, die 8–12 mm breite, manchmal etwas eingerollte Blätter tragen, die auf der Oberseite kräftige Rippen aufweisen und eine steife, stechende Spitze besitzen. Am Grunde der Blattspreite sitzen zwei ohrenförmige Fortsätze, die den Halm umfassen und das Blatthäutchen ist ziemlich kurz, kaum 1 mm lang, und mit winzigen Haaren am Rande. Beim Strandhafer ist das Blatthäutchen lang, zweispitzig, und die Blätter sind bedeutend schmaler. Der Blütenstand ist eine bis zu 30 cm lange, zusammengesetzte Ähre mit 2–3(–4) Ährchen an jedem Glied. Die Ährchen sind 3(–6)blütig und ihre Hüllspelzen sind fast gleich lang wie das Ährchen. Die Deckspelze ist zugespitzt und unbegrannt. Blütezeit ist Mai–Juli.

Die Strandgerste wächst auf sandigen und steinigen Stränden am Fuße der Dünen. Sie braucht mehr Nährstoffe als der Strandhafer und wächst daher an den Dünen nur dort, wo Spritzwasser und angelandeter Seetang dem Sand ausreichend Nährstoffe zuführen. Durch den Badebetrieb hat sie heute aber weitere Gebiete im Strandbereich erobert. Auch an Abfallplätzen ist sie zu finden und wird im Küstenbereich oft an Wegen verschleppt. Man hat das Gras auch zur Flugsandbekämpfung verwendet. Die Art ist an den Küsten verbreitet und kommt an den Nord- und Nordwesteuropäischen Küsten vor, wurde aber mit Schiffen auch an viele andere Plätze verschleppt. Einzelne Vorkommen gibt es auch im Binnenland.

Die Strandgerste hat ziemlich große Körner und in früheren Zeiten wurden sie in Island, wo sie sehr häufig vorkommt, als Brotgetreide verwendet. Man sammelte nicht nur von den wildwachsenden Pflanzen am Strand und im Landesinneren, sondern versuchte auch den Anbau. Neuerdings hat man auch die Kreuzung mit Gerste versucht, um eine besonders harte und genügsame Sorte zu erzielen.

Beide Gattungen stehen einander sehr nahe. Gerste hat drei einblütige Ährchen an jedem Ährenglied (Nr. 70–72 und 83–84), während die Strandgerste 2–3(–4) mehrblütige Ährchen an jedem Glied aufweist. Unsere übrigen Ährengräser, Roggen (Nr. 82), Weizen (Nr. 81), Quecke (Nr. 74–76) und Lolch (Nr. 77–79) tragen nur ein einzelnes Ährchen an jedem Glied.

Wald-Haargerste (70)
Hordelymus europaeus

Mehrjährig, mit horstbildenden, 0,5–1 m hohen Halmen, deren untere Blattscheiden mit langen, abstehenden Haaren besetzt sind. Die Blätter sind rauh und ziemlich breit, angedrückt haarig auf der Oberseite und mit auffallendem, weißlichem Mittelnerv auf der Unterseite. Am Blattgrund wird

der Halm von spitzen Öhrchen umfaßt. Das Blatthäutchen ist ziemlich kurz, kaum 1 mm lang. Die hellgrüne Ähre ist dichtblütig und lang begrannt. Es gibt drei einblütige Ährchen an jedem Glied der Ähre. Die beiden seitlichen Ährchen sind immer zwittrig, das mittlere kann zwittrig oder männlich sein. Blütezeit ist Juni–August.
Die Haargerste nimmt eine Mittelstellung zwischen Gerste (Nr. 71–72 und 83–84) und Strandgerste (Nr. 69) ein. Von den Gerste-Arten unterscheidet sie sich durch die zwittrigen Seitenährchen, die dort männlich oder steril sind und nur das mittlere zwittrig ist. Das reife Korn löst sich von den Hüllspelzen. Es ist mit der Deckspelze verwachsen, deren lange, rauhe Granne für die Verbreitung durch Tiere von Bedeutung ist.
Wächst in humösen Laub- und Mischwäldern besonders auf kalkreichem Boden, wo vor allem in Buchenwäldern größere Bestände gebildet werden können. Das Vorkommen ist zerstreut und erstreckt sich über Europa, Nordwestafrika und Südwestafrika.
Syn.: *Hordeum europaeum*

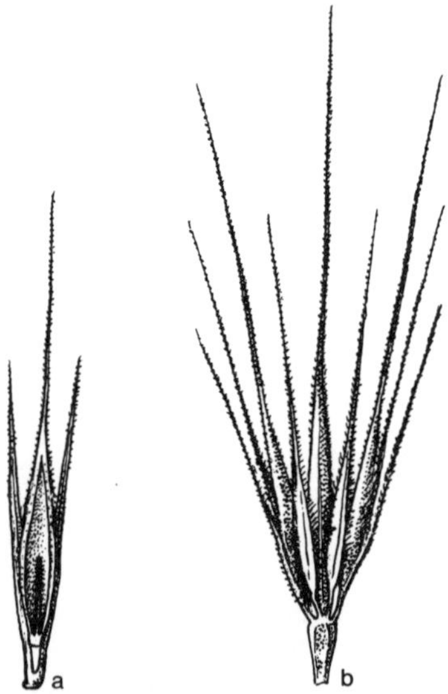

a: Wald-Haargerste (Nr. 70), einblütiges Ährchen von 2 Hüllspelzen umgeben, Innenseite. Die Ährchenachse setzt sich als kleiner Stiel am Korn fort. b: Mäuse-Gerste (Nr. 72), eine Gruppe von 3 einblütigen Ährchen von der Rückseite gesehen, mit einem Stück der Achse des Blütenstands. (2 × natürliche Größe).

Gerste *Hordeum*

Die Gattung Gerste umfaßt Ährengräser mit einblütigen Ährchen, die in Gruppen von 3 und 3 auf jedem Glied der Ähre sitzen, abwechselnd in zwei Reihen auf jeder Seite der Ähre. Das mittlere Ährchen jeder Gruppe enthält eine zwittrige Blüte, die beiden seitlichen sind männlich oder steril. Als Ausnahme kommen in der Mehrzeiligen Gerste (Nr. 84) nur zwittrige Blüten vor. Die Hüllspelzen sind ziemlich klein und enden in einer langen Granne. Sie umschließen nicht das Ährchen, sondern sitzen Seite an Seite unter den Deckspelzen, die ebenfalls in einer langen Granne enden. Die Deckspelzen umschließen auch das reife Korn. Beide sind so fest miteinander verbunden, daß sie bei unseren Saatgerstensorten nicht einmal beim Dreschen zu trennen sind. Bei den wildwachsenden Gerstenarten zerfällt die reife Ähre und jede Gruppe von Ährchen, die nur ein Korn enthält, löst sich zusammen mit einem kurzen Stück der Ährenachse ab. Die langen Grannen der tauben Blüten hängen deshalb auch am Korn und helfen bei der Verbreitung durch Tiere, in deren Fell sie sich verhängen. Bei den Saatgersten (Nr. 83 und 84), die später bei den übrigen Getreidearten besprochen werden, zerfällt die Ähre nicht wie könnte sie sonst auch geerntet werden. Etwa ein Dutzend Arten mit 3 wildwachsenden.

Roggen-Gerste (71)
Hordeum secalinum

Ein mehrjähriges Gras mit zarten, 20–45 cm hohen Halmen in lockeren Horsten. Die dichtblütige Ähre ist verhältnismäßig kurz, etwa 1 cm lang, und erinnert an eine kleine Roggenähre, wodurch auch der Name zu erklären ist. Die Ährchen sitzen aber 3 und 3 zusammen wie bei den anderen Gerstenarten. Die Hüllspelzen, besonders des mittleren Ährchens, sind sehr schmal, fast borstenförmig und am Rande kahl. Solche Borsten gibt es bei der Mäuse-Gerste (Nr. 72). Blütezeit ist Mai–August.
Die Roggengerste wächst zerstreut auf sandigen und feuchten Wiesen und verträgt Salz, so daß sie auch im Küstengebiet zu finden ist. Die Verbreitung erstreckt sich über West- und Südeuropa, sowie Nordafrika.

Mäuse-Gerste (72)
Hordeum murinum

Ein gelbgrün oder rötlich angelaufenes, einjähriges Gras mit 15–30 cm hohen, büschelig stehenden Halmen, die am Grunde niederliegend und gekniet sind. Die oberen Blattscheiden sind aufgeblasen und umfassen oft den unteren Teil der Ähre. Diese ist hellgrün und hat etwa 2 cm lange Grannen, die zuerst aufrecht, dann abstehend sind. Die Hüllspelzen, besonders des mittleren, fruchtbaren Ährchens, sind schmal lanzettförmig und tragen an den Kanten lange Haare. Blütezeit ist Juni–November.

Die Mäusegerste ist eine typische Ruderalpflanze (Vergleiche Taube Trespe, Nr. 61). Sie wächst in dichten Beständen auf wüsten Plätzen um Siedlungen und an Straßenrändern. Die Körner werden leicht durch Mensch und Tier verschleppt. Diese häufige Pflanze stammt ursprünglich aus den Mittelmeerländern, wurde aber über die ganze Erde verschleppt.

Borstgras (73)
Nardus stricta

Ein mehrjähriges Gras mit steifen und borstenförmigen, graugrünen Blättern in dichten und festen Horsten, die am Grunde von den abgestorbenen Blattscheiden des Vorjahres umgeben sind. Die steifen, aufrechten Halme sind 15–30 cm lang. Sie ragen ein gutes Stück über die Blätter empor und tragen eine schmale Ähre, die blauviolett ist und einblütige Ährchen in zwei Reihen auf der gleichen Seite aufweist.

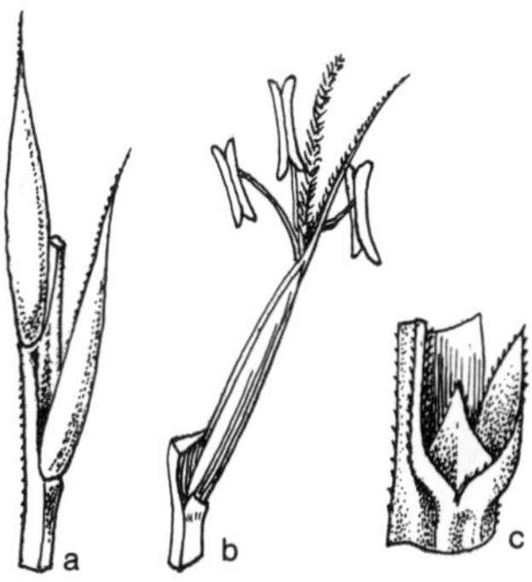

Borstgras (Nr. 73). a: Teil der Ähre mit 2 einblütigen Ährchen an der selben Seite der Ährenachse. b: Blühendes Ährchen (männlich). c: Nach Entfernen der Ährchen erkennt man die Hüllspelzen. (a: 3 ×, b: 4 ×, c: 10 × natürliche Größe).

Sie sind in die Ährenachse eingesenkt und ragen kaum über die Oberfläche, so daß die Ähre vor der Blüte kaum dicker ist. Während der Blüte werden die Ährchen seitwärts aufgestellt. Die Hüllspelzen sind sehr klein oder fehlen ganz. Es gibt keine Schwellkörper und die Deckspelzen werden daher während der Blüte nicht aufgespreizt. Zuerst erscheinen die Narben an der Spitze der Ährchen, die im Gegensatz zu allen anderen einheimischen Grasarten nur einen Griffel haben, und am Tag darauf kommen die Staubgefäße hervor. Die Blüten sind stark proterogyn, es kann kaum Selbstbestäubung geben, was wahrscheinlich auch nicht nötig ist, da die Samen ohne vorhergehende Befruchtung entstehen, die Art sich also apomiktisch fortpflanzt. Blütezeit ist Mai–Juli.
Borstgras wächst auf armen Böden, die etwas feucht sind, auf moorigen Wiesen und Bergwiesen, Heiden und Sandböden, die im Sommer austrocknen. Als Futtergras ist es ohne Bedeutung und selbst Schafe reißen zwar Büschel aus, lassen diese aber dann liegen. Die Art ist verbreitet und kommt fast im ganzen Europa vor, besonders aber auf Bergwiesen zwischen 1000 und 2000 m Höhe, in Nordasien, Nordafrika, Grönland und Neu-Fundland. Der Name Borstgras bezieht sich auf die borstenförmigen Blätter.

Quecke *Agropyron*

Die Gattung Quecke umfaßt Ährengräser mit drei- bis mehrblütigen Ährchen, die in zwei abwechselnden Reihen sitzen. Bei der verwandten Strandgerste und Gerste gibt es 2 oder 3 Ährchen an jedem Ährenglied. Außerdem ist die flache Seite der Ährchen zur Ährenachse gerichtet im Gegensatz zum Lolch mit gleicher Anordnung der Ährchen in zwei Reihen, die aber die

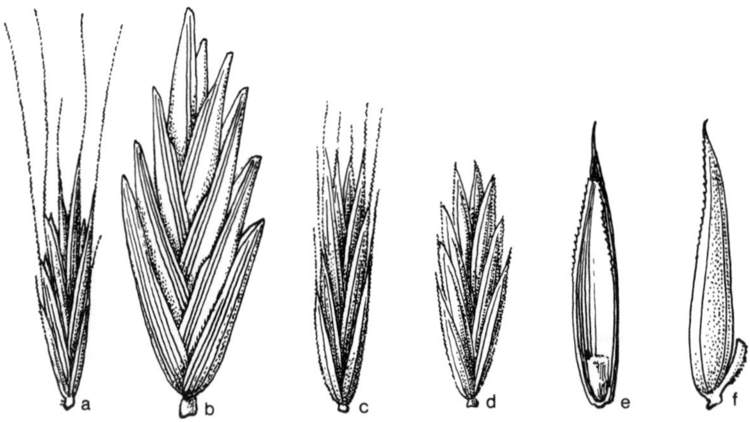

a: Ährchen von Hunds-Quecke (Nr. 74). b: Ährchen von Binsenquecke (Nr. 75). c und d: Ährchen von Gemeiner Quecke (Nr. 76), eine begrannte und eine unbegrannte Form. e und f: Korn der Gemeinen Quecke mit Deckspelzen umgeben, teils von der Innenseite, teils von der Kante her gesehen. (a–d: 2 ×, e und f: 3 × natürliche Größe).

Kante der Ährenachse zuwenden. Die Hüllspelzen der Ährchen sind schmal lanzettförmig und kürzer als das ganze Ährchen. Die Deckspelzen sind ebenfalls lanzettförmig, bei einigen Arten stumpf spitzig, bei anderen breit endend oder eine Granne tragend. Die Deckspelzen umschließen auch das reife Korn.

Man unterscheidet zwei Untergruppen, die manchmal auch als eigene Gattungen betrachtet werden. Die erste Gruppe (*Roegneria*) umfaßt mehrjährige, horstbildende Arten, deren reife Körner einzeln von den begrannten Deckspelzen umgeben aus den Ährchen fallen und die Hüllspelzen zurücklassen. 60 Arten. Die andere Gruppe (*Elytrigia*) umfaßt mehrjährige Gräser mit weit kriechenden, unterirdischen Ausläufern und einzeln stehenden Halmen. Bei diesen fallen die Ährchen als Ganzes ab, wenn die Körner reif sind. 30 Arten.

Unsere Getreidearten Weizen (Nr. 81) und Roggen (Nr. 82) sind mit der Quecke verwandt und haben wie diese nur ein einzelnes Ährchen an jedem Ährenglied. Sie werden bei den Getreidearten näher behandelt. Weizen hat dicke, 2–5blütige Ährchen mit breiten eiförmigen Hüllspelzen. Die untere Hüllspelze ist bei uns in der Regel unbegrannt. Roggen hat 2blütige Ährchen, deren Hüllspelzen klein und schmal sind, während die Deckspelze in eine lange Granne ausläuft.

Der Name Quecke hängt wohl mit der raschen Verbreitung zusammen und mit ihrer Zählebigkeit, die besonders bei der Gemeinen Quecke (Nr. 76) hervortritt.

Hunds-Quecke (74)
Agropyron caninum

Ein mehrjähriges Waldgras mit 0,5–1 m hohen Halmen in lockeren Horsten. Die Blätter sind ziemlich breit und schlaff und am Grunde mit spitzen Öhrchen versehen, die den Halm umfassen. Das Blatthäutchen ist recht kurz, etwa 1 mm lang. Die schlanke Ähre ist etwas nickend mit flachen, 10–20 mm langen, lang begrannten Ährchen, die einzeln in zwei Reihen auf beiden Seiten der Achse sitzen und dieser die flache Seite zuwenden. Die Ährchen sind 5 – (2–9)blütig. Die Hüllspelzen sind klein, breitspitzig und die Deckspelze mit langer gebogener Granne, die länger als die Spelze ist. Blütezeit ist Juni und Juli.

Wächst auf guten Böden in Wäldern und Gebüschen und ist weit verbreitet. Kommt in Europa und Asien vor.

Binsen-Quecke (75)
Agropyron junceiforme

Ein blaugraues, mehrjähriges Gras mit weit kriechenden Erdachsen und langen Ausläufern, die 20–50 cm hohe Halme und steife, stechende Blätter bilden. Diese sind bei trockenem Wetter eingerollt und die Oberseite ist auf den Rippen mit vielen Reihen kurzer Haare bedeckt, die man am besten mit einer Lupe betrachtet, wenn man das Blatt umbiegt und gegen das Licht hält. Es gibt keine Blattöhrchen und das Blatthäutchen ist recht kurz, nur 0,5–1 mm lang. Die später nickende Ähre trägt große, 15–28 mm lange, 3–8blütige Ährchen, die abwechselnd in zwei Reihen an der Achse sitzen und recht große Abstände voneinander einhalten. Blütezeit ist Juni–August. In der Reife zerbricht die Achse zwischen den Ährchen und diese fallen mit dem Achsenstück ab und werden von Wind und Wellen verbreitet.

Wächst in den Dünen der Nord- und Ostsee und kommt zusammen mit Strandhafer (Nr. 68) und Strandgerste

(Nr. 69) vor, bildet aber auch vor den Dünen eigene Bestände, die im Sommer gut gedeihen, von den Sturmfluten in Herbst und Winter aber meist zerstört werden und deshalb kaum als eigentliche Dünenbefestiger betrachtet werden können.
An Gewässern, die ins Meer münden, wächst diese Art oft zusammen mit der Gemeinen Quecke (Nr. 76) und bildet mit dieser Art leicht Kreuzungen. Die Hybriden haben flache und schlaffe Blätter mit zerstreuten Haaren (ein Erbe der Gemeinen Quecke) neben den kurzen, feinen Haaren auf den Rippen, die von der Binsen-Quecke stammen. Die Staubblätter sind schlecht entwickelt und die Pollen steril. Eine Befruchtung ist damit nicht möglich. Sie kommen auch an Stellen vor, wo ein Elternteil fehlt. Durch kräftige, vegetative Vermehrung mit Hilfe der Ausläufer vermögen sich die Hybriden dort zu halten, wo sie entstanden sind.
Syn.: *Elytrigia junceiformis*

Gemeine Quecke (76)
Agropyron repens

Ein frisch grünes oder blaugrünes, mehrjähriges Gras mit reichverzweigten, kriechenden Erdachsen und langen Ausläufern, von denen zerstreut stehende, 30–120 cm hohe, zähe Halme ausgehen. Die aufrechte Ähre trägt dicht stehende, 3–6blütige Ährchen. Es gibt auch vegetative Blattsprosse, die für die Ausläufer Nahrung sammeln. Die Blätter sind flach, 3–10 mm breit und tragen zerstreut lange Haare auf der Oberseite. An der Blattbasis gibt es zwei spitze Blattöhrchen, die den Halm umschließen. Das Blatthäutchen ist ziemlich kurz, weniger als 1 mm lang. Die Hüllspelzen sind kürzer als die 10–20 mm langen Ährchen. Die Deckspelze der Blüten ist lanzettförmig, mit stumpfer oder scharfer Spitze und endet in einem Stachel oder seltener in einer kurzen Granne. Blütezeit ist Juni und Juli.
Die gemeine Quecke ist ein häufiges Unkraut und kommt fast auf allen Böden vor, die magersten ausgenommen. Sie ist schwer auszurotten, da jedes Stück eines Ausläufers eine neue Pflanze bilden kann. Die Ausläufer sind sehr nährstoffreich und können in gereinigtem Zustand als Viehfutter verwendet werden. In der Volksmedizin wurden sie als blutreinigendes Mittel angewandt. Ursprünglich auf offenen Böden besonders im Küstengebiet beheimatet, ist die Art dem Ackerbau gefolgt und hat sich weit verbreitet. Man findet sie in Europa und Westasien, verschleppt auch in allen anderen gemäßigten Gebieten der Erde.
Die Gemeine Quecke kann mit dem Englischen Raygras (Nr. 77) verwechselt werden. Sie lassen sich aber leicht an den Ährchen unterscheiden. Beim Raygras wenden diese die Kante zum Stengel, bei der Quecke die flache Seite.
Syn.: *Elytrigia repens*

Lolch, Raygras *Lolium*

Die Gattung Lolch umfaßt Ährengräser mit zusammengedrückten, mehrblütigen Ährchen, die wechselseitig in zwei Reihen an den Gliedern der Ährenachse sitzen. Sie wenden dieser die Kante zu, im Gegensatz zur Quecke, wo die flache Seite zugewendet wird. Abgesehen von dem obersten Ährchen haben die *Lolium*-Arten Ährchen mit nur einer Hüllspelze auf jener Seite, die von der Ährenachse abgewandt ist. Ein Schutz des Ährchens auf der Achsenseite ist unnötig. Bei einigen Arten ist die Deckspelze länger als

das Ährchen, bei anderen kürzer. Auch das reife Korn wird von den Deckspelzen umschlossen. Sie fallen ab, indem die Ährenachse zerbricht, und ein kleines Stück davon bleibt am Grunde der Körner sitzen. 8 Arten, 4 einheimische.
Der Gattungsname Raygras kommt aus dem Englischen als Bezeichnung für das Englische Raygras (Nr. 77).

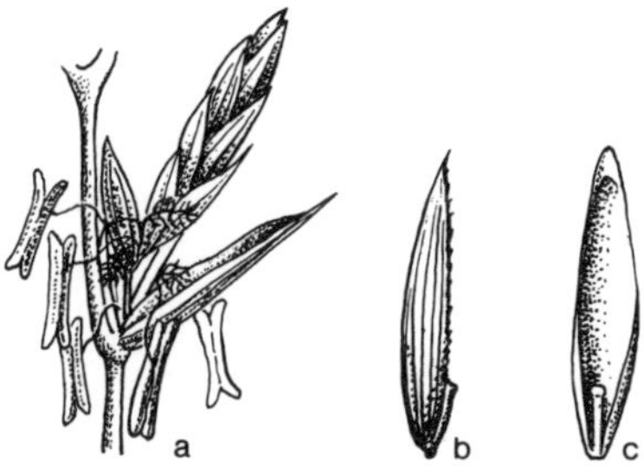

Englisches Raygras (Nr. 77). a: Ährchen zu Beginn der Blüte mit einem Teil der Achse des Blütenstands. b und c: Korn der gleichen Art von Deckspelzen umgeben, von der Kante und der Innenseite her gesehen. (a: 2 ×, b und c: 3 × natürliche Größe).

Englisches Raygras (77)
Lolium perenne

Ein mehrjähriges Gras, das in lockeren Horsten mit vielen sterilen Blatttrieben wächst. Die glatten Halme sind 20–60 cm hoch und oft am Grunde gekniet. Die glänzenden Blätter sind kahl und tragen einen deutlichen Kiel auf der Unterseite. Am Grunde der Blattspreite gibt es meist zwei spitze Öhrchen, die den Halm umfassen, bei schwachen Trieben fehlen sie aber. Das Blatthäutchen ist ziemlich kurz. Die Ähre ist 4–30 cm lang, grün oder rötlich angelaufen, mit zwei Reihen von Ährchen, die ihre Kante der Achse zuwenden. Die Hüllspelze ist deutlich kürzer als die 5–15 mm langen, 6–10blütigen Ährchen. Deckspelze in der Regel ohne Granne. Blütezeit ist Mai–September.
Das Englische Raygras ist eines unserer besten Futtergräser, gut geeignet für Heugewinnung und Weide. Es wird häufig angebaut, oft zusammen mit anderen Gräsern oder Klee. Die Art wächst aber auch wild auf Wiesen und Grasplätzen. Dieses Gras ist auch sehr trittfest und wird oft auf Sportplätzen und Rasen verwendet, auch auf vielbegangenen Wegen hält es noch aus. Am besten gedeiht es aber auf gleichmäßig feuchten, guten Böden. Die Verwendung von Raygras wurde nach englischem Vorbild eingeführt und hat ihm den deutschen Namen eingetragen. Die ursprüngliche Heimat ist Europa und Westasien, heute ist das Gras aber über die ganze Erde verbreitet.

Italienisches Raygras (78)
Lolium multiflorum

Ein zwei- oder mehrjähriges, im Norden nur überwinterndes einjähriges Gras, das in lockeren Horsten mit 30–70 cm hohen, aufrechten, rauhen Halmen wächst. Die Ähren tragen lang begrannte, 5–15blütige Ährchen, deren Hüllspelze kürzer ist als die halbe Länge des Ährchens. (Sie erreicht nicht die Spitze der Deckspelze der nächststehenden Blüte, beim Englischen Raygras dagegen schon.) Blütezeit ist Juli und August.
Dieses Gras ist ursprünglich in Südeuropa und Westasien zu Hause. Seit dem Mittelalter wurde es in Norditalien als Futterpflanze angebaut und kam dann auch zu uns, wo es besonders auf einjährigen Wiesen Verwendung fand. Verwildert auf Wiesen und an Wegrändern, als Kulturpflanze in vielen Gegenden der Erde.

Taumel-Lolch (79)
Lolium temulentum

Ein einjähriges Gras mit steif aufrechten, 25–70 cm hohen, rauhen Halmen, die am Grunde oft verzweigt sind, aber keine Blatttriebe aufweisen. Die Hüllspelzen sind etwa so lang wie die lang begrannten Ährchen (von den Grannen abgesehen). Blütezeit ist Juni–August.
Der Taumel-Lolch ist eine alte Unkrautpflanze, die schon die alten Ägypter kannten. In Europa fanden sich Reste in Steinzeitablagerungen und bis zum Ende des 19. Jahrhunderts war sie ein häufiges Getreideunkraut. Heute ist sie sehr selten im Getreide, kommt aber noch auf wüsten Plätzen um Siedlungen vor. Als Heimat wird Westasien vermutet, die Verbreitung erfolgte dann mit dem Getreideanbau über die ganze Welt. Vermutlich handelt es sich um diese Art, wenn in der Bibel die Rede davon ist »die Spreu vom Weizen zu sondern«. Spreu und das giftige Gras hatten nämlich in alten Zeiten den gleichen Namen.
Früher war der Taumel-Lolch ein gefürchtetes Unkraut im Getreide. Besonders in Notjahren, wenn sich das Getreide durch große Nässe schlecht entwickelte, wuchs der Lolch besonders gut, und die Körner wurden zusammen mit dem Getreide geerntet und bewirkten, daß das Brotgetreide giftig wurde. Brot aus solchem Mehl gebacken bewirkte Kopfweh, Schwindel (Taumeln!) und Ohnmacht. Die Giftigkeit kommt nicht vom Korn selbst, sondern von einem mikroskopisch kleinen Pilz (*Endoconidium temulentum*), der fast immer auf den Körnern wächst, und ein giftiges Alkaloid, Temulin) abscheidet. Wenn die Samen keimen, wächst der Pilz durch die ganze Pflanze empor zu den neuen Körnern und wird damit auf die nächste Generation übertragen. Eine solche feste Verbindung zwischen Wirtspflanze und Pilz wird zyklische Symbiose genannt. So weit man weiß, hat nur der Pilz Vorteil von diesem Zusammenleben. Der Pilz schadet dem Gras nicht, es hat aber auch keinen Nutzen davon.

Fadenförmiger Dünnschwanz (80)
Parapholis strigosa

Ein blaugrünes, einjähriges Gras mit 5–25 cm hohen, am Grunde verzweigten, bogenförmig aufsteigenden Halmen, die kurze, borstenförmig eingerollte Blätter tragen. Die Ähre ist steif aufrecht oder leicht gekrümmt und nicht viel dicker als der Halm. Die einblütigen, grannenlosen Ährchen sind nämlich in Vertiefungen der zerbrechlichen Achse eingesenkt und die beiden Reihen sind nur während der Blüte ausgestellt. Blütezeit ist Juni und Juli.
Diese Art wächst nur auf Küstenwiesen und wird leicht übersehen, da die dünnen, spitzen Ähren Halmen ohne Blütenstand gleichen. Die Verbreitung

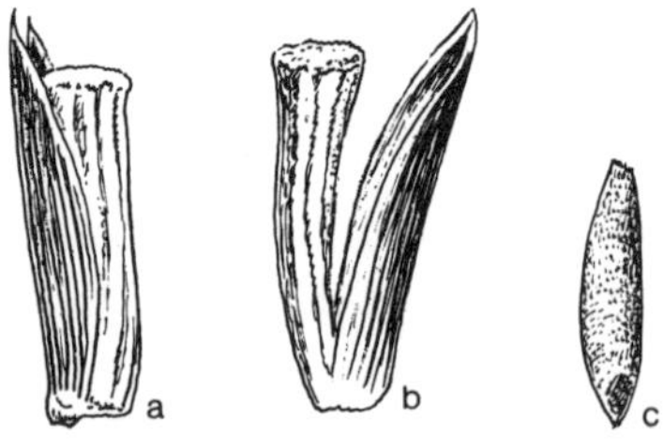

Fadenförmiger Dünnschwanz (Nr. 80). a und b: 2 Bruchstücke der Blütenstandsachse mit einblütigen Ährchen, die reife Körner enthalten. c: Korn von der Außenseite. (5 × natürliche Größe).

erstreckt sich über die Westküsten Europas von Schottland bis Portugal.

Gemeiner Weizen (81)
Triticum aestivum

Die Weizensorten, die bei uns angebaut werden, erkennt man an den dichten, fast vierkantigen Ähren, die keine oder nur ganz kurze Grannen tragen. Roggen und Gerste dagegen besitzen lange Grannen. Es gibt aber auch Weizensorten mit langen Grannen, die als **Bartweizen** bezeichnet werden und an anderen Stellen der Erde kultiviert werden. Die grannenlosen Sorten nennt man **Kolbenweizen.**
Weizen ist einjährig wie alle anderen unserer Getreidearten. Meist wird er als **Winterweizen** kultiviert, der im Herbst ausgesät wird und keimt und mit kurzen, grünen Trieben den Winter überdauert, um sich im nächsten Jahr weiter zu entwickeln. Eine andere Form ist der **Sommerweizen,** der im Frühjahr gesät wird und seine Entwicklung bis zur Reife in einer Wachstumsperiode durchläuft. Die Halme des Weizens werden 60–120 cm hoch. Die unteren Blätter sind auf den Scheiden und Spreiten fein samtig behaart und am Grunde gibt es zwei Öhrchen, die den Halm umfassen und am Rande lange, abstehende Haare tragen. Roggen und Gerste haben auch Blattöhrchen, die aber kahl sind. Daran kann man den Weizen auch ohne Ähren erkennen. Die etwas abgeflachten Ährchen sitzen in zwei Reihen abwechselnd auf der gegliederten Achse. An jedem der zahlreichen Glieder gibt es nur ein Ährchen, das die flache Seite zur Achse wendet und 3–5 zwittrige Blüten enthält. Die Hüllspelzen sind gewölbt und eiförmig, mit einem vortretenden Kiel gegen die

Ährchen von Gemeinem Weizen (Nr. 81), unten ein Stück der Blütenstandsachse, siehe auch Abbildungen Seite 16 (2 × natürliche Größe).

Spitze zu. Narben und Staubgefäße sieht man recht selten aus dem Ährchen herausragen. Meist bleiben diese geschlossen und die Blüten werden durch Selbstbestäubung befruchtet. Blütezeit ist Juni. Weizenkörner sind kurz und gerundet und mit einem Haarschopf an der Spitze versehen. Reif sind sie nur locker mit den umgebenden Deckspelzen verbunden und nicht verwachsen, wie zum Beispiel bei der Gerste.
Weizen wächst am besten auf guten, nährstoffreichen Lehmböden, gedeiht aber auch auf gut gedüngten, mittleren Böden. Es ist vor allen anderen unser wichtigstes Getreide und das gilt allgemein für die ganze Erde. Bevorzugt sind die warm gemäßigten Gebiete, es gibt aber auch in den Tropen Weizen, in Berggebieten, und nahe dem Polarkreis. Zusammen nimmt der Weizenanbau etwa 1% der Erdoberfläche ein. Die hervorragenden Backeigenschaften des Weizenmehls beruhen auf dem Gehalt von Kleber, einem Eiweißstoff, der zwischen den dicht gepackten Stärkekörnern gelagert ist. Kleber macht den Teig klebrig und hält ihn zusammen, so daß die durch das Gären ent-

standenen Bläschen erhalten bleiben. Dadurch wird Brot leicht und porös. Sommerweizen enthält mehr Kleber als Winterweizen und eignet sich daher am besten zum Backen. Die kleberreichsten Weizensorten kommen aus überseeischen Ländern mit trockenem und sonnenreichem Sommerklima.

Für Weißbrotsorten verwendet man ein fein gesiebtes Weizenmehl, von dem die Schalenteile als Kleie entfernt wurden. Ungesiebtes Mehl ist jedoch als Nahrung gesünder. Unmittelbar unter der an sich unverdaulichen Schale der Körner gibt es nämlich eine Zellschicht mit viel Vitaminen und Eiweißstoffen als Inhalt. Diese Schicht, die es auch bei den anderen Getreidearten gibt, wird zusammen mit den Schalen entfernt, wenn das Mehl gesiebt wird. Dazu kommt, daß die unverdaulichen Schalenreste die Darmfunktion stimulieren. Weizenkleie wird sonst als Viehfutter verwendet.

Aus Weizenkörnern wird eine Griessorte hergestellt und Weizenstärke, die zum Stärken von Wäsche verwendet wird.

Italienische Teigwaren werden aus einem Weizenmehl gefertigt das von einer besonderen Weizenart stammt, dem **Hartweizen,** *Triticum durum,* mit langen und spitzen Körnern, die viel Protein enthalten. Dieser Weizen wird in den Mittelmeerländern und in den heißen außereuropäischen Steppengebieten angebaut, bei uns aber nicht.

Wilder Weizen ist unbekannt und sein Ursprung verliert sich im Dunkel der Geschichte. Die ältesten Weizenfunde sind etwa 6000 Jahre alt. Es handelt sich um Körner, die man in den Pyramiden und anderen Begräbnisstätten in Ägypten gefunden hat. Aber auch dieser »Mumienweizen« trägt die unverkennbaren Merkmale der Kultur, die nur im Verlauf von Tausenden von Generationen entstanden sein können. Gelegentlich liest man in den Zeitungen, daß der Mumienweizen ausgekeimt ist und Pflanzen ergab. Tatsächlich handelt es sich aber um frische Körner, die man Touristen als alt und aus Gräber stammend verkauft hat. Der echte alte Weizen hat sein Keimvermögen längst verloren.

Spezialisten für Kulturpflanzen kennen über 10 000 verschiedene Sorten und Rassen des Weizens. Sie geben ein Spektrum von uralten bis neuzeitlichen, hochgezüchteten Sorten wider. Die Sorten werden zu »Arten« zusammengefaßt, die jedoch nicht mit den natürlichen, wildwachsenden Arten vergleichbar sind. Die Weizenarten sind nämlich Kulturprodukte, die nur durch Kultivierung am Leben erhalten bleiben.

Nach ihrer Chromosomenzahl werden die Weizenarten auf drei »Polyploidie«-Gruppen verteilt: diploide, das heißt mit doppeltem Chromosomensatz, tetraploide mit vierfachem und hexaploide mit sechsfachem. Die Zahlen sind entsprechend 2 mal 7, 4 mal 7 und 6 mal 7. Die Chromosomen sind Träger der Erbanlagen.

Die diploide Weizenart hat somit 14 Chromosomen, nämlich 2 mal 7 Chromosomen, die paarweise zusammengehören. Das wird mit der Formel ›AA‹ bezeichnet. Dazu gehört zum Beispiel das **Einkorn,** *Triticum monococcum,* mit einer dichten, zusammengedrückten und zerbrechlichen Ähre. Die weiterentwickelten Weizensorten haben eine zähe Ähre, die bei der Ernte nicht zerbricht. Die Ährchen des Einkorns sind zweiblütig, meist entwickelt sich aber nur eine Blüte zu einem reifen Korn. Davon stammt auch der Name. Diese Weizenart ist in Kleinasien zu Hause und wird dort heute noch kultiviert, war früher aber weit verbreitet. In Mitteleuropa gibt es Nachweise aus der Stein- und Bronzezeit.

Die tetraploiden Arten haben 28 Chromosomen, nämlich 2 mal 7 wie bei der diploiden Form und weitere 2 mal 7, die von einer wildwachsenden Grasart stammen, mit der die diploiden Arten die Kreuzung ›AB‹ gebildet haben. Die Nachkommen tragen den doppelten Satz ›AABB‹, wobei sie keimfähige Körner erzeugen können. Hierher gehört unter anderem **Emmer,** *Triticum dicoccum,* auch **Zweikorn** genannt, mit stark zusammengedrückter Ähre und zerbrechlicher Achse, langen Grannen und zwei Körnern in jedem Ährchen. Von dieser Weizenart nimmt man an, daß sie in Abessinien entstanden ist. Sie war das wichtigste Getreide im alten Ägypten und war bei uns auch in der Bronzezeit bekannt, findet sich heute aber nur noch in abgelegenen Berggegenden. Der früher genannte Hartweizen gehört hierher, stammt auch aus Abessinien, wird aber heute auf der ganzen Erde kultiviert und ist nach dem Gemeinen Weizen die meist verbreitete Weizenart.

Die hexaploiden Arten haben 42 Chromosomen, nämlich die 14 Paare der tetraploiden Arten, und 2 mal 7 von einer wildwachsenden Art, die die Kreuzung ›ABC‹ hervorgebracht hat, die einen doppelten Satz von ›AABBCC‹ besitzt. Auch hier werden keimfähige Körner gebildet. Der Gemeine Weizen ist wichtigste Art dieser Gruppe. Eine etwas primitivere Art ist der **Spelz,** auch **Dinkel** genannt, *Triticum spelta,* mit offener Ähre und brüchiger Achse, mit oder ohne Grannen. Die Körner werden im Gegensatz zum Gemeinen Weizen fest von den Spelzen umschlossen. Man nimmt an, daß der Spelz in Zentralasien entstanden ist. Es ist die älteste bekannte hexaploide Weizenart und wurde bis in die 50er Jahre in Südwestdeutschland angebaut, ist heute aber fast verschwunden. Er war als Wintergetreide sehr widerstandsfähig.

1944 wurde der Beweis erbracht, daß die hexaploiden Arten aus Kreuzungen entstanden sind. Den amerikanischen Botanikern MacFadden und Sears gelang eine Kreuzung zwischen Emmer, der bekanntlich tetraploid ist, und der wildwachsenden Grasart *Aegilops squarrosa,* wobei eine Chromosomenverdoppelung stattfand. Die neue Pflanze, die aus der Kreuzung entstand, glich zum Verwechseln dem gut bekannten Spelz, der vermutlich in früher Zeit auf gleiche Weise entstand.

Syn.: *Triticum vulgare*

Roggen (82)
Secale cereale

Roggen ist wie Weizen und Gerste ein Ährengras. Vom Weizen unterscheidet er sich durch schmale, zugespitzte Hüllspelzen der Ährchen, die beim Weizen breit und gewölbt sind, durch lange Grannen an den Deckspelzen und durch die beiden fruchtbaren Blüten im Ährchen. Diese sitzen dicht beisammen in zwei Reihen, abwechselnd mit je einem Ährchen an jedem Ährenglied wie beim Weizen. Bei der Gerste gibt es dagegen drei einblütige Ährchen an jedem Glied.

Roggen wird meist als Wintersaat kultiviert, wie auch der Weizen. Sommerroggen wird seltener angebaut, er reift einige Wochen später und dient meist als Futtergetreide.

Die Halme des Roggens werden 50–150 cm hoch. Die unteren Blätter sind meist fein behaart und ihre Blattscheiden meist rotbraun gefärbt. Es gibt wie beim Weizen Blattöhrchen am Grunde der Blattspreiten, sie sind aber sehr klein und kahl. Das Blatthäutchen ist sehr kurz, etwa 1 mm lang. Bei der Gerste gibt es ebenfalls kahle Öhrchen

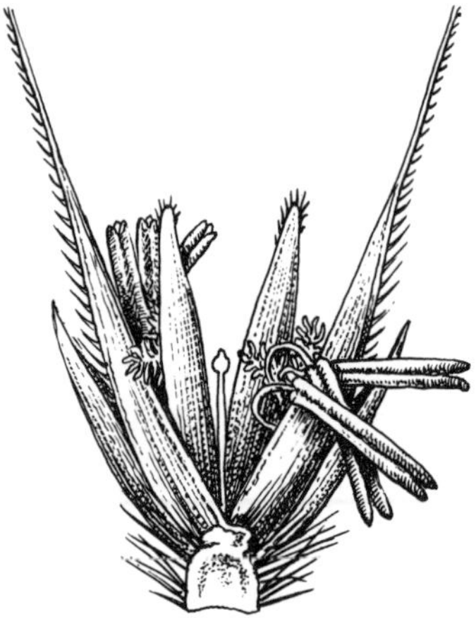

Blühendes Ährchen von Roggen (Nr. 82), die Grannen sind verkürzt dargestellt. Zwischen den beiden fruchtbaren Blüten sieht man Reste der rückgebildeten Blüte an der Spitze der Ährchenachse. (3 × natürliche Größe).

am Blattgrund, hier sind sie aber lang, umfassen den Halm und überkreuzen sich, und das Blatthäutchen wird bis zu 3 mm lang. Junge Pflanzen erkennt man an der blaugrünen Farbe der Blätter. Die Blätter der Gerste sind hellgrün. Im Gegensatz zu unseren anderen Getreidearten gibt es beim Roggen ausgesprochene Fremdbestäubung. Blütezeit ist Juni und die Blüten öffnen sich vor allem am Vormittag, wenn die Sonne scheint. Dann werden die Spelzen ausgespreizt und die Staubbeutel erscheinen zwischen ihnen und verbreiten ihren feinen Blütenstaub. Alle Pflanzen auf einem Feld blühen zur gleichen Zeit und eine Wolke von Blütenstaub schwebt über ihnen wie eine Rauchfahne. Die reifen Körner sind schmal, etwas quergerunzelt und zum Grunde hin zugespitzt. Wie beim Weizen sind die Spelzen nur lose verbunden. Bei der Gerste sind die Körner dagegen fest mit den Spelzen verwachsen.

Roggen ist viel winterfester als Weizen und genügsamer hinsichtlich der Bodengüte und wird deshalb auf schlechten Böden und im Bergland angebaut, ging aber mit der verbesserten Bodendüngung stark zurück. Heute wird er jedoch wieder mehr angebaut, da aus Gründen der modernen Ernährung viel Schwarzbrot hergestellt wird und dazu Roggenmehl notwendig ist. Das Mehl dazu wird nicht gesiebt. Gesiebtes Roggenmehl wird meist mit Weizenmehl vermischt. Knäckebrot wird aus ungesiebtem Roggenmehl und Wasser ohne Hefe gebacken. Ein geringerer Anteil des Roggens wird als Viehfutter verwendet. In einigen Ländern wird Roggen auch zur Whisky-Herstellung verwendet, »Rye Whisky«.

Im Gegensatz zu Weizen ist die Kulturgeschichte des Roggens kurz, nur einige Jahrtausende alt, und Wildformen findet man heute noch als Unkraut in Weizenfeldern in Kleinasien und Iran. In strengen Winterzeiten hat oft nur der Roggen überdauert und daraus hat man gelernt, den harten Roggen zu kultivieren. Vom Kaukasus dehnte sich der Anbau über die südrussischen Steppen nach Europa aus und Roggen war in der Eisenzeit das wichtigste Getreide der Germanen und Slawen und ist es teilweise heute noch. Die Klimaverschlechterung während der Eisenzeit, die die ersten Jahrhunderte nach der Zeitrechnung umfaßte, hat sicher beigetragen, daß der Roggen gegenüber Weizen und Gerste zunahm.

Es gibt viel weniger Kulturformen des Roggens als des Weizens. Es ist nämlich schwierig, die Erbmerkmale einer Pflanze mit Fremdbestäubung stabil zu halten, da mit Hilfe des Winds immer

wieder Rückkreuzungen stattfinden. Bei den selbstbestäubenden Arten verhält sich das ganz anders, da die Merkmale von Generation zu Generation weiter und unverändert vererbt werden.
Roggen und Weizen sind übrigens nahe verwandt und können Kreuzungen bilden, da auch beim Weizen – allerdings selten – Fremdbestäubung vorkommen kann. Kommt es zur Chromosomenverdoppelung in den Hybriden aus der Kreuzung (»WR«), entsteht ein »Weizenroggen« *(Triticale)* mit der Formel »WWRR«, der keimfähige Körner erzeugen kann.
Der Name Roggen ist den meisten germanischen und slawischen Sprachen eigen. Er kam wahrscheinlich als Lehnwort aus der asiatischen Heimat dieser Pflanze.

Zweizeilige Gerste (83)
Hordeum distichum

Die Gattung Gerste umfaßt Ährengräser mit einblütigen Ährchen, die in Gruppen von Dreien abwechselnd in zwei Reihen an jeder Seite der Ährenachse sitzen. Die wildwachsenden Arten wurden früher besprochen (Nr. 70–72). Hier werden die beiden Getreidearten Zweizeilige Gerste und Sechszeilige Gerste behandelt.
Bei der Zweizeiligen Gerste trägt nur das mittlere der drei Ährchen eine zwittrige Blüte, während die seitlichen männliche oder taube Blüten enthalten. Auf diese Weise entstehen nur zwei Körnerreihen in der Ähre. Bei der Sechszeiligen Gerste enthalten alle drei Ährchen jeder Gruppe eine zwittrige Blüte und es entstehen deshalb Körner in sechs Reihen. Die angebauten Gerste-Arten haben eine zähe Ährenachse, an der die Ährchen mit den reifen Körnern sitzenbleiben bis zur Ernte. Die wildwachsenden Arten hingegen haben brüchige Achsen, die in der Reife zerbrechen und die Körner vor der Ernte verstreuen. Das gilt auch für die vermutliche Stammform der Zweizeiligen Gerste, *Hordeum spontaneum* die in Vorderasien wächst. Zweizeilige Gerste ist einjährig und wird ausschließlich als Sommergetreide angebaut. Gerste erkennt man leicht schon als Jungpflanzen an den gut entwickelten, kahlen Blattöhrchen, die den Halm an der Basis der Blattspreiten umschließen, und an der hellgrünen Farbe. Die Halme werden 50–100 cm hoch. Blütezeit ist Juni und es gibt ausschließlich Selbstbestäubung, so daß im Lauf der Zeit viele Kulturformen gezüchtet wurden. Die Zweizeilige Gerste ist keine so alte Kulturform wie die Sechszeilige Gerste. Die ältesten Funde stammen aus dem 1. Jahrtausend vor der Zeitrechnung. Sie ist heute aber weit verbreitet in den gemäßigten und subtropischen Gebieten der Erde.
Zweizeilige Gerste wird vor allem als Braugerste zur Malzgewinnung angebaut und muß ganz bestimmte Eigen-

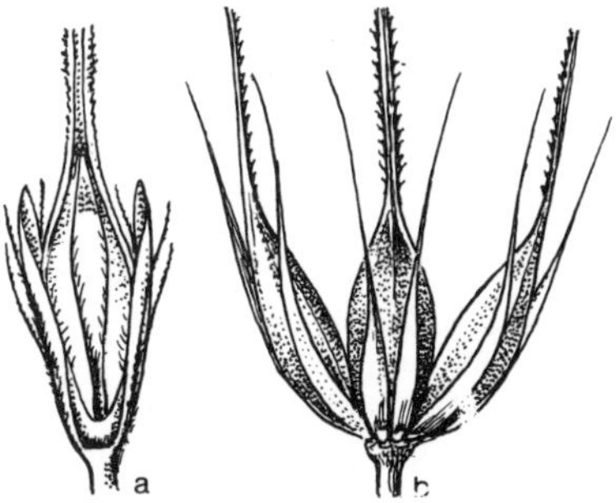

a: Ährchen von Zweizeiliger Gerste (Nr. 83). b: Ährchen von Sechszeiliger Gerste (Nr. 84). Die Grannen sind verkürzt. (2 × natürliche Größe).

schaften haben. Die Körner sollen groß sein und die Keimfähigkeit bei 95% liegen. Die Eiweißstoffe sollen eine bestimmte Zusammensetzung haben, da sie dem Bier typische Merkmale verleihen. Braugerste ist deshalb viel teurer als Futtergerste, die als Futter für Schweine und Kälber Verwendung findet. Als Nahrung für den Menschen kommt nur ein sehr geringer Anteil infrage. Zweizeilige Gerste ist in ihren Forderungen an den Boden recht anspruchsvoll, ergibt dafür aber große Erträge.

Sechszeilige Gerste (84)
Hordeum vulgare

Diese Gerste ist eine viel ältere Kulturpflanze als die Zweizeilige Gerste, sicher so alt wie Weizen. In den alten mesopotamischen Kulturschichten und in ägyptischen Königsgräbern hat man aus dem 4. Jahrtausend vor der Zeitrechnung Körner gefunden und in der europäischen jüngeren Steinzeit wurde eine Sorte dieser Gerste angebaut, deren Körner nur locker von den Spelzen umgeben waren (wie bei Roggen und Weizen). Bis zur Zeitwende war diese »nackte« Gerste das wichtigste Getreide unserer Vorfahren, zumindest im Norden, wurde dann aber vom Roggen abgelöst. Heute werden jedoch Sorten angebaut, deren Spelzen fest mit dem reifen Korn verwachsen sind wie bei der Zweizeiligen Gerste.
Wie schon erwähnt, sitzen die Ährchen 3 und 3 zusammen in zwei Reihen an der Ährenachse und jedes Ährchen bildet ein Korn, so daß diese sechs Reihen bilden. Die Halme werden 50–100 cm hoch und gleichen im Wuchs der vorhergehenden Art. Es ist wohl unsere genügsamste Getreideart und gedeiht noch an Stellen, die für die anderen Arten nicht mehr geeignet sind. Man findet sie noch auf den brennend heißen Salzsteppen Vorderasiens und den Hochflächen Tibets mehr als 4500 m ü. M. und selbst in den Polargebieten mit ewigem Frostboden wird sie angebaut, wenn nur der Boden an der Oberfläche in Pflugtiefe für drei Monate auftaut, der Mindestentwicklungszeit dieses Getreides. Die Sechszeilige Gerste wird nicht nur als Sommergetreide angebaut, sondern auch als Wintergetreide, zum Beispiel im Küstengebiet. Sie wird als Körnerfrucht als Viehfutter verwendet und kommt in Form von Graupen und Malzkaffee als Nahrungsmittel in den Handel. Diese Gerste wird deshalb öfter angebaut. Im nördlichen Skandinavien, auf Island und den Färöern wird diese Gerste aus klimatischen Gründen fast ausschließlich verwendet.
Nach der Form der Ähren unterscheidet man verschiedene Gruppen: **Vierkantige Gerste,** die im Norden verbreitetste Rasse, bei der das mittlere Ährchen der Ährenachse mehr angedrückt ist als die seitlichen und die Ähre von oben gesehen deshalb einen vierkantigen Umriß zeigt, und **Sechskantige Gerste,** bei der alle Ährchen gleichmäßig abstehen und von oben gesehen einen sechskantigen Umriß bilden. Die **Gabel-Gerste** ist eine besondere Rasse mit nur kurzen Grannen an den Spelzen, die aber dreifach geteilt sind.

Saat-Hafer (85)
Avena sativa

Früher wurden die mehrjährigen und die einjährigen Hafer-Arten zur gleichen Gattung, *Avena,* gerechnet, heute aber werden die mehrjährigen Arten von den Gras-Systematikern zu verschiedenen Gattungen gestellt (siehe Nr. 26–28); die Gattung *Avena* bleibt den einjährigen Arten vorbehalten, nämlich den kultivierten Arten

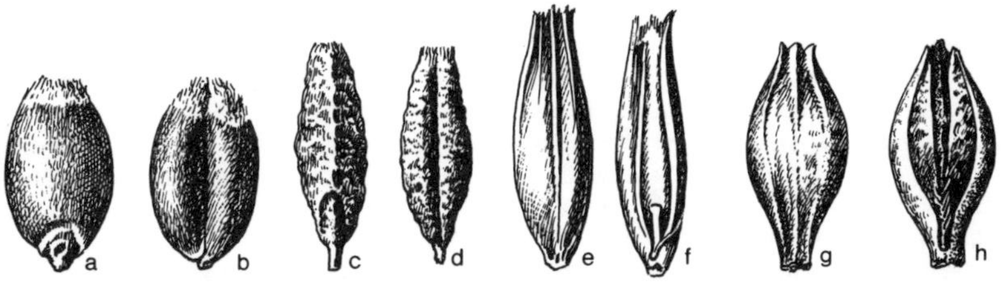

Körner unserer Getreidearten, wie sie im Handel vorkommen, von der Außen- und der Innenseite gesehen. a und b: Gemeiner Weizen. c und d: Roggen. e und f: Saat-Hafer. g und h: Zweizeilige Gerste. (2 × natürliche Größe). Bei Weizen und Roggen sind die Körner nackt, das heißt nicht von Spelzen umgeben. Man sieht den Abdruck des Keimlings unten auf der Außenseite. Weizen hat rundliche Körner mit glatter Oberfläche, Roggen schmale Körner mit gerunzelter Oberfläche. Bei Hafer und Gerste sind die Körner von Deckspelzen umgeben, die bei der Gerste mit dem Korn verwachsen sind, beim Hafer aber abgetrennt werden können.

und einigen nahe verwandten Unkrautpflanzen, wie zum Beispiel Wind-Hafer (Nr. 86).
Hafer wird bei uns nur als Sommergetreide angebaut. Man erkennt die jungen Pflanzen daran, daß die Blätter keine Öhrchen haben. Bei Weizen, Roggen und Gerste gibt es hingegen Blattöhrchen, die den Halm mehr oder weniger umschließen. Blühender Hafer kann mit keinem anderen Getreide

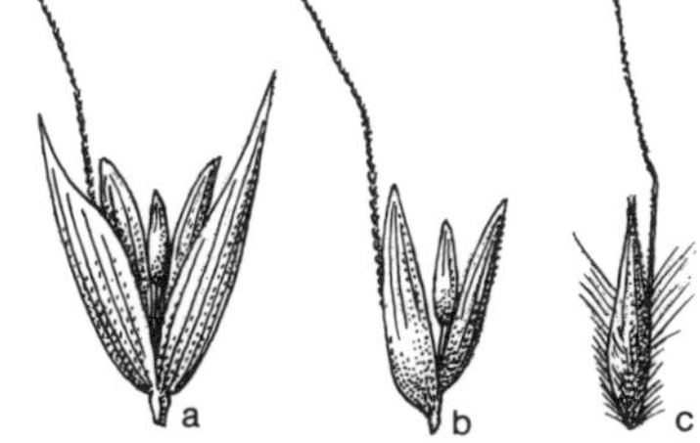

a: Ährchen von Saat-Hafer (Nr. 85), eine Form mit begrannter unterer Blüte.
b: Zwei fruchtbare Blüten und eine taube Blüte ohne Hüllspelzen. c: Blüte des Wind-Hafers (Nr. 86) von Deckspelzen umgeben (Natürliche Größe).

verwechselt werden. Jeder kennt die großen Rispen mit ihren hängenden, 2blütigen Ährchen, die von gewölbten, Längsrippen tragenden Hüllspelzen umgeben sind. Die Halme werden 60–120 cm hoch. Gewöhnlich ist die Rispe allseitig ausgebreitet, bei einer besonderen Form, dem **Schwert-Hafer,** *Avena sativa* var. *contracta,* ist die Rispe zusammengezogen und die aufrechten Äste einseitswenig. Diese Sorte wird nur wenig und als Grünfutter angebaut. Blütezeit ist Juni und Juli. Hafer ist in weitem Maß selbstbestäubend. Die Spelzen öffnen sich nur selten, so daß Staubgefäße und Narben kaum nach außen kommen. So erfolgt die Übertragung des Blütenstaubs direkt im Innern der Ährchen. Es gibt zwei fruchtbare Blüten im Ährchen, die von zwei Hüllspelzen umgeben werden, die länger als die Blüten sind. Die Achse der Ährchen endet oft in einer kleinen, tauben Blüte, die aus zwei kleinen Spelzen besteht, sonst aber keine weiteren Blütentriebe aufweist. Gelegentlich kann diese dritte Blüte aber auch fruchtbar sein. Die Deckspelze der unteren Blüte kann mit einer geknieten Granne ausgestattet sein, die vom Rücken der Spelze entspringt. Die obere Blüte ist immer unbegrannt und bei den am häufigsten angebauten Sorten gibt es keine Grannen. Deckspelze und Ährchenachse sind kahl (im Gegensatz zum Wind-Hafer, Nr. 86). Die Deckspelzen sind oft hell, es gibt aber auch Rassen mit grauen oder schwarzen Deckspelzen. Grauer Hafer wird gelegentlich in Heidegegenden angebaut. Das reife Korn wird von Deckspelze und Vorspelze umgeben, die auch nach dem Dreschen am Korn festsitzen. Die Spelzen sind jedoch nicht mit dem Korn verwachsen wie bei der Gerste. In anderen Weltgegenden baut man Sorten an, deren »nackte« Körner beim Drusch leicht von den Spelzen zu trennen sind.

Saathafer stellt keine besonderen Bedingungen an den Boden und verträgt auch Regen und Nässe während der Reife. Er wächst auf sandigen, lehmigen und moorigen Böden. Hier wird er oft zur Bedeckung von Grassaat ausgesät. Als Mischsaat wird er oft zusammen mit Gerste kultiviert.

Noch vor 40 Jahren bildete Hafer einen wesentlichen Anteil am Getreidebau, da er als Futter, besonders für Pferde, von großer Bedeutung war. Die Mechanisierung der Landwirtschaft verringerte drastisch den Pferdebestand und damit sank der Bedarf an Hafer. Ein geringer Teil des Hafers wird zu Haferflocken verarbeitet, einem gesunden und leicht verdaulichen Nahrungsmittel. Haferkörner haben einen relativ hohen Fettgehalt, der mit 7% weit höher ist als bei den anderen Getreidearten (2%). In Skandinavien und Schottland wird Hafer auch zum Brotbacken verwendet (Fladenbrot).

Man nimmt an, daß Hafer durch Zucht aus dem Wind-Hafer entstanden ist (Nr. 86), einer Grasart, die in Südwest- und Zentralasien zu Hause ist, heute aber als Unkraut weit verbreitet vorkommt. Der Saat-Hafer unterscheidet sich vom Wind-Hafer durch größere und nährstoffreichere Körner, und dadurch, daß die reifen Körner an der Pflanze festsitzen. Beim Wind-Hafer fallen die reifen Körner aus den Ährchen, indem an ihrer Basis eine eigene Ablöseschicht gebildet wird.

Soweit man aus Funden beurteilen kann, wurde Hafer nie in den antiken Getreideländern um das Mittelmeer angebaut. In den ägyptischen Gräbern gibt es keinen Hafer und die Römer lernten ihn erst bei den Germanen in Mittel- und Nordeuropa kennen. Der römische Autor PLINIUS berichtet im ersten Jahrhundert nach der Zeitwende, daß Hafer bei den Germanen ein wichtiges Nahrungsmittel ist. Es gibt dänische Funde aus der Bronzezeit, die bekanntesten sind aber jene aus den Pfahlbauten am Bodensee aus der Eisenzeit. Haferkörner, die man dort fand, sind nur 6 mm lang. Seitdem hat man Sorten gezüchtet, deren Körner dreimal so lang sind.

Jetzt ist Hafer als Kulturpflanze weit verbreitet und findet sich auf beiden Erdhälften, ist aber in den regenreichen Gebieten Nordeuropas und Nordamerikas am häufigsten. Die vermutliche Stammform, der Wind-Hafer, wächst als Unkraut oft in Haferfeldern. Für alle, die selbst einen Eindruck von den Unterschieden zwischen Wildpflanze und Kulturpflanze gewinnen wollen, gibt es hier das denkbar beste Anschauungsmaterial.

Der Name Hafer ist in ähnlicher Form allen germanischen Sprachen eigen. Man meint, daß er mit dem altnordischen »hafr« verwandt ist, was Bauch bedeutet. Dieser Name ist vielleicht älter als die Kulturpflanze und wurde vermutlich in herabsetzender Bedeutung für das Unkraut Wind-Hafer verwendet, der in vorhistorischer Zeit in

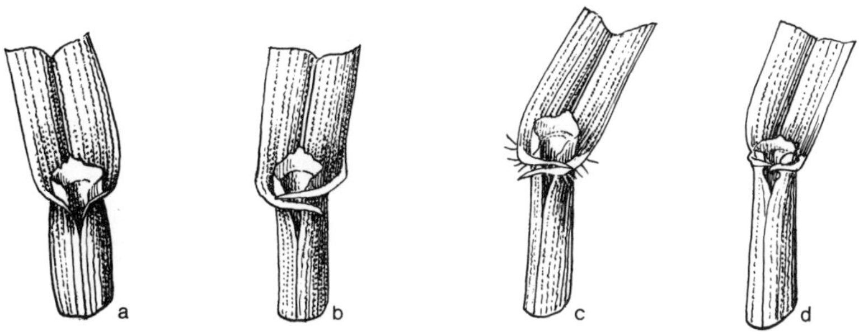

Die Bestimmung der Getreidearten kann in blütenlosem Zustand mit Hilfe der Form des Blattgrundes erfolgen. Bei Hafer (a) gibt es am Blattgrund keine Öhrchen. Bei Gerste (b) schließen sich die langen, gekrümmten Öhrchen um den Halm. Weizen (c) hat ebensogut entwickelte Öhrchen, die im Gegensatz zur Gerste aber am Rande behaart sind. Roggen (d) hat ziemlich kurze und unbehaarte Öhrchen. Dieses Getreide erkennt man außerdem an der blaugrünen Farbe der Blätter (junge Blätter können jedoch einen rötlichen Farbton haben), an den oft behaarten Blattscheiden und an dem kurzen, nur 1 mm langen Blatthäutchen.

den Getreidefeldern auftrat. Dieser herabsetzende Name blieb am Hafer hängen, auch als die Germanen anfingen, ihn als Nahrung anzubauen. Hafer- und Gerstenbrei waren die Hauptnahrungsmittel im nördlichen Europa, bis sie im 18. Jahrhundert von der Kartoffel abgelöst wurden.

Wind-Hafer (86)
Avena fatua

Der Wind-Hafer ist, wie schon erwähnt, die vermutliche Wildform des Saat-Hafers. Er unterscheidet sich vor allem dadurch, daß die reifen Körner aus den Ährchen fallen, und die Rispe besteht dann nur aus den trockenen, leeren Hüllspelzen. Die Ährchen sind meist 3blütig, alle Blüten tragen Grannen und die Ährchenachse sowie der untere Teil der Deckspelzen sind mit braungelben Haaren bedeckt. Einige Formen des Wind-Hafers haben aber kahle Deckspelzen und gleichen so dem Saat-Hafer, können aber immer durch die ausfallenden Körner unterschieden werden. Beim Saat-Hafer bleiben die reifen Körner in den Ährchen sitzen und bilden damit die Voraussetzung, daß sie geerntet werden können. Blütezeit ist Juni und Juli, etwas vor dem Saat-Hafer.
Wind-Hafer ist wahrscheinlich in Südwest- und Zentralasien zu Hause, wurde aber als Getreideunkraut fast über die ganze Erde verbreitet. Er ist auch bei uns ein schwieriges Unkraut, das bekämpft werden muß.
Er ist kaum mit chemischen Mitteln zu bekämpfen, da diese auch den angebauten Getreiden schaden. Das einzig wirksame Mittel ist faktisch das Ausjäten der Wind-Haferpflanzen bevor reife Körner gebildet werden. Die Arbeit wird dadurch etwas erleichtert, daß der Wind-Hafer meist über die Feldfrucht emporragt. Ist es zur Aussaat gekommen, breitet sich der Wind-Hafer mit großer Geschwindigkeit über die Felder aus. Die im Herbst abgefallenen Körner können in Erdre-

sten an landwirtschaftlichen Maschinen weiter verbreitet werden. Bei starkem Befall vermindert sich der Ertrag an Getreide um bis zu 50%. Die langen Grannen spielen eine große Rolle bei der Verbreitung, indem sie sich an vorbeikommenden Menschen und Tieren und in Getreidesäcken verhängen. Sie machen aber auch die Körner beweglich. Durch ihre Fähigkeit Wasser aufzunehmen, kommt die gedrehte Granne in ständige Bewegung bei abwechselnder Feuchtigkeit und Trokkenheit und bohrt auf lockerem Boden das Korn in die Tiefe, wo es durch die steifen Haare am Grunde des Korns wie mit Widerhaken festgehalten wird.

Anschließend an unsere einheimischen Getreidearten werden einige fremdländische Getreidearten besprochen, die für den Leser von Interesse sind:

Reisrispe (verkleinert).

Reis
Oryza sativa

Reis ist ein einjähriges Sumpfgras mit 1–2 m hohen Halmen, langen, schmalen Blättern und einer zusammengezogenen Rispe mit einblütigen Ährchen. Diese haben nur sehr kleine Hüllspelzen, aber zwei große, kahnförmige, stark kieselsäurehaltige Deckspelzen, die etwa gleich groß sind und das Korn wie eine Schale umgeben. Die Blüten weichen von den meisten anderen Grasarten durch 6 Staubbeutel ab.
Reis ist eine sehr alte Kulturpflanze, die in Indien schon 2000 Jahre vor der Zeitrechnung angebaut wurde. Es ist aber ungewiß, ob sie aus Indien oder China stammt. Nun wird sie in allen tropischen und subtropischen Gebieten gepflanzt und ist auch in Europa zu finden, zum Beispiel in Norditalien, Südfrankreich und Spanien. Mehr als 90% werden jedoch in den Monsungebieten Süd- und Ostasiens geerntet, wo viel Wärme und Niederschläge bis zu drei Ernten im Jahr ermöglichen. Reis ist das wichtigste Getreide der Erde mit einer Produktion von weit über 200 Millionen Tonnen, der größte Teil der Ernte wird aber in den Produktionsgebieten selbst verbraucht. In den Handel kommen nur einige Prozente der ganzen Ernte.
Reis wird meist auf Böden gepflanzt, die mit Wasser überflutet werden können. Die Aussaat erfolgt dicht auf kleinen Feldern und die jungen Pflanzen werden dann in passendem Abstand in die überfluteten Felder gepflanzt. Im Handel gibt es sowohl ungeschälten als auch geschälten Reis, der in besonderen Maschinen poliert wird und bei uns hauptsächlich verkauft wird. Den polierten Körnern fehlt die äußerste

Zellschicht, die sehr reich an Vitaminen ist, besonders an B_1. Als man am Ende des vorigen Jahrhunderts in Ostasien begann, polierten Reis zu essen, breitete sich die Krankheit Beri-Beri stark aus. Der niederländische Kolonialarzt CHR. EIJKMANN zeigte durch Nahrungsuntersuchungen bei Strafgefangenen in einem Gefängnis auf Java, daß die Beri-Beri-Krankheit in engem Zusammenhang mit der einseitigen Kost von poliertem Reis stand und mit Reiskleie geheilt werden konnte. Die Ursache ist also der Mangel eines Stoffs, der in der Reiskleie vorkommt. Dieser Stoff wurde als Vitamin bezeichnet. Die Untersuchungen EIJKMANNS, für die er später den Nobelpreis erhielt, haben die Vitaminforschung eingeleitet, die seither so wichtig für unsere Gesundheit wurde. Reis wird gekocht oder gedämpft gegessen. Es gibt nur wenig Eiweiß in den Körnern und man kann deshalb kein Brot aus Reismehl backen, sondern nur Brei herstellen. Reisstärke wird zum Stärken und als Puder verwendet. Aus Reisstroh wird Papier hergestellt und durch Vergären von gekochtem Reis erhält man bei späterer Destillation den japanischen Reisbranntwein Sake. Es gibt auch Reiswein, der in Asien weit verbreitet ist. Der deutsche Name Reis wie auch das griechische Oryza sind von einem indischen Wort für die Reispflanze abgeleitet.

Mais
Zea mays

Mais ist ein kräftiges, einjähriges Gras mit 1–4 m hohen Halmen, die am Grunde einen Kranz von Stützwurzeln tragen und mit 4–15 cm breiten Blättern besetzt sind. Die Halme sind massiv und nicht hohl wie bei den meisten anderen Gräsern, und enden in einer großen Rispe männlicher Blütenährchen. Die weiblichen Blüten sitzen dagegen versteckt auf halber Höhe in dicken, von Hüllblättern umgebenen Kolben. Die männlichen Ährchen sitzen paarweise an den Ästen der Rispe, eines ist kurz gestielt, das andere ohne Stiel. Beide Ärchen enthalten zwei Blüten mit jeweils 3 Staubgefäßen. Auch die weiblichen Ährchen sitzen paarweise, beide sind aber ungestielt und direkt auf der dicken Achse des Kolbens befestigt, wo sie dichte Längsreihen bilden. Jedes weibliche Ährchen enthält nur eine fruchtbare weibliche Blüte mit einem einfachen, sehr

Mais (verkleinert).

langen Griffel, aber einigen zusätzlichen Spelzen an der Basis der Blüte. Diese stammen von einer rückgebildeten weiblichen Blüte, so daß das Ährchen in der Anlage zweiblütig ist. Die Griffel ragen mit ihren Narben wie ein Büschel seidiger Haare aus der Kolbenhülle. Blütezeit ist bei uns Juli–Oktober. Die charakteristische Form der Maiskörner ist auf den gegenseitigen Druck der Körner im Kolben zurückzuführen. Der relativ große Keimling hinterläßt eine deutliche Vertiefung auf der Bauchseite des Korns. Der Mehlkörper der Körner kann mehlig sein (Stärke-Mais) oder fest und hornartig (Flint-Mais). Es gibt auch Sorten mit hohem Zuckergehalt (Zucker-Mais), deren Körner in der Reife schrumpfen.

Mais unterscheidet sich von unseren anderen Getreidearten durch die Trennung von männlichen und weiblichen Blüten in verschiedenen Ständen. Er ist auch die einzige Getreideart, die aus Amerika stammt. Man glaubt, daß Mais in Mittelamerika entstanden ist, vermutlich durch Kreuzung jetzt unbekannter Stammformen. Die Maispflanze ist durch die Jahrtausende alte Kultur so spezialisiert worden, daß man sich heute nicht mehr vorstellen kann, wie die ursprünglichen Wildpflanzen ausgesehen haben. Der älteste Maisfund ist fast 6000 Jahre alt. Zu dieser Zeit waren die Kolben klein und trugen nur wenige Körnerreihen, waren aber schon so gebaut, daß die Körner kaum auf natürlichem Weg verbreitet werden konnten, denn sie waren von den Hüllblättern fest umschlossen. Diese Pflanzen waren damit schon reine Kulturpflanzen. Als die europäischen Entdeckungsreisenden nach Amerika kamen, war die Maiskultur in allen tropischen bis gemäßigten Gebieten in Nord- und Südamerika weit verbreitet. Die spanischen Eroberer brachten den Mais als Indisches Korn nach Hause und schon 1525 gab es in Andalusien Maiskulturen. Von Europa kam er weiter nach Afrika und Asien und heute wird er überall als Getreide angebaut, wo es genug Niederschläge gibt und wo die Sommer warm genug sind, um die Körner reifen zu lassen.

Bezüglich des Anbauareals nimmt der Mais nach dem Weizen den 2. Platz in der Weltrangliste ein, in der Erntemenge aber den 2. Platz hinter dem Reis und vor dem Weizen. Der größte Teil wird als Viehfutter in den Herstellungsgebieten verbraucht und nur 10% gelangen in den Welthandel. Das wichtigste Maisland sind die USA und hier wird er einfach »corn« genannt. Danach kommen China, Argentinien, Brasilien und Rumänien. In Mitteleuropa reift Mais nur in den klimatisch günstigeren Gebieten und im Norden wird Reis nur als Grünfutter verwendet. Zuckermais wird jedoch als Gemüse weithin kultiviert. Die gekochten, unreifen Maiskolben sind eine Delikatesse.

Man kennt über 500 Maissorten. Die meisten werden wegen der Körner angebaut, die vor allem als Futter für Pferde, Kälber, Schweine und Geflügel verwendet werden, und nur ein geringerer Teil ist Nahrungsmittel für den Menschen. Teig aus Maismehl ist nicht sehr fest und deshalb bäckt man flache Brote daraus, die Tortillas der Mexikaner und Spanier. Auch Grütze wird daraus hergestellt, die Polenta Italiens, und schließlich »Corn flakes«, die auch bei uns mit Milch übergossen eine gute Morgenmahlzeit bilden. Die Herstellung von Maisstärke, die zu Glukose und anderes verarbeitet werden kann, ist in Amerika eine wichtige Industrie geworden. Um die Stärke zu gewinnen, müssen Schale und der ölhaltige Keimling entfernt werden. Das

Öl wird abgepreßt und findet für viele Zwecke Verwendung, auch im Haushalt. Eine besondere Rasse des Mais mit spitzen Körnern wird zur Herstellung von »Pop corn« verwendet und die getrockneten und entkörnten Maiskolben der gewöhnlichen Sorten können zu Pfeifenköpfen verarbeitet werden (»Minnesota Meerschaum«). Der deutsche Name wird von dem indianischen Wort abgeleitet, das die Spanier nach Europa brachten. Im südöstlichen Europa wird der Mais auch Kukurutz genannt, ein türkisch-slawisches Wort.

Zuckerrohr
Saccharum officinarum

Zuckerrohr ist eine mehrjährige Grasart mit bis zu 6 m hohen Halmen, die aus einem verzweigten Erdstamm wachsen. Mit zunehmender Länge werden die unteren Blätter abgeworfen. Die Narben der Blätter geben dem Halm ein gegliedertes Aussehen. Voll ausgewachsen tragen die Halme nur einen dichten Schopf langer und breiter Blätter an der Spitze. Die »Rohre« sind nicht hohl, sondern mit einem Markgewebe gefüllt, in dem Nahrung in Form von Rohrzucker gespeichert wird, der dann für Blüte und Frucht verbraucht wird. Der Zuckergehalt ist deshalb kurz vor der Blüte am größten (12 bis 20%). Die Blüten sitzen in einer großen, 0,5–0,8 m langen, leuchtend weißen Rispe, die aus langen Ähren zusammengesetzt ist, mit paarweise stehenden, einblütigen Ährchen, umgeben von langen, seidigen Haaren. Das angebaute Zuckerrohr darf natürlich niemals blühen. Die Rohre werden abgeschlagen, wenn der Zuckergehalt am größten ist. Die Vermehrung erfolgt durch Stecklinge, indem Stücke der Pflanze in den

Zuckerrohr (verkleinert).

Boden gesteckt werden und sich wieder bewurzeln und neue Triebe bilden. Es wurden auch Sorten gezüchtet, die nicht mehr blühen können, aber immer noch viel Zucker speichern, obwohl sie die Speichernahrung niemals brauchen.
Zuckerrohr ist eine sehr alte Kulturpflanze, die schon vor mehreren Tausend Jahren in Indien angebaut wurde. Man weiß nicht sicher wo und wie die Pflanze entstanden ist, meint aber, daß sie eine Kreuzung zwischen mehreren wildwachsenden Zuckerrohrarten ist. Die meisten kultivierten Sorten sind unfähig, sich durch Samen zu vermehren und existieren nur mit Hilfe des Menschen. Die Pflanze wurde von den

Mauren um 800 nach Spanien gebracht. Die Spanier wiederum brachten sie auf die Kanarischen Inseln und nach Westindien und heute wird sie in den meisten tropischen Gebieten kultiviert. Der Name erinnert an die lange Wanderschaft. Das Wort Zucker kommt vom arabischen »sukkar«, das vom persischen »sakar« abstammt und vom indischen »sakkara« herkommt.
Zuckerrohr verträgt keinen Frost und gedeiht nur in warmen Ländern. Die Rohre sind nach 9–18 Monaten reif zur Ernte, je wärmer um so schneller. Rohre können vom gleichen Stock über mehrere Jahre geerntet werden, der Zuckergehalt nimmt aber mit der Zeit ab. In den noch wachsenden Rohren gibt es Trauben- und Fruchtzukker, die dann nach abgeschlossenem Wachstum in Rohrzucker umgewandelt werden. Der größte Zuckergehalt findet sich im unteren Teil der Rohre. Nach der Ernte werden die Rohre ausgepreßt und der Saft gereinigt und eingedampft. Der Rohrzucker kristallisiert dann aus der Melasse (Sirup). Das gereinigte Produkt gleicht etwa dem Zucker, den wir aus den Zuckerrüben gewinnen. Die weniger gereinigten Produkte, Rohzucker und Melasse haben dagegen ein eigenes Aroma, das auf Verunreinigungen zurückgeführt wird; die Melasse kann zu Rum vergoren werden.

Echte Hirse (87)
Panicum miliaceum

Ein einjähriges Gras mit 30–100 cm hohen Halmen, die breite Blätter mit langhaarigen Blattscheiden tragen. Das Blatthäutchen ist in einen Kranz seidiger Haare aufgelöst. Die reich verzweigte, etwas überhängende Rispe trägt scheinbar nur einblütige Ährchen, die von drei Hüllspelzen umgeben sind. Bei näherer Betrachtung mit einer Lupe zeigt sich indessen, daß im Winkel der obersten der drei Hüllspelzen eine verschwindend kleine, taube Blüte sitzt. Die Ährchen enthalten also zwei Blüten, eine fertile und eine sterile. Die fertile Blüte ist von Deckspelzen kräftigeren Baus umgeben. Sie umschließen das reife Korn wie eine harte und glänzende Schale. Blütezeit ist bei uns Juli–Oktober.
Echte Hirse ist eine alte Kulturpflanze, von der man annimmt, daß sie aus Zentralasien stammt. Sie wurde seit der Steinzeit in Europa kultiviert, spielt heute aber keine Rolle mehr in unserem Erdteil. Sie ist eine recht wärmeliebende Art, hat aber den Vorteil, daß sie sich sehr rasch entwickelt. In der Bronzezeit war sie recht verbreitet, erfuhr durch die Abkühlung des Klimas aber einen Rückgang.
Hirsemehl ist zum Backen schlecht geeignet und wird meist für Brei verwendet. Die Körner werden hauptsächlich als Futter für Stubenvögel gebraucht (wie die Kolben-Borstenhirse, Nr. 91). Im Freien findet man gelegentlich Pflanzen, die aus Körnern von verschüttetem Vogelfutter stammen. Der

Echte Hirse (Nr. 87) a: Blühendes Ährchen mit ausgebreiteten Hüllspelzen, so daß man die taube Blüte unter der fruchtbaren, zwittrigen sehen kann.
b: Fruchtbare Blüte von Deckspelzen umgeben. c: Korn, scheinbar von 3 Hüllspelzen umgeben (die oberste ist jedoch die Deckspelze der tauben Blüte).
d: Reifes Korn, fest von den glatten und harten Deckspelzen umgeben. (a: 2 ×, b, c und d: 3 × natürliche Größe).

Name Hirse wird für mehrere Kulturgräser mit kleinen, runden Körnern verwendet.

Mohrenhirse, Durrha
Sorghum vulgare

Durrha, auch Kaffernkorn genannt, ist ein 1–5 m hohes, einjähriges Gras mit markgefüllten Halmen und 5–10 cm breiten Blättern. Sie erinnert im Wuchs etwas an die Maispflanze, ist aber gleich an der großen, stark verzweigten Rispe zu erkennen, die viel kompakter ist als beim Mais, und zwittrige und männliche Blüten enthält. Jedes Ährchen trägt nur eine zwittrige oder männliche Blüte, aber auch eine sterile Spelze, die eine taube Blüte repräsentiert. Die Ährchen sitzen paarweise an den dünnen Seitenästen der Rispe, ein gestieltes männliches Ährchen neben einem ungestielten Ährchen mit zwittriger Blüte. An der Spitze der Äste gibt es jedoch drei Ährchen, ein ungestieltes zwittriges und zwei gestielte männliche.
Durrha ist eine alte Nutzpflanze, die zuerst in Afrika und Asien kultiviert wurde, heute aber in vielen Sorten überall in den Tropen angebaut wird, besonders in trockenen, warmen Savannengebieten. Sie ist eine der wichtigsten tropischen Getreidearten, der größte Teil der Produktion wird aber zum lokalen Verbrauch angebaut, oft in primitiven Sorten, und findet sich nicht im Welthandel. Die Körner eignen sich nur schlecht zum Brotbacken (Teig aus Durrha-Mehl hält nicht zusammen), und finden hauptsächlich für Brei und Fladenbrot Verwendung. In den südlichen USA wird heute der Anbau in großem Stil betrieben. Man importiert etwas Durrha als Futter für Geflügel und Schweine. Gewisse Durrha-Sorten werden in USA und Südeuropa als Grünfutter angebaut. Die Pflanzen können aber erst verwendet werden, wenn sie blühen. Die jungen Pflanzen enthalten nämlich ein Glykosid, das Blausäure abspaltet, wenn die Zellen zerstört werden, und dadurch für das Vieh giftig sind. Andere Sorten (»Zucker-Durrha«) enthalten Zucker in ihrem Mark und können wie Zuckerrohr verwendet werden, wieder andere (»Besen-Durrha«) haben lange und steife Äste in der Rispe, die nach Entfernen der Körner als Besen dienen. Solche Durrha-Besen sieht man oft in den Dörfern Südeuropas. In Afrika werden die Körner zur Herstellung von Hirse-Bier verwendet.
Der Name Durrha kommt vom arabischen Namen »aldora«.
Syn.: *Andropogon sorghum*

Rispe von Durrha (verkleinert).

Faden-Hirse (88)
Digitaria ischaemum

Ein zartes, einjähriges Gras mit niederliegenden und dann aufsteigenden, am Grunde verzweigten 8–20 cm hohen Halmen. Diese sind glatt und oft rötlich angelaufen und tragen einen Blütenstand von 3–5 fingerförmig angeordneten, fadenförmigen Ährenrispen mit kleinen, ovalen, anscheinend einblütigen Ährchen, von denen einige kurz gestielt sind, während andere direkt auf der zusammengedrückten Achse des Blütenstands sitzen, alle auf einer Seite. Wie bei der Echten Hirse (Nr. 87) enthalten die Ährchen eine weitere taube Blüte in Form einer zusätzlichen Spelze. Blütezeit ist Juli–September.
Diese Hirse ist wahrscheinlich in den trockenen Gebieten Zentralasiens mit kurzer Vegetationszeit zu Hause, wurde als Ackerunkraut aber weit verschleppt. In Europa ist die Nordgrenze ihres »natürlichen« Vorkommens in Dänemark und Südschweden. Wächst auf Lehm- und Sandböden auf Äkkern, Höfen und wüsten Plätzen, in neuerer Zeit auch auf Gleisanlagen der Eisenbahn. Die Verbreitung erfolgte vor allem längs der großen Eisenbahnlinien von Süden nach Norden.

Hühner-Hirse (89)
Echinochloa crus-galli

Ein einjähriges, 30–100 cm hohes Gras mit breiten, am Rande rauhen, sonst aber glatten Blättern ohne Blatthäutchen. Der eigentümliche Blütenstand ist aus dichtblütigen, ährenförmigen Rispen zusammengesetzt, die abwechselnd nach beiden Seiten von der Hauptachse abstehen. Die Ährchen sind zweiblütig und alle zur gleichen Seite gewandt. Die untere Blüte im Ährchen ist taub und besteht nur aus Spelzen, die obere ist zwittrig und fertil. Die Ährchen tragen in der Regel eine Granne, die von der Deckspelze der tauben Blüte ausgeht. Blütezeit ist Juli–Oktober.
Die Hühner-Hirse ist ursprünglich in Südeuropa und Westasien beheimatet, wurde aber mit dem Ackerbau über die tropischen und gemäßigten Gebiete der Erde als Unkraut verschleppt. Bei uns ist sie sommereinjährig und die Körner keimen erst spät, wenn die Erde erwärmt ist. Sie wächst daher besonders in Kartoffel- und Rübenfeldern, aber auch in Küchengärten nach der Frühjahrsbestellung. Sie ist recht verbreitet und häufig, da sie unglaublich viele Körner erzeugt. Die Pflanze kommt bei uns seit der Eisenzeit vor, denn man fand die Körner zusammen mit jenen anderer Grasarten und Unkrautsamen im Mageninhalt der dänischen Moorleichen von Tollund und Grauballe.
Die Körner sind auch nicht ohne Nahrungswert, wenn sie auch sehr klein sind. In Ostasien wurde eine besondere Kulturform gezüchtet, die **Körner-Hühner-Hirse** *(Echinochloa frumentacea),* deren Ährchen unbegrannt sind und die Körner größer und noch zahlreicher. Es ist wohl die Getreidepflanze mit der schnellsten Entwicklung. Bereits 45 Tage nach der Aussaat kann man reife Körner ernten. Diese Hirse wird an Stellen kultiviert, wo Reis nicht gedeiht, und die Körner ißt man gekocht als Brei und vermischt mit Reis. Sie wird aber auch als Futterpflanze verwendet, besonders in den USA. Hierzulande findet man diese Hirse auf Abfallplätzen, da sich die Körner im Vogelfutter befinden und damit in die Abfälle geraten, wie die Echte Hirse (Nr. 87).

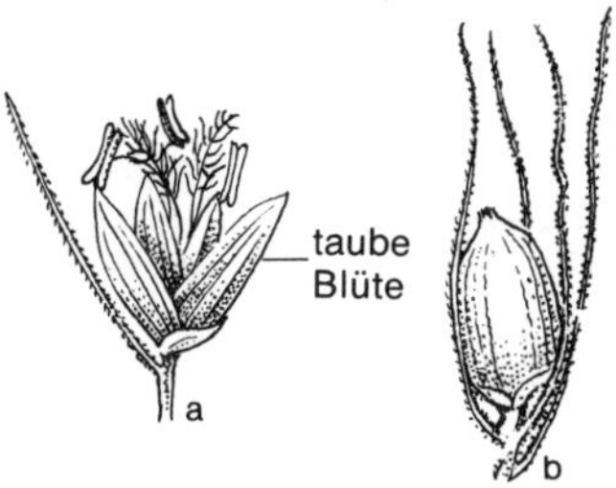

Grüne Borstenhirse (Nr. 90). a: Blühendes Ährchen. Die taube Blüte befindet sich etwas unter der fertilen, zwittrigen Blüte. b: Ein Ährchen von rauhen Borsten umgeben (Stiele tauber Ährchen). (4 × natürliche Größe).

Grüne Borstenhirse (90)
Setaria viridis

Ein einjähriges Gras mit 5–60 cm hohen Halmen in lockeren Horsten. Die Blätter sind lanzettförmig und rauh, die Blatthäutchen in einen Haarkranz aufgelöst. Die ährenartige Rispe ist grün oder rötlich angelaufen, 2–8 cm lang, und trägt Borsten zwischen den kleinen, eiförmigen Ährchen. Diese enthalten zwei Blüten, eine zwittrige und eine taube. Letztere findet sich nur in Form einer häutigen Spelze, die wie eine Hüllspelze aussieht und den Eindruck vermittelt, als wäre das Ährchen einblütig und trüge 3 Hüllspelzen (wie die Echte Hirse, Nr. 87). Das reife Korn wird von den glänzenden und harten Deckspelzen (eigentliche Deckspelze und Vorspelze) umgeben. Die Borsten zwischen den Ährchen sind umgewandelte Rispenäste ohne Ährchen. Sie sitzen wie ein Schirm am Grunde der Ährchen und ragen weit hervor. Sie haben der Pflanze den Namen gegeben. Sie haben wohl Bedeutung für die Verbreitung, da sie mit den Ährchen abbrechen und dann als Transportmittel dienen. Blütezeit ist Juli–Oktober.
Die grüne Borstenhirse ist wahrscheinlich in Südwestasien beheimatet, wurde aber als Ackerunkraut über alle Gebiete der Erde verbreitet, die gemäßigt oder subtropisch sind. Bei uns ist sie auf Äckern, in Gärten und auf Schuttplätzen verbreitet, findet sich aber auch an Bahnlinien, wie viele andere sommereinjährige Gräser, zum Beispiel das Kleine Liebesgras (Nr. 42), die Dach-Trespe (Nr. 60) und die Faden-Hirse (Nr. 88). Es ist eine wärmeliebende Pflanze, die spät keimt und deshalb erst zum Sommerende in Erscheinung tritt, auf abgeernteten Kartoffelfeldern zum Beispiel. Die Grüne Borstenhirse ist seit langem bei uns eingebürgert. Mit Hilfe des Menschen kam sie schon in der Eisenzeit zu uns.

Kolben-Borstenhirse (91)
Setaria italica

Ein kräftiges, einjähriges Gras mit meterhohen Halmen, die breite Blätter tragen und in einer langen und dicken, an der Spitze oft überhängenden Rispe enden. Die Rispe ist reich verzweigt und in gerundete Lappen geteilt, die dicht gedrängte Ährchen tragen und aus denen die Borsten hervorragen. Die Körper sind sehr klein und wie bei der vorhergehenden Art gebaut, werden aber in großen Mengen gebildet. Blütezeit ist Juli–September.
Die Kolbenhirse ist eine sehr alte Kulturpflanze, von der man annimmt, daß sie in Asien als Kulturform der Grünen Borstenhirse (Nr. 90) entstanden ist. Um 2700 vor der Zeitrechnung wird sie als eine der fünf heiligen Pflanzen Chinas genannt und spielt im Osten auch heute noch eine wichtige Rolle als Nahrungspflanze, wird aber

auf der ganzen Erde in Gebieten mit tropischem oder warmgemäßigtem Klima angebaut. In USA verwendet man sie hauptsächlich als Grünfutter. Sie entwickelt sich schnell, verträgt warme und trockene Sommer und ergibt viel Heu, wenn sie während der Blüte geschnitten wird. In Europa wurde Kolbenhirse seit der Bronzezeit kultiviert, heute aber nur noch als Vogelfutter, vor allem in Italien. Unsere Stubenvögel hacken gerne in den reifen Kolben. Die Pflanze wird mit den Futterabfällen verbreitet und man findet sie auf Abfallplätzen um unsere Siedlungen.

Hohes Schlickgras (92)
Spartina townsendii

Ein kräftiges, mehrjähriges Gras mit kurzen und dicken Ausläufern und 40–130 cm hohen, aufrechten Halmen, die steife Blätter tragen. Das Blatthäutchen ist in einen Haarkranz aufgelöst. Die Halme enden in einer fingerartig verzweigten Rispe mit langen und schmalen, aufrechten Ähren, die spitze, einblütige Ährchen tragen. Diese sitzen dicht in zwei Reihen auf der einen Seite der Ähre und sind an ihre Achse angedrückt. Blütezeit ist Juli–Oktober.
Schlickgras wird an vielen Orten der Erde auf flachen Gezeitenstränden gepflanzt. Bei uns gedeiht das Gras an Küsten, die zweimal täglich (vom mittelhohen Wasserstand bis 40 cm darunter) überspült werden, also außerhalb der Marschwiesen, die vom Strand-Salzschwaden (Nr. 50) gebildet werden, aber zusammen mit einjährigen salzliebenden Kräutern wie Queller. Die Pflanze entwickelt sich am besten auf feuchtem Schlick, den sie dank ihrer Ausläufer mit großem, zusammenhängendem Bewuchs überziehen kann. Auf Sand entstehen nur verstreute Horste. Der Bewuchs mit Schlickgras schützt die Küste vor den Wellen und trägt zur Landgewinnung bei, da sich zwischen den steifen, aufrechten Trieben Schlick ansammelt. Die Anpflanzungen an der Nordseeküste begannen in den 30er Jahren und heute ist das Gras sehr weit verbreitet und dient dem Menschen.
Im Gegensatz zu unseren anderen kultivierten Gräsern ist die Geschichte des Schlickgrases kurz und wohl bekannt. Man sah das Gras erstmals bei Southhampton an der englischen Südküste im Jahr 1870. Schnell erkannte man, daß es sich um eine Kreuzung des westeuropäischen Grases *Spartina maritima,* einem zarten Gras der Küste, und der amerikanischen Art *Spartina alternifolia,* einer eingeschleppten, viel kräftigeren Grasart handelte, die an der gleichen Stelle wuchs. Die Kreuzung erwies sich als viel vitaler als die Elternarten, und verbreitete sich schnell auf beiden Seiten des Kanals dank der großen Fähigkeit, sich vegetativ durch abgerissene Ausläufer und Bruchstücke zu vermehren. Der Hybrid war jedoch (noch nicht) fähig, Samen zu bilden. Von seinen Eltern hat er je einen Chromosomensatz erhalten, nämlich 28 und 35, die zwar normale Zellteilungen durchmachen, und damit das Wachstum und die vegetative Vermehrung ermöglichen. Eine geschlechtliche Vermehrung ist aber nicht möglich, da die Paarung von zwei sich entsprechenden Chromosomen nicht vorkommen kann, wie es bei der Reduktionsteilung notwendig ist. Außerdem stimmen die Zahlen nicht überein und einige Chromosomen haben keine Partner. Heute gibt es aber Schlickgraspflanzen, die sich durch Samen vermehren und dadurch natürlich noch besser verbreiten können. Das Problem hat sich wie beim Weizen

(Nr. 81) gelöst, nämlich durch Chromosomenverdoppelung. Das fruchtbare Schlickgras hat eine Chromosomenzahl von 2n = 126, das sterile dagegen nur 2n = 63. Es gibt auch bei uns samenbildende Pflanzen des Schlickgrases. Äußerlich ist aber nicht zu entscheiden, zu welcher Form die Pflanzen gehören, da sie sich völlig gleichen, abgesehen von den verkümmerten Staubbeuteln mit schlecht entwickelten Pollen, während die fertile Form wohlentwickelte Staubbeutel mit normalen Pollen aufweist.
Die fruchtbare, mit doppelten Chromosomen versehene Form wird von manchen Grasspezialisten zu einer eigenen Art gerechnet, die man *Spartina anglica* nennt, ein Hinweis auf den Ursprung der Pflanze, eine Logik, die bis zur äußersten Konsequenz betrieben wird.
Syn.: *Spartina alterniflora* × *maritima*

Sauer- oder Riedgräser Cyperaceae

Schwarzrotes Zypergras (93)
Cyperus fuscus

Ein kleines, einjähriges Riedgras mit 3–12 cm langen, dreikantigen, büschelig angeordneten Halmen, die am Grunde schmale, frühzeitig verwelkende Blätter tragen und in einem zusammengesetzten Blütenstand enden, der von drei langen und schmalen Hochblättern umgeben ist. Der Blütenstand, eine Spirre, besteht aus köpfchenförmig versammelten, zusammengedrückten, dunkelbraunen, 3–5 mm langen Ährchen, deren kahnförmige Spelzen in zwei Reihen auf der Ährchenachse sitzen. Hinter jeder Spelze gibt es eine zwittrige Blüte ohne Blütenhülle, die nur aus 2 Staub-

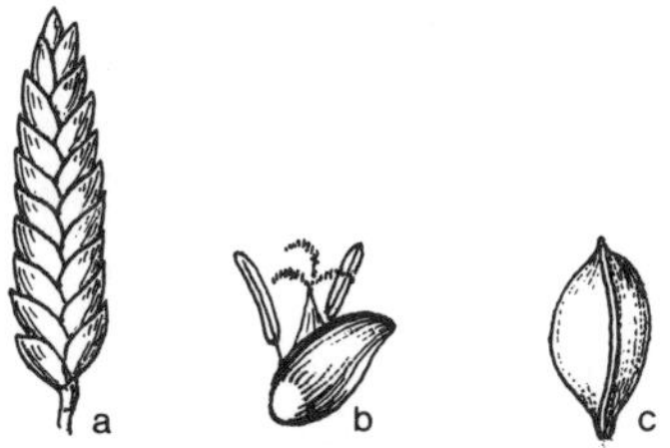

Schwarzrotes Zypergras (Nr. 93). a: Ährchen. b: Blüte in der Achsel einer kahnförmigen Spelze. c: Nuß. (a: 5 ×, b: 9 × und c: 12 × natürliche Größe).

gefäßen und einem Fruchtknoten mit 3 Narben an einem Griffel besteht. Die Frucht ist eine 3kantige Nuß. Blütezeit ist Juli–September.
Wächst an Ufern und auf Moorböden und kommt zerstreut und wechselnd vor. Die Frucht kann mehrere Jahre im Schlamm der Gewässer liegen bis sie keimt, denn sie braucht warme und trockene Sommer, in denen die Gewässer austrocknen und der Schlamm bloß liegt. Die Verbreitung erstreckt sich über Europa (mehr im Süden), über Nordafrika und Asien. Die Art ist sicher dort zu Hause, wo es warme und trockene Sommer gibt und hat ihre Nordgrenze im südlichen Skandinavien, wo sie nur in günstigen Jahren zur Entwicklung kommt.
Die Gattung Zypergras umfaßt auch einige wichtige Nutzpflanzen. Dazu gehört vor allem die **Papyrusstaude,** *Cyperus papyrus,* deren markhaltige Halme bei den alten Ägyptern Rohstoff für die Herstellung von Papyrus (»Papier«) war. Sie wächst in großen Mengen in den Rohrsümpfen am Nil. Weiterhin gehört die **Erdmandel** hierher: *Cyperus esculentus.* Es ist ein mehrjähriges Riedgras mit unterirdischen Ausläufern, deren Äste zu Knollen anschwellen so groß wie Haselnüsse. Diese sind wohlschmeckend und

reich an Öl, Zucker und Stärke. An einer Pflanze können bis zu 500 Knollen entstehen und man hat errechnet, daß die Produktion der Erdmandel pro Hektar in Kalorienwerten doppelt so groß ist wie die der Kartoffel. Die Erdmandel wird in den Mittelmeerländern seit Jahrtausenden gepflanzt und nimmt in vielen tropischen Gegenden große Flächen ein, besonders in Westafrika und Indien.

Rostrotes Kopfriet (94)
Schoenus ferrugineus

Ein mehrjähriges Riedgras mit 15–30 cm hohen, dünnen und steifen Halmen, die in dichten Horsten versammelt sind. Die Halme sind am Grunde von kahlen, braunen Blattscheiden mit kurzen, borstenförmigen Blättern umgeben. Der Blütenstand ist ein endständiges, schmal spindelförmiges, rostbraunes Köpfchen, das aus 2–3 Ährchen zusammengesetzt ist und von einigen schmalen Hüllblättern umgeben wird, die nicht länger sind als der Blütenstand. Die Ährchen sind 2reihig und tragen nur 3–4 Blüten. Sie sitzen in der Achsel einer zusammengedrückten Spelze. Sie sind zwittrig und haben eine sehr rückgebildete Blütenhülle, die aus wenigen (bis zu 6) rauhen Perigonborsten besteht. Daneben gibt es 3 Staubgefäße und einen Fruchtknoten. Die Frucht ist eine dreikantige Nuß. Blütezeit ist April–Juli.
Das Rostrote Kopfriet wächst auf Flachmooren mit kalkreichem Grundwasser und kommt sehr zerstreut vor. Durch die Kultivierung der Moore gehen die Bestände stark zurück. Verbreitung über größere Teile Europas, aber nur in Kalkgebieten.

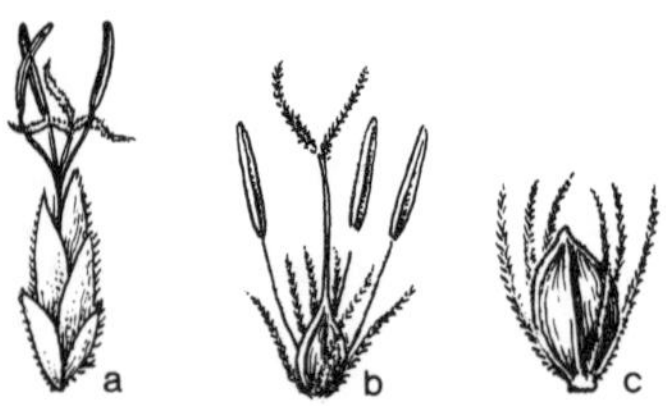

Rostrotes Kopfriet (Nr. 94) a: Ährchen. b: Blüte. c: Nuß, von den abhängenden, rauhen Blütenborsten umgeben. (a: 1½ ×, b: 4 × und c: 6 × natürliche Größe).

Weißes Schnabelriet (95)
Rhynchospora alba

Ein mehrjähriges Riedgras mit wenigstieligen Horsten von dünnen und zarten, 20–30 cm hohen Halmen, die schmale, rinnenförmige Blätter tragen und in einer weißlichen (schließlich hellbraunen) Spirre enden, die aus Büscheln kleiner und stumpfer, zweiblütiger Ährchen bestehen. Die untersten Tragblätter sind steril und kürzer als die oberen, die die Blüten stützen. Diese haben ein stark rückgebildetes Perigon, das aus 9–13 Borsten besteht. Es gibt 2–3 Staubgefäße und einen Fruchtknoten, dessen Griffel 2 Narben trägt. Die Frucht ist eine Nuß. Der untere Teil des Griffels ist verdickt und bleibt auch in der Reife als Schnabel an der Frucht sitzen (daher der Name). Auch die winzigkleinen Perigonborsten mit nach unten gerichteten Dornen bleiben an der Frucht und helfen bei der Verbreitung durch Tiere. Blütezeit ist Juli–August.
Das weiße Schnabelriet wächst zerstreut auf Flach- und Heidemooren, auch am Rand von Hochmooren, auf sauren, nährstoffarmen Böden. Auf Heidemooren, wo der Heidetorf abgeschält wurde, bilden sich oft größere Bestände. In den Achseln der unter-

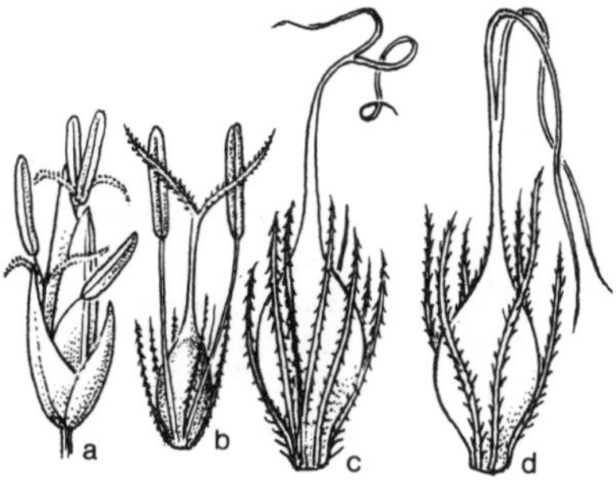

a–c: Weißes Schnabelriet (Nr. 95). a: Ährchen. b: Blüte. c: Nuß mit bedornten Perigonborsten, die Borsten sind nach unten gerichtet. d: Braunes Schnabelriet (Nr. 96), eine Nuß mit bedornten Perigonborsten, die Borsten sind nach oben gerichtet. (a: 3 ×, b: 4 × und c und d: 10 × natürliche Größe).

sten Blattscheiden bilden sich im Verlauf des Sommers längliche Brutknospen, die in ihren dicken, schuppenartigen Blättern Nahrung speichern. Sie bilden das Überwinterungsorgan der Pflanze und werden frei, wenn der Muttertrieb im Herbst abstirbt. Die Art ist im Norden häufiger und sonst in den gemäßigten Gebieten Europas und Sibiriens verbreitet.

Braunes Schnabelriet (96)
Rhynchospora fusca

Gleicht dem Weißen Schnabelriet, besitzt aber eine kriechende Erdachse und längere Ausläufer, meist kürzere, nur 10–20 cm lange Halme und längliche, dunkel rotbraune Spirren, deren Hüllblatt viel länger ist als der Blütenstand. Die Blüten haben 5–6 Perigonborsten, deren Dörnchen nach oben gerichtet sind. Blütezeit ist Juli und August.
Wächst auf ähnlichen Stellen wie die vorhergehende Art und kommt zerstreut im ganzen Gebiet vor, sonst im größten Teil Europas.

Sumpfriet *Eleocharis*
Simse, Binse, Quellried *Scirpus*

Riedgräser, die zu den Gattungen Sumpfriet *(Eleocharis)* und Simse, Binse oder Quellried *(Scirpus)* gerechnet werden, haben rundliche, braune oder grünliche Ähren oder Spirren, mit zwittrigen Blüten in den Achseln der häutigen Tragblätter, die in Schrauben an der Ährenachse sitzen. Das Perigon der Blüten ist ganz schwach entwickelt und besteht nur aus wenigen (bis zu 6) Borsten oder Haaren, die aber auch ganz fehlen können. Es gibt 2–3 Staubgefäße und der Fruchtknoten trägt einen verhältnismäßig langen Griffel mit 2 oder 3 Narben. Bei einigen Arten bleibt der unterste, etwas verdickte Teil des Griffels oben auf der Nuß in Form eines Schnabels sitzen und man rechnet sie zur Gattung Sumpfriet. Bei den anderen Arten (den meisten) verschwindet der Griffel, ohne Reste auf der oben gleichmäßig zugespitzten Nuß zu hinterlassen. Diese Arten werden zu den Simsen gerechnet. Einzelne Arten, wie das Armblütige Sumpfriet (Nr. 98), befinden sich in der Entwicklung der Frucht in der Mitte zwischen den beiden Formen und deshalb werden die beiden Gattungen oft vereinigt.
Im Blütenbau herrscht eine große Einförmigkeit in dieser Gruppe, im Bau der Triebe hingegen gibt es eine große Variation. Einige Arten tragen nur eine große Ähre am Triebende, andere haben verschiedene Formen zusammengesetzter Blütenstände, in denen die einzelnen Ähren als Ährchen bezeichnet werden können, einige haben

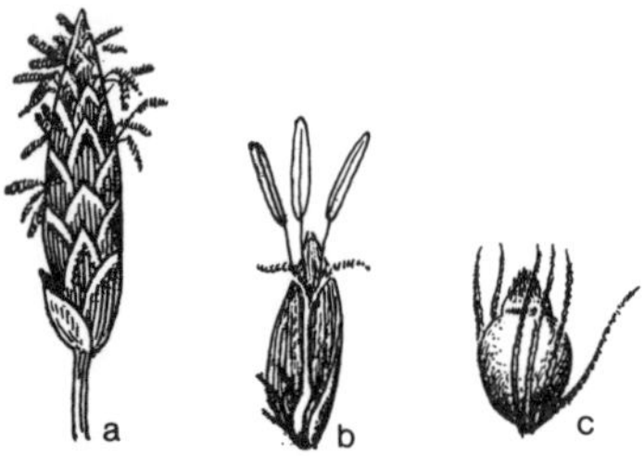

Gemeines Sumpfriet (Nr. 97). a: Ährchen mit Blüten größtenteils im männlichen Stadium mit vortretenden Staubfäden. Nur die obersten, zuletzt aufgegangenen Blüten sind noch im weiblichen Stadium. b: Einzelblüte in der Achsel ihrer Spelze. c: reife Nuß von Perigonborsten umgeben. (a: natürliche Größe, b: 2 × und c: 5 × vergrößert).

grasartige Blätter, bei anderen hat der Stengel die Assimilationsarbeit übernommen, und so weiter. Man hat die Arten deshalb in Gruppen zu Untergattungen vereinigt. Zusammen gibt es etwa 500 Arten mit zwei Dutzend einheimischen.

Gemeines Sumpfriet (97)
Eleocharis palustris

Eine mehrjährige Sumpfpflanze mit kriechender Erdachse, von der Büschel von 10–60 cm hohen, runden, binsenartigen Halmen ausgehen, die am Grunde von einigen rotbraunen Blattscheiden ohne Blätter umgeben sind. Auch die Halme sind blattlos. Der Blütenstand besteht aus einer 0,5–2 cm langen Ähre. Die zwei untersten Spelzen in der Ähre tragen keine Blüten. Sie umfassen je eine Hälfte des Halms. Die übrigen Spelzen sitzen schraubig an der Ährenachse und die Ähre wird dadurch drall und nicht zusammengedrückt wie das Schwarzrote Zypergras (Nr. 93), deren Spelzen in zwei Reihen sitzen. Hinter den Spelzen finden sich zwittrige Blüten, deren Perigon zu einigen wenigen dünnen Borsten reduziert ist. Es gibt 3 Staubgefäße und der Fruchtknoten trägt einen langen Griffel mit 2 Narben. Die Blüten sind proterogyn. Zuerst erscheinen die fadenförmigen, fein gefiederten Narben zwischen den Spelzen, später die Staubbeutel, die an langen, dünnen Staubfäden hängen und pendeln. Die Frucht ist eine Nuß, die auch im reifen Zustand von den kleinen Perigonborsten umgeben ist, die bei der Verbreitung helfen. Vom Griffel verschwindet nur der obere Teil, der untere bleibt auf der Frucht als Schnabel erhalten.
Das Gemeine Sumpfriet wächst an schlammigen Ufern in niederem Wasser. Bei starkem Bewuchs mit hohen Sumpfpflanzen macht sich die Art nicht so geltend. Sie ist jedoch sehr genügsam in ihren Ansprüchen auf Bodengüte und kann deshalb am Rande nährstoffarmer Gewässer kleine Röhrichte bilden, wo die anspruchsvolleren Sumpfpflanzen nicht mehr gedeihen. Das Gemeine Sumpfriet ist weit verbreitet und fast über die ganze Erde vorkommend, selbst in der Arktis in Südgrönland.
Syn.: *Scirpus palustris*

Einspelziges Sumpfriet
Eleocharis uniglumis

Gleicht sehr der vorhergehenden Art, unterscheidet sich aber durch die unterste Spelze, die das ganze Ährchen umfaßt. Blütezeit ist Mai–August.
Die Art wächst besonders auf Strandwiesen im Küstengebiet, kommt aber auch zerstreut im Binnenland vor. Die Verbreitung erstreckt sich über Europa, Nordafrika und Westasien. Sie wurde in Grönland eingeschleppt, kommt in Nordamerika aber nicht vor.
Syn.: *Scirpus uniglumis*

Armblütiges Sumpfriet (98)
Scirpus quinqueflorus

Ein mehrjähriges Riedgras mit kräftigen, 5–20 cm hohen, runden Halmen, die aus lockeren Horsten ragen. Die Halme sind am Grunde von rotbraunen Blattscheiden ohne Blattspreiten umgeben. Blütenstand ist eine einfache, wenigblütige, 5–7 mm lange Ähre, deren unterste Spelze fast so lang wie die Ähre ist und eine Blüte trägt wie die anderen Spelzen. Die Blüte hat Perigonborsten, 3 Staubgefäße und einen Fruchtknoten mit langem Griffel und 3 Narben. Blütezeit ist Mai und Juni.
Die Art wächst auf nassen Wiesen und Ufern mit nährstoffreichem und kalkhaltigem Grundwasser, ist durch ihre geringe Größe aber nicht auffallend. Im Lauf des Sommers wachsen aus den unterirdischen Teilen der Pflanze ziemlich dünne Ausläufer, an deren Spitze eine Zwiebel entsteht, aus der im nächsten Frühjahr eine Rosette von Grundblättern wächst. Sobald die Zwiebel fertig gebildet ist, stirbt der Ausläufer ab und jede Zwiebel bildet eine selbständige Pflanze. Die Art kommt zerstreut vor und findet sich in allen gemäßigten Gebieten der nördlichen Halbkugel.
Syn.: *Eleocharis pauciflora*

Borstige Moorbinse (99)
Scirpus setaceus

Ein kleines, oft nur einjähriges Riedgras mit 5–15 cm hohen, borstenförmigen Halmen, die in dichten, abgerundeten Horsten stehen. Die Halme tragen am Grunde einige fadenförmige Blätter und enden in einzelnen oder 2–3 eiförmigen, bis zu 5 mm langen Ährchen. Diese sitzen scheinbar unter der Spitze des Halms, da ihre Tragblätter ziemlich lang sind und einer Verlängerung des Halms gleichen. Die Blüten sitzen in den Achseln purpurbrauner Spelzen mit grünem Rückennerv und weißlichem Rand. Sie haben keine Perigonborsten, 2 Staubgefäße, und einen Griffel mit 3 Narben. Blütezeit ist Juni–August.
Wächst auf offenen, sandigen Böden an Seeufern und auf feuchten Heiden. Die Pflanze ist verbreitet, aber wechselhaft, da sie beim Aufkommen größerer Sumpfpflanzen verschwindet. An neu angelegten Gräben taucht sie aber schnell auf, auch in Radspuren und auf anderem, offenliegendem Grund. Die Art kommt in Europa, Asien, Nord- und Südafrika sowie in Australien vor.
Syn.: *Isolepis setacea*

Zusammengedrücktes Quellried (100)
Scirpus compressus

Ein mehrjähriges Riedgras mit weithinkriechender Erdachse und 10–35 cm hohen, undeutlich dreikantigen, glatten Halmen, die unten lange und schmale, flache Blätter mit rauher Kante und deutlichem Kiel tragen. Der zusammengesetzte Blütenstand ist 2 cm lang und besteht aus 10–12 rotbraunen Ährchen, die eine zweizeilige Ähre bilden, so daß diese zusammengedrückt ist. Die Ährchen enthalten 6–8 zwittrige Blüten, die in den Achseln spitziger, brauner Spelzen sitzen. Es gibt Perigonborsten, 3 Staubgefäße und einen Fruchtknoten mit langem Griffel und 2 Narben. Blütezeit ist Juni–August.
Die Art wächst verbreitet auf feuchten Wiesen und Ufern und kommt bis in die alpine Region vor. Sie bevorzugt nährstoffreiche Böden an Fahrspuren und Wegkanten, die offengehalten werden. Hier ist sie ohne Konkurrenz von anderen kräftigeren Pflanzen. Sie ist in Europa weit verbreitet und

kommt in den gemäßigten Gebieten Asiens vor.
Wegen ihres zweireihigen Blütenstandes wird sie oft in eine eigene Gattung, *Blysmus,* gestellt.
Syn.: *Blysmus compressus*

Wald-Binse (101)
Scirpus sylvaticus

Ein kräftiges, mehrjähriges Riedgras mit kriechender Erdachse und 30–80 cm hohen, oben scharf dreikantigen Halmen, die lange und breite, hellgrüne Blätter tragen und in einer reich verzweigten Spirre enden, die aus 3–4 mm langen, bräunlich-grünen Ährchen zusammengesetzt ist. Diese sitzen entweder einzeln oder in kleinen Gruppen am Ende der Äste. Der Blütenstand ist an der Basis von langen Hüllblättern umgeben, die etwa so lang sind wie dieser selbst. Die einzelnen Blüten sitzen in den Achseln grünlicher Spelzen. Sie haben 6 rauhe Perigonborsten, 3 Staubgefäße und 3 Narben. Die Blüten sind stark proterogyn und die Narben entwickeln sich lange vor den Staubgefäßen. Im weiblichen Stadium sind die Äste des Blütenstands kürzer und weniger ausgebreitet als im männlichen Stadium, das abgebildet ist. Blütezeit ist Juni und Juli. Wächst verbreitet auf gutem, feuchtem Boden im Wald, in Gebüschen und auf Wiesen, wo nährstoffreiches Grundwasser aufsteigt. Das Vorkommen erstreckt sich über die gemäßigten Gebiete der nördlichen Halbkugel.

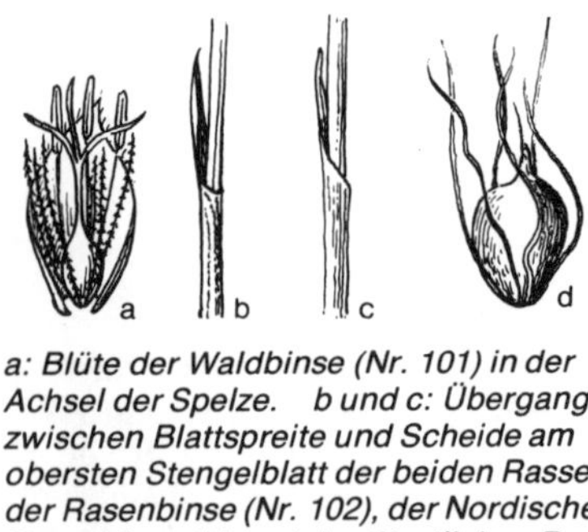

a: Blüte der Waldbinse (Nr. 101) in der Achsel der Spelze. b und c: Übergang zwischen Blattspreite und Scheide am obersten Stengelblatt der beiden Rassen der Rasenbinse (Nr. 102), der Nordischen Rasenbinse (b) und der Westlichen Rasenbinse (c). d: Nuß von Perigonborsten umgeben. (a: 6 ×, b und c: 2 × und d: 6 × natürliche Größe).

Rasenbinse, Haarsimse (102)
Scirpus caespitosus

Ein mehrjähriges Riedgras mit 5–30 cm hohen, steifen und stechenden, runden, glatten Halmen, die dicht in großen Horsten stehen, die auch verwelkte Halme des Vorjahres enthalten können. Die Halme sind am Grunde von glänzend braunen Blattscheiden ohne Spreite umgeben und nur die beiden obersten Blattscheiden können eine kurze, nadelförmige Spreite tragen. Der Blütenstand ist eine einfache, endständige, blaßbraune, wenigblütige Ähre. Die beiden untersten Spelzen tragen keine Blüten, dafür aber eine lang ausgezogene Spitze, die fast über das Ährchen hinausragt. Die Perigonborsten sind nicht länger als die Spelzen. Blütezeit ist Mai und Juni.
Diese Pflanze wächst bestandsbildend auf Flach- und Hochmooren und ist an entsprechenden Stellen verbreitet. Sie kommt in den gemäßigten und kalten Gebieten der ganzen nördlichen Halbkugel vor.
Es gibt zwei Rassen dieser Art, eine nordische, *Scirpus caespitosus* ssp. *caespitosus,* und eine westliche, *Scirpus caespitosus* ssp. *germanicus.* Die erste wächst in den Alpen und in Skandinavien, die andere in den Zwischengebieten und im Küstenbereich. Die beiden Rassen unterscheiden sich durch die Art der Öffnung der ober-

sten Blattscheide. Bei der nordischen Form ist der Rand der Scheide des obersten Blatts fast gerade abgeschnitten, mit schmaler, weißlicher, häutiger Kante, und die Scheide umschließt den Halm in ihrer ganzen Länge. Bei der anderen Form ist die Blattscheide schräg abgeschnitten, mit breiter, rotbrauner, häutiger Kante, und die Scheide umschließt den Halm nicht so fest.
Syn.: *Trichophorum caespitosum*

Sumpf-Binse (103)
Scirpus lacustris

Eine kräftige, mehrjährige Sumpfpflanze mit dicker, horizontaler Erdachse, von der zahlreiche in Reihen stehende, dunkelgrüne, runde, bis zu 1,5 cm dicke Halme ausgehen, die mehrere Meter hoch werden können. Die Halme sind mit einem schwammigen, luftgefüllten Mark ausgefüllt, durch das Luft in die Erdachse geführt wird, die in dem sauerstoffarmen Schlamm sitzt. An der Basis der Halme gibt es einige wenige Blattscheiden mit mehr oder weniger schwach entwickelten Andeutungen einer Blattspreite. Sonst sind die Halme in ganzer Länge blattlos, abgesehen von den Hüllblättern des Blütenstands. Dieser ist eine verzweigte Rispe, die aus eiförmigen, 5–8 mm langen, rotbraunen Ährchen zusammengesetzt ist. Sie erscheint seitwärtsstehend, da das unterste Hüllblatt so aussieht, als würde es den Halm fortsetzen. Die Spelzen der Ährchen sind eiförmig, mit hervortretendem Mittelnerv, der aus einer Einkerbung an der Spitze der Spelze wie ein Stachel hervorragt. Die Blüten sind zwittrig und haben 6 Perigonborsten, 3 Staubgefäße und 3 Narben. Blütezeit ist Juni und Juli.
Die Sumpf-Binse bildet zusammen mit dem Schilfrohr (Nr. 29) dichte Bestände im Röhricht an See- und Flußufern. Sie wächst weiter hinaus als das Schilf, bis zu 2 m Tiefe, und ragt trotzdem noch 1 bis 2,5 m aus dem Wasser. Es ist wohl die größte krautige Pflanze unserer Flora, auch wenn sie nicht sehr ansehnlich ist. Am Grunde großer Flüsse kann die Sumpf-Binse große Bestände bilden, die nicht über die Oberfläche herausragen und auch nicht blühen. Eigentümlicherweise haben diese untergetauchten Pflanzen gut entwickelte Blattspreiten auf den Scheiden, die die Halme unten umgeben. Auch im Brackwasser ist die Art zu finden. Die Art ist weit verbreitet und findet sich auf der ganzen nördlichen Halbkugel, aber auch in Australien und auf den Südseeinseln.
Die Art wird oft in eine eigene Gattung *Schoenoplectus* gestellt, charakterisiert durch den langen, blattlosen Halm und den anscheinend seitlichen Blütenstand. Die Pflanze findet praktische Verwendung als Flechtmaterial, da die dicken, weichen und markhaltigen Halme besonders gut dafür geeignet sind (z. B. für Strohschuhe).
Syn.: *Schoenoplectus lacustris*

Strand-Binse (104)
Scirpus maritimus

Eine mehrjährige Sumpfpflanze mit kriechender Erdachse und unterirdischen Ausläufern, die dort knollig angeschwollen sind, wo sie sich nach oben biegen und Triebe bilden. Die Halme werden 30–100 cm lang und sind in ganzer Länge scharf dreikantig. Sie tragen lange und schmale Blätter mit rauhen Rändern und einem scharfen Kiel. Der zusammengesetzte Blütenstand besteht aus großen, 10–20 mm langen, rotbraunen Ährchen, die in Gruppen versammelt sind und teils gestielt, teils ungestielt sind.

An der Basis ist der Blütenstand von langen, laubblattartigen Hüllblättern umgeben. Blütezeit ist Juni und Juli.
Die Pflanze wächst an Gräben und Seen und im Küstengebiet in schlammigen Böden und kann Röhrichte bilden, entweder allein oder zusammen mit Schilfrohr (Nr. 29). Sie verträgt einen hohen Salzgehalt und durchwuchert den Schlammboden mit ihren knolligen Ausläufern, was zur Befestigung des Bodens beiträgt. Die Halme sterben im Herbst bis zum Grunde ab, während die Knollen mit Speichernahrung zum nächsten Jahr überwintern. Die Strand-Binse ist im Küstenbereich verbreitet und kommt im Binnenland zerstreut vor. Außerdem ist sie fast über die ganze Erde verbreitet und fehlt nur in den arktischen Gebieten. Mit Hinweis auf ihre Knollen wird sie oft in eine eigene Gattung *Bolboschoenus* eingereiht.
Syn.: *Bolboschoenus maritimus*

Schneide (105)
Cladium mariscus

Eine kräftige, mehrjährige Sumpfpflanze mit kriechender Erdachse und 1–2 m hohen, runden oder stumpf dreikantigen, hohlen Halmen, die lange und steife, etwa 1,5 cm breite Blätter tragen, die gekielt sind und am Rande und auf dem Kiel mit kleinen, scharfen Zähnen besetzt sind. Der Blütenstand ist eine Spirre, die aus Köpfchen mit dichten Büscheln von Ährchen zusammengesetzt ist und braune Spelzen tragen. Jeder Ast des Blütenstands kommt aus den Achseln laubblattähnlicher Hüllblätter. Die Ährchen sind nur 3–4 mm lang. Die unteren Spelzen sind steril und die Ährchen enthalten daher nur 1–3 Blüten. Diese haben keine Perigonborsten und in der Regel nur 2 Staubgefäße und einen Fruchtknoten mit langem Griffel und 2 oder 3 Narben. Die oberste Blüte im Ährchen kann einen verkümmerten Fruchtknoten enthalten und ist dann männlich. Blütezeit ist Juni und Juli.
Die rund 3 mm lange Frucht ist eiförmig und dunkelbraun und nußartig. Sie ist einsamig und öffnet sich nicht. Ihre Schale besteht aus zwei Schichten, einer harten inneren und einer schwammigen, luftgefüllten äußeren, die als Schwimmkörper für die Verbreitung im Wasser sorgt. In Sümpfen und Mooren mit kalkhaltigem Wasser können zerstreut größere Bestände entstehen, die aber heute mit der Kultivierung dieser Gebiete kaum noch möglich sind. Die Art ist fast über die ganze Erde verbreitet, in den kühleren Gebieten aber recht selten.

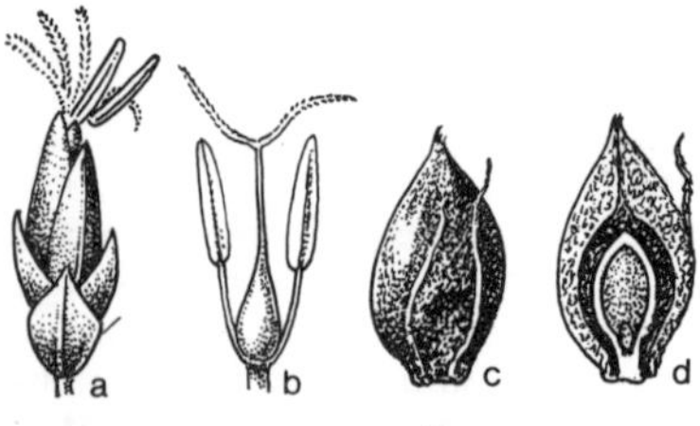

Schneide (Nr. 105) a: Ährchen. b: Blüte. c und d: Frucht von außen gesehen und längs durchschnitten. (a: 4 ×, b: 5 ×, c und d: 4 × natürliche Größe).

Wollgras *Eriophorum*

Die Gattung Wollgras umfaßt mehrjährige Riedgräser mit zwittrigen Blüten, die in runden, vielblütigen Ähren mit häutigen Spelzen in schraubiger Anordnung sitzen. Die unteren Spelzen in der Ähre sind größer als die anderen und tragen keine Blüten in ihren Achseln. Die Blüten tragen einen Kranz feiner Perigonborsten, die beim Reifen zu einer langen, weißen und seidenartigen Wolle auswachsen, und am Grunde der Frucht, einer dreikantigen Nuß, sitzenbleiben und als Schwebeapparat dienen. Es gibt 3 Staubgefäße und einen Fruchtknoten mit langem Griffel mit 3 Narben. 20 Arten, davon 5 einheimische. Der Name Wollgras ist von den wolligen Perigonborsten abgeleitet.

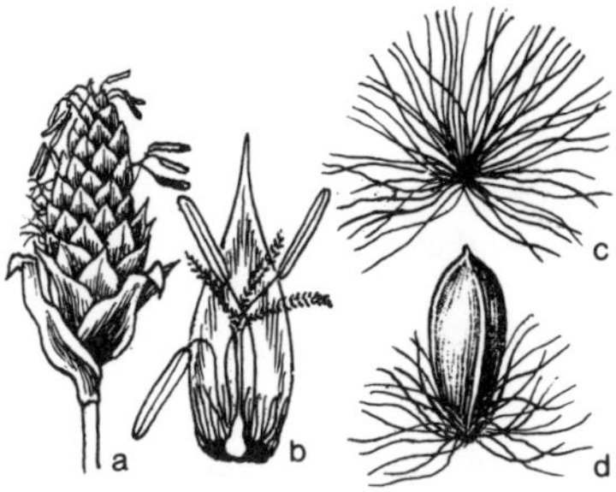

Scheiden-Wollgras (107) a: Blühende Ähre. b: Blüte in der Achsel der Spelze. c: Einzelne Frucht von der langen, seidigen Wolle umgeben. d: Die Wolle ist am Grunde abgeschnitten und die schwarze, dreikantige Nuß ist sichtbar. (a: 1½ ×, b: 3 ×, c: 2/3 × und d: 7 × natürliche Größe).

Schmalblättriges Wollgras (106)
Eriophorum angustifolium

Ein mehrjähriges Riedgras mit kriechender Erdachse und Ausläufern, die zerstreut stehende, 20–60 cm hohe, runde Halme tragen, mit schmalen Blättern, die in der oberen Hälfte einen dreikantigen Querschnitt haben, darunter aber rinnig geformt sind. Die Halme sind am Grunde von abgestorbenen Blattscheiden umgeben, da die Triebe erst nach drei Jahren blühen. In den beiden ersten Jahren wird eine Rosette von langen, schmalen Grundblättern gebildet, die vor der Blüte verwelken.

Die Blüten sitzen in einem Blütenstand, der aus runden, vielblütigen Ähren besteht, die glatte Stiele von verschiedener Länge aufweisen. Während der Blütezeit von März–Mai sind die Perigonborsten zwischen den silbriggrauen, häutigen Spelzen versteckt und die blühenden Ähren sind kaum auffallend. Im Verlauf des Reifens wachsen aber die Borsten zu einer bis 4 cm langen Wolle aus und die weißen Wollknäuel prägen das Bild der Landschaft. Auf der Farbtafel ist links ein blühender Trieb aus dem Frühjahr abgebildet, rechts ein fruchttragender Trieb aus dem Sommer.

Das Schmalblättrige Wollgras ist auf Flach- und Hochmooren mit ganz verschiedenen Böden verbreitet. Es bildet Bulten und trägt zur Verbreiterung von Ufern bei, da die langen Ausläufer die Verlandung fördern. Die Art ist auf der ganzen nördlichen Halbkugel verbreitet und findet sich auch in der Arktis, sie steigt hoch in die Gebirge. Das Gras wurde früher zum Ausstopfen von Kissen verwendet, konnte aber nicht versponnen werden, da die Wolle zu brüchig ist.

Scheiden-Wollgras (107)
Eriophorum vaginatum

Ein mehrjähriges Riedgras, das in dichten, vielhalmigen Horsten wächst. Die Grundblätter sind lang und borstenförmig und entwickeln sich ein Jahr vor der Blüte und sind deshalb oft braun und verwelkt an der Spitze. Der Halm selbst trägt 2–3 aufgeblasene Blattscheiden mit recht kleinen oder ganz fehlenden Blattspreiten. Blütenstand ist eine einzelne, endständige Ähre. Während der Blütezeit sind die Halme nur 10 cm lang, während der Reife wachsen sie in die Länge und

können 60 cm lang werden. Die Wolle ist schneeweiß und bildet einen runden Bausch. Blütezeit ist März und April. Die Früchte reifen im Juni.
Das Scheiden-Wollgras wächst auf sauren und mageren Böden von Hochmooren, Heidemooren und Waldsümpfen und braucht nicht so viel Feuchtigkeit wie die anderen Wollgrasarten. Wo es wächst bilden die großen und festen, graugrünen Horste ein charakteristisches Bild der Landschaft und die nur langsam verrottenden Teile tragen viel zur Bildung von Torf bei. Die Pflanze kommt zerstreut auf geeigneten Biotopen vor und ist außerdem auf der ganzen nördlichen Halbkugel verbreitet, sowohl im Flachland als auch im Gebirge.

Segge *Carex*

Die Gattung Segge ist wohl die artenreichste einheimische Pflanzengattung, die bei uns allein mit mehr als 50 Arten vorkommt. Auf der ganzen Erde rechnet man mit bis zu 1500 Arten. Je nach Auffassung der verschiedenen Spezialisten variiert diese Zahl allerdings. Innerhalb gewisser Artengruppen herrscht nämlich Uneinigkeit über die Abgenzung der Arten. Was einzelne als Arten betrachten, fassen andere als Unterarten oder Rassen auf. Über die Abgrenzung der Gattung ist man sich jedoch nicht so uneinig wie bei den Binsen (Nr. 97–104), wo oft alle Arten zur Gattung *Scirpus* gestellt werden, oft auch zu einer Anzahl verschiedener Gattungen je nach dem verschiedenen Bau der Triebe.
Wie aus den Bildern zu ersehen ist, ist der Bau der *Carex*-Arten ziemlich einförmig. Unsere einheimischen Arten sind alle mehrjährig und wachsen in Horsten oder mit Ausläufern und zerstreut stehenden Halmen. Diese sind markhaltig und dreikantig. Sie tragen schmale, grasartige Blätter, die in drei Reihen am Halm sitzen und deren Scheiden die Halme umfassen. Die Scheiden sind im Gegensatz zu den meisten Gräsern immer geschlossen. Am Übergang von Blattscheide zu Spreite gibt es ein kleines Blatthäutchen, das teilweise mit der Oberseite der Blattspreite verwachsen ist. Struktur und Farbe der Blattscheiden können gute Bestimmungsmerkmale abgeben. Sowohl Blätter und Halme haben schneidend scharfe Kurven, die von Kieselsäureeinlagerungen in den Zellen herrühren. Die meisten Seggen sind deshalb als Futter ungeeignet. Einige der Arten würden durch die scharfen Scheiden das Vieh verletzen. Die Blüten haben einen sehr eigenartigen Bau. Sie sind im Gegensatz zu den anderen Riedgräsern immer eingeschlechtig. Die männliche Blüte besteht nur aus 3 Staubgefäßen, die in den Achseln der Spelzen sitzen. Es gibt keinerlei Andeutung einer Blütenhülle, nicht einmal in Form von Haaren oder Borsten. Man sagt, daß die Blüte nackt ist. Die weiblichen Blüten sitzen ebenfalls in den Achseln der Spelzen und es sieht so aus, als hätten sie eine flaschenförmige Blütenhülle, die den Fruchtknoten umgibt. Aus der Öffnung dieser Hülle ragt der Griffel mit den Narben heraus. Dieses Gebilde wird Utriculus genannt und besteht aus dem Vorblatt, das an den Rändern verwachsen ist. Der Fruchtknoten selbst bildet eine Nuß, die dreikantig oder flach ist, je nachdem, ob es 3 oder 2 Narben am Griffel gibt und der Fruchtknoten aus 3 oder 2 Fruchtblättern besteht. Die Verhältnisse sind jedoch noch etwas komplizierter. Die weibliche Blüte ist nämlich ein blühender Seitentrieb, der aus der Ährenachse stammt und somit

ein einblütiges Ährchen darstellt. Die dazu gehörenden Tragblätter sind nicht die gleichen Spelzen wie jene, die die männlichen Blüten tragen. Der Utriculus wird von dem ersten Blatt des weiblichen Blütentriebs gebildet, dem Vorblatt. Dieses entstand vermutlich durch Verwachsen von zwei kleinen Blättern und hat deshalb 2 stark vortretende Nerven, die den Nerven der beiden Blätter entsprechen (den Deckspelzen der Gräser), die hier zu einem flaschenförmigen Gebilde umgewandelt sind. Die weibliche Blüte ist deshalb vollständig nackt und besteht nur aus dem Fruchtknoten mit Griffel und Narben. Bei unseren Seggen-Arten kann man nicht erkennen, ob die weiblichen Blüten am Ende der

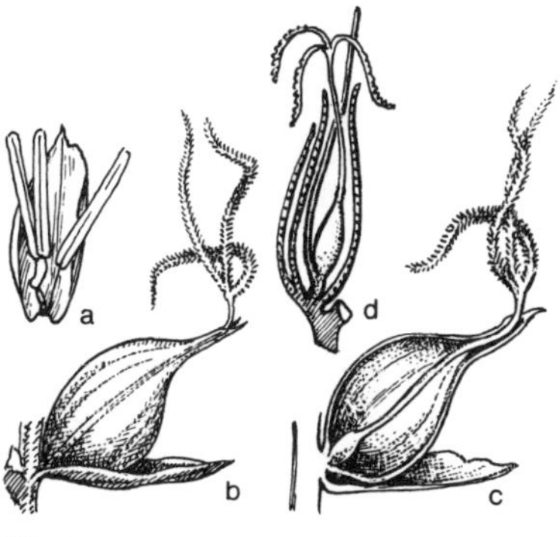

Männliche und weibliche Blüten von Schnabel-Segge (a–c, Nr. 126) und Grannen-Segge (d, S. 149). a: Männliche Blüte in der Achsel der Spelze.
b: Weibliche Blüte (eigentlich einblütiger weiblicher Blütenstand) vom Utriculus umgeben in der Achsel der Spelze.
c: Die gleiche durchschnitten, so daß der Fruchtknoten sichtbar wird. d: Gleicher Schnitt durch den weiblichen Blütenstand der Grannen-Segge. Hier ist die Achse des Blütenstands vorhanden und ragt neben Griffel und Staubfäden aus dem Utriculus. (a–c: 4 ×, d: 5 × natürliche Größe).

Achse des weiblichen Blütenstands sitzen oder seitlich und damit einen Seitentrieb 2. Ordnung bilden. Bei der arktisch-alpinen Art Grannen-Segge (Seite 149) ist die Achse jedoch in Form einer Nadel vorhanden und zweigt unter dem Fruchtknoten ab, erscheint in der Öffnung des Utriculus neben den Narben und überragt diese. Hier sieht man deutlich, daß die weibliche Blüte nur ein Seitentrieb ist.

Die Blüten sind, wie schon beschrieben, sehr einfach gebaut, ihre Anordnung im Blütenstand ist dagegen sehr mannigfaltig. Nach dem Bau des Blütenstands werden die Seggen in drei Gruppen geteilt:

1. **Einährige Seggen** (Nr. 108–109) umfassen Arten mit einer endständigen Ähre, die oft männliche (oben) und weibliche Blüten (unten) enthalten. Die Pflanzen sind also einhäusig. Bei einigen Arten gibt es 2 Narben, bei anderen 3. Bei einzelnen Arten, zum Beispiel Zweihäusige Segge (Nr. 108), gibt es nur weibliche und männliche Ähren, die auf verschiedenen Pflanzen wachsen; daher werden solche Arten als zweihäusig bezeichnet.
2. **Gleichährige Seggen** (Nr. 110–121) tragen mehrere einhäusige Ähren, die jeweils männliche und weibliche Blüten enthalten und in verschiedenartigen Blütenständen versammelt sind. Bei einigen sitzen die männlichen Blüten oben und die weiblichen unten, bei anderen ist das umgekehrt. Es gibt auch Fälle, daß in einem Blütenstand Teilstände rein weiblich oder rein männlich sind. Bei diesen Arten haben die weiblichen Blüten immer 2 Narben.
3. **Verschiedenährige Seggen** (Nr. 122–137) haben eine oder mehrere lange, männliche Ähren am Halmende und in der Regel mehrere ährenartige, weibliche Blütenstände darunter. Bei

Arten mit mehreren männlichen Blütenständen kann eine oder mehrere der mittleren Ähren oben männlich und unten weiblich sein, zum Beispiel Steife Segge, Nr. 122. Die weiblichen Blütenstände werden ebenfalls Ähren genannt, auch wenn sie zusammengesetzte Blütenstände sind. Sie sitzen an mehr oder weniger langen Stielen in den Achseln laubblattähnlicher Tragblätter. Bei einigen Arten gibt es 2 Narben (Nr. 122–124), die meisten haben indessen 3 Narben (Nr. 125–137).

Seggen können während der Blütezeit durch ihre an langen, dünnen Stielen hängenden gelben Staubbeutel sehr auffallend sein. Die männlichen Blüten entwickeln sich in der Regel vor den weiblichen (proterandrisch), aber bei den großen Seggen mit mehreren männlichen Ähren, zum Beispiel Ufer-Segge (Nr. 125), blühen männliche und weibliche Blüten zur gleichen Zeit. Die Bestäubung erfolgt gewöhnlich durch den Wind.
Wenn man Seggen bestimmen will, ist es am besten einen bestimmten Reifegrad abzuwarten, in dem der Utriculus seine charakteristische Form ausgebildet hat. Man benötigt eine gute Lupe um die Einzelheiten erkennen zu können. Beim Sammeln ist zu beachten, ob die Pflanzen in Horsten wachsen oder Ausläufer besitzen und als zerstreut stehende Halme vorkommen. Der Urticulus kann eine verlängerte Spitze, einen Schnabel haben, der sich im Fell von Tieren einhängen kann und so die Ausbreitung fördert. Bei den meisten Arten ist zwischen Utriculus und Frucht oder in der Wand Luft eingeschlossen und die Früchte schwimmen dadurch auf dem Wasser und werden verbreitet. Einige Arten, zum Beispiel Pillen-Segge (Nr. 132), haben am Grunde des Utriculus ein ölhaltiges Gewebe, das Ameisen anlockt, die dann die Früchte herumtragen und verbreiten.
Die meisten Seggen wachsen auf feuchten Böden in Mooren und Sümpfen, an See- und Flußufern. Manche Arten spielen eine große Rolle bei der Verlandung von Gewässern. Einige Arten, zum Beispiel Sand-Segge (Nr. 112) wachsen auf Dünen, andere im Wald und auf Heiden und wieder andere sind für das Hochgebirge und die Arktis charakteristisch.

Zweihäusige Segge (108)
Carex dioica

Mit kurzen, horstig aufsteigenden Ausläufern und dünnen, steifen, 5–30 cm langen Halmen mit schmalen, borstenförmigen Blättern am Grunde. In dem kurzen, endständigen Blütenstand gibt es nur männliche oder weibliche Blüten, die Pflanze ist zweihäusig. Die männlichen Ähren sind blaßbraun und ziemlich schmal (auf der Farbtafel links abgebildet). Die weiblichen Ähren sind dunkelbraun und eiförmig, anfangs mit aufrechten später

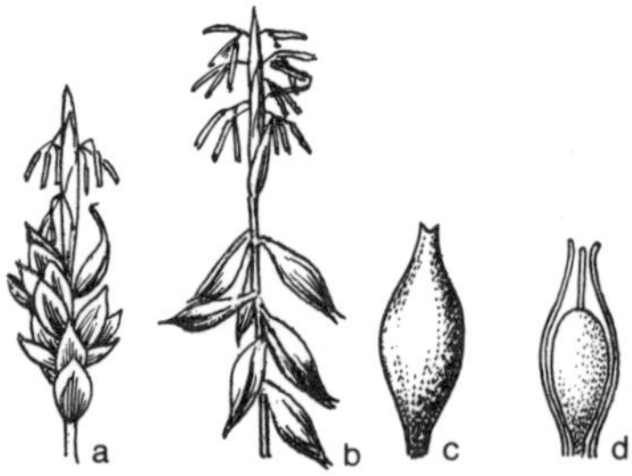

Floh-Segge (Nr. 109). a: Blütenstand zu Beginn der Blüte. b: Älterer Blütenstand. c und d: Utriculus mit eingeschlossener Nuß, von außen und im Längsschnitt. (a und b: 2 ×, c und d: 4 × natürliche Größe).

mit abstehenden, 2,5–3,5 mm langen Utriculi mit kurzem Schnabel (siehe rechts auf der Farbtafel). 2 Narben. Blütezeit ist April und Mai.
Wächst verbreitet auf Hochmooren und Sumpfwiesen mit nährstoffreichem Grundwasser. Die Verbreitung erstreckt sich über die nördliche Halbkugel und die Pflanze steigt hoch hinauf in den Gebirgen.

Floh-Segge (109)
Carex pulicaris

Mit gebogener, aufsteigender Erdachse und dünnen, 5–20 cm hohen Halmen, die in lockeren Horsten stehen und schmale, borstenförmige Blätter am Grunde tragen. Die Ähre ist oben männlich, unten weiblich. Während der Blütezeit in Mai und Juni sind die Halme ziemlich kurz und in der schmalen Ähre werden die aufrechten Utriculi von Spelzen verdeckt. 2 Narben. In der Fruchtreife wächst der Halm und die glänzend dunkelbraunen, 4–6 mm langen, elliptischen Utriculi beginnen abzustehen um schließlich herabzuhängen. Die Früchte werden von Tieren und Vögeln verbreitet, in deren Fell oder Federn sich die spitzen Fruchthüllen (wie Flöhe!) einbohren.
Wächst zerstreut auf Flachmooren und Sumpfwiesen mit unterschiedlichen Böden. Die Art ist in Mittel- und Nordeuropa und in Sibirien verbreitet.

Grannen-Segge
Carex microglochin

Mit zerstreut stehenden, 5–15 cm hohen Halmen, die eine wenigblütige Ähre tragen, oben mit männlichen, unten mit weiblichen Blüten. Ist leicht an der nadelförmigen Spitze zu erkennen, die neben den 3 Narben aus der Öffnung des Utriculus ragt. Diese

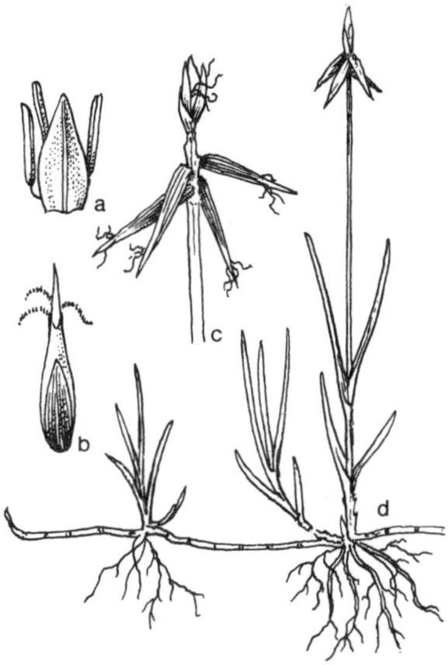

Grannen-Segge a: Männliche Blüte hinter der Spelze. b: Weibliche Blüte vom Utriculus umgeben und mit Spelze (man beachte, daß die Achse des weiblichen Blütenstands aus dem Utriculus herausragt). c: Halmspitze mit teilweise abgefallenen Früchten. d: ganze Pflanze. (a und b: 4 ×, c: 2 ×, d: 1/2 × natürliche Größe).

Spitze ist eine Verlängerung der weiblichen Blütenachse und die Grannen-Segge ist unsere einzige Art, die dieses Merkmal aufweist. Blütezeit ist Mai–Juli.
Wächst zerstreut und selten auf Flachmooren mit Kalkgrund und kommt hauptsächlich in den arktischen Gebieten der nördlichen Halbkugel vor, bei uns in Südbayern.

Zweizeilige Segge (110)
Carex disticha

Mit tiefliegender, kriechender Erdachse, die zerstreute, 30–70 cm hohe,

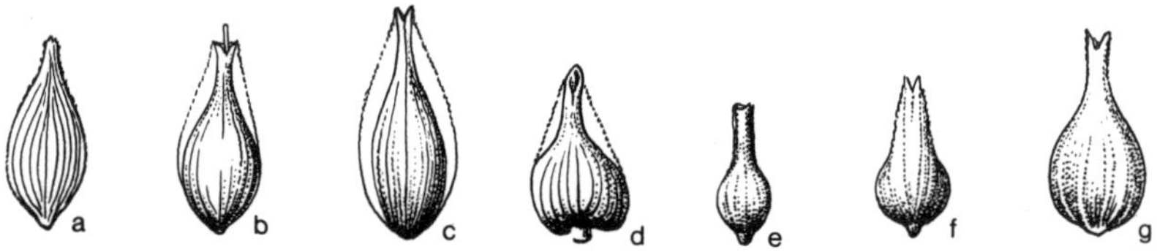

Utriculi einiger gleichähriger Seggen von der gewölbten Rückenseite gesehen. a: Zweizellige Segge (Nr. 110). b: Hasenfuß-Segge (Nr. 111). c: Sand-Segge (Nr. 112). d: Rispen-Segge (Nr. 113). e: Sonderbare Segge (Nr. 114). f: Draht-Segge (Nr. 115). g: Hain-Segge (Nr. 116).

scharf dreikantige, in Reihen stehende Halme mit langen und schmalen Blättern hervorbringt. Der kastanienbraune, längliche Blütenstand ist aus dicht stehenden, ovalen Ährchen zusammengesetzt, die in zwei Reihen angeordnet sind. Bei oberflächlicher Betrachtung sind sie alle gleich, aber die untersten und in der Regel auch die obersten sind rein weiblich, die mittleren männlich. Das erkennt man am besten, wenn die Früchte reif sind, da die männlichen Ährchen zusammenschrumpfen. Blütezeit ist Mai–Juli.
Die Pflanze wächst verbreitet an See- und Flußufern, auf Mooren und feuchten Wiesen. Ihr Verbreitungsgebiet erstreckt sich über das gemäßigte Europa und Asien.
Unter den einheimischen Arten ist diese am leichtesten mit der Sand-Segge (*Carex arenaria*) zu verwechseln, die ebenfalls zerstreut stehende Triebe aufweist. Vgl. auch Text Nr. 112. Die Verteilung der männlichen und weiblichen Blüten ist jedoch verschieden und die Ährchen der Sand-Segge stehen nach allen Seiten und nicht in zwei Reihen. Die Utriculi sind auch verschieden, sie sind 4–5,5 mm lang, braun, mit Längsrippen und etwas abgeflacht bei beiden Arten, bei der Zweizeiligen Segge sind sie an der Kante fein gesägt, bei der Sand-Segge dagegen breit und häutig geflügelt.

Hasenfuß-Segge (111)
Carex ovalis

Wächst in dichten Horsten mit 15–30 cm hohen Halmen, die am Grunde schmale, flache Blätter tragen und in einem ährenartigen Blütenstand enden. Dieser besteht aus 3–6 verhältnismäßig großen, grünlich braunen, ovalen Ährchen, die dicht zusammensitzen und im oberen Teil weibliche und im unteren Teil männliche Blüten enthalten. Der Blütenstand gleicht einer Hasenpfote, allerdings mit viel Phantasie. Die 4–5 mm langen Utriculi sind abgeflacht, tragen Längsrippen und sind häutig geflügelt. Blütezeit ist Mai–August.
Die Pflanze ist auf sandigen Stellen, Wiesen, Triften, Heiden und Waldlichtungen weit verbreitet und findet sich in den gemäßigten Gebieten der nördlichen Halbkugel.
Syn. *Carex leporina.*

Sand-Segge (112)
Carex arenaria

Mit weit kriechender Erdachse, von der in regelmäßigen Abständen Reihen von Trieben ausgehen, die aus einem Büschel schmaler und steifer Grundblätter bestehen und einen 15–40 cm hohen Halm tragen, der in einem länglichen, ährenartigen Blü-

tenstand endet. Dieser besteht aus 6–12 bräunlichen Ährchen. Die unteren Ährchen sind meist rein weiblich und haben nadelförmige Hüllblätter, die obersten bestehen ausschließlich aus männlichen Blüten und die mittleren haben beide mit den weiblichen Blüten zu oberst. Der reife Blütenstand hängt über. Die flachen, gelbbraunen, 4–5,5 mm langen Utriculi sind breit häutig geflügelt, wodurch eine Verbreitung durch den Wind ermöglicht wird. Blütezeit ist Mai und Juni.
Die Sand-Segge wächst auf Sandböden von Heiden und Dünen. Mit Hilfe der kriechenden Erdstengel, deren Spitze steif und stechend ist, bindet sie den Sand an der Oberfläche. Die kriechenden Stengel wachsen jährlich oft mehrere Meter und verzweigen sich auch, so daß sie den Sand wirksam binden. Besonders in Windbrüchen an älteren Dünen spielt die Pflanze eine wichtige Rolle. Werden die Erdstengel von Sand bedeckt, so wachsen sie ganz einfach nach oben. Die Pflanze ist im Küstengebiet verbreitet, im Binnenland nur vereinzelt. Das Vorkommen erstreckt sich über Europa und Nordamerika vor allem an den Küsten, da die strengen Winter im Landesinneren nicht ertragen werden.

Rispen-Segge (113)
Carex paniculata

Wächst in großen und festen Horsten mit 30–100 cm hohen Halmen, die scharf dreikantig sind und lange, gebogene, 3–7 mm breite, blaugrüne Blätter tragen. Am Grunde ist der Halm von braunschwarzen Blattscheiden ohne Spreiten umgeben. Blütenstand ist eine Rispe mit graubraunen Ährchen, deren hellbraune Spelzen einen breiten, weißen und häutigen Rand aufweisen, die der Rispe eine silbergraue Farbe verleihen. Jeder Ast trägt mehrere dicht stehende Ährchen, die oben männlich und unten weiblich sind. Ganz unten in der Rispe kann es ganz weibliche Ährchen geben. Die Utriculi sind dunkelbraun, nur schwach gerippt 3–4 mm lang und mit einem geflügelten Schnabel. Blütezeit ist Mai und Juni.
Die Pflanze wächst auf Riedwiesen und Flachmooren mit nährstoffreichem Grundwasser, in Erlensümpfen und an Seeufern innerhalb des Röhrichts. Sie ist charakteristisch und leicht zu erkennen, denn ihre Horste können mehr als 1 m im Querschnitt aufweisen und mit der Zeit auf einer Säule stehen, die von den abgestorbenen älteren Trieben gebildet wird. Die Art kommt verbreitet vor und findet sich in den gemäßigten Gebieten der nördlichen Halbkugel.

Sonderbare Segge (114)
Carex appropinquata

Gleicht der vorhergehenden Art, ist aber zierlicher mit schmaleren, 1–2 mm breiten Blättern und 30–60 cm hohen Halmen, deren unterste Blattscheiden ausgefranst sind und braunschwarze Fasern bilden, die wie Pferdehaar aussehen. Dadurch unterscheidet sich diese Art von den Verwandten, Rispen-Segge (Nr. 113) und Draht-Segge (Nr. 115), deren unterste Blattscheiden nicht ausgefranst sind. Die Rispe ist stärker zusammengedrückt und die rotbraunen Spelzen der Ährchen sind nur schmal häutig gerandet, so daß die Rispe dunkel kastanienbraun gefärbt erscheint. Die Ährchen sind oben männlich, unten weiblich. Die Utriculi sind matt braun und deutlich gerippt. Ihr Schnabel ist ungeflügelt. Blütezeit ist Mai und Juni.
Diese Art wächst an ähnlichen Stellen wie die vorhergehende, ist aber genüg-

samer hinsichtlich der Bodengüte. Sie ist weit verbreitet und kommt mit Ausnahme des südlichen Teils im ganzen Europa vor, sowohl im Flachland als auch im Gebirge.

Draht-Segge (115)
Carex diandra

Wächst in lockeren Horsten mit dünnen, 25–60 cm hohen Halmen, die unten rund sind, oben aber dreikantig. Die Blattscheiden am Grunde sind braun und glänzend. Der Blütenstand ist ährenrispig und ziemlich dünn und aus dunkelbraunen Ährchen zusammengesetzt, die oben männlich und unten weiblich sind. Die 3–4 mm langen Utriculi sind blank und dunkelbraun, unten kaum gerippt und tragen einen breiten, an den Kanten fein gesägten Schnabel. Blütezeit ist Mai und Juni.
Die Pflanze wächst auf Flachmooren, in Erlenbrüchen und auf Sumpfwiesen mit unterschiedlichen Böden. Sie ist verbreitet und kommt in den gemäßigten Gebieten der nördlichen Halbkugel vor.

Hain-Segge (116)
Carex otrubae

Wächst in dichten Horsten mit 30–100 cm hohen, scharf dreikantigen Halmen mit breiten blaßgrünen oder graugrünen Blättern und einem dikken, gelbgrünen oder blaßgrauen Blütenstand, der aus zahlreichen, bis 1 cm langen Ährchen besteht, die, jedes für sich, oben männlich und unten weiblich sind. Die Spelzen haben keinen häutigen Rand, sind blaßbraun mit grünem Mittelnerv und laufen in eine Stachelspitze aus. Die 5–6 mm langen Utriculi sind zuerst grün und werden dann gelbbraun bis braun. Sie tragen kräftige Längsrippen, besonders auf

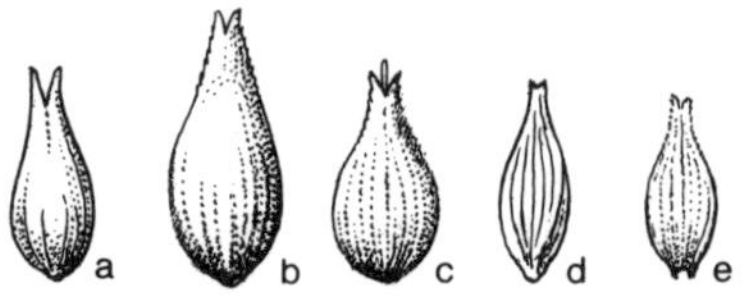

Utriculi einiger gleichähriger Seggen von der gewölbten Rückenseite gesehen. a: Entferntährige Segge (Nr. 117). b: Stachel-Segge (Nr. 118). c: Igel-Segge (Nr. 119). d: Verlängerte Segge (Nr. 120). e: Graue Segge (Nr. 121). (4 × natürliche Größe).

der Rückenseite, und laufen in einen an der Spitze zweigeteilten Schnabel aus, der etwas rauh ist. Die abstehenden, spitzen Hüllen bleiben nach der Reife einige Zeit auf dem Blütenstand sitzen und geben ihm ein stacheliges Aussehen. Blütezeit ist Mai und Juni. Die Art wächst auf Strandwiesen, Riedwiesen und an Gräben und ist weit verbreitet, sie kommt in Europa und Asien vor, nicht allein an Küsten, sondern auch im Binnenland.
Syn.: *Carex vulpina* var. *nemorosa*

Entferntährige Segge (117)
Carex remota

Mit frischgrünen, horstig wachsenden, 30–60 cm langen Halmen, die dünn und weich sind und an der Spitze herabhängen. Die Blätter sind lang und schmal. Der Blütenstand besteht aus kleinen, grünen, in Abständen stehenden Ährchen, die in den Achseln der langen, laubblattähnlichen Hüllblätter sitzen. Diese sind so lang wie der Halm. Die einzelnen Ährchen sind oben weiblich und unten männlich. Das unterste Ährchen ist doch oft rein weiblich. Die 2,5–3,5 mm langen Utriculi sind elliptisch und grün und tragen einen breiten, tief gespaltenen Schnabel. Blütezeit ist Mai–Juli.

Sie wächst an schattigen Stellen in feuchten Laubwäldern, besonders an quelligen Stellen, wo Wasser austritt. Sie kommt verbreitet vor und findet sich in den gemäßigten Gebieten der nördlichen Halbkugel.

Stachel-Segge (118)
Carex spicata

Wächst in dichten Horsten mit 30–50 cm langen, dreikantigen Halmen und langen, 2–4 mm breiten Blättern. Die untersten Blattscheiden haben keine Spreiten und fransen mit der Zeit aus. Der ährenähnliche Blütenstand besteht aus recht dicht stehenden, erst grünlichen, dann dunkelbraunen Ährchen, die oben männlich und unten weiblich sind. Das unterste Ährchen ist meist ganz weiblich. Die Utriculi sind 4–5 mm lang, spitz und abstehend und schließlich glänzend dunkelbraun und lassen das Ährchen stachelig erscheinen. Blütezeit ist Juni.
Die Art wächst verbreitet auf Triften und an Wegrändern, aber auch in hellen Wäldern und Gebüschen mit Mulmböden. Sie kommt in den gemäßigten Gebieten der nördlichen Halbkugel vor.
Syn.: *Carex muricata.*

Igel-Segge (119)
Carex echinata

Wächst in Horsten mit 10–40 cm hohen, steifen, dreikantigen Halmen und kleinen, glänzend dunkelgrünen Blättern. Der Blütenstand ist eine zusammengesetzte Ähre, bestehend aus 3–5 grünlichen, ziemlich dicht stehenden Ährchen, die an der Spitze weiblich und darunter männlich sind. Die Ähren erhalten in der Reife ein stacheliges Aussehen durch die 3–4 mm langen, spitzen und sternförmig abstehenden Utriculi, die zuerst grünlich und dann gelbbraun werden. Sie tragen einen fein gezähnten, gegabelten Schnabel. Blütezeit ist Mai und Juni.
Die Pflanze wächst auf Sumpfwiesen und Flachmooren auf mittleren und saueren, armen Böden. Sie kommt verbreitet vor und findet sich in den kalten und gemäßigten Gebieten nicht nur der nördlichen Halbkugel, sondern auch Australiens.
Syn.: *Carex stellulata*

Verlängerte Segge (120)
Carex elongata

Bildet dichte Horste mit 30–60 cm langen, schlaffen, dünnen und rauhen Halmen und langen, hellgrünen Blättern. Der Blütenstand ist verlängert ährig mit etwas von einander getrennten, aufrechten, vielblütigen, bräunlichen Ährchen, die oben weiblich und unten männlich sind. Das unterste Ährchen ist aber ganz weiblich. Die Spelzen sind braun mit grünen Rükkenstreifen und weißlichen Rändern. Sie sind kürzer als die 3–4 mm langen, lanzettförmigen, deutlich gerippten Utriculi, die zuerst hellgrün sind und dann hellbraun werden und einen fein gezähnten, eben abgeschnittenen Schnabel tragen. Blütezeit ist Mai und Juni.
Die Verlängerte Segge ist eine Schattenpflanze, die an sumpfigen Waldstellen und in Erlensümpfen wächst. Sie kommt zerstreut vor und ist in Nord- und Mitteleuropa verbreitet, nach Osten bis Sibirien.

Graue Segge (121)
Carex curta

Wächst in lockeren Horsten mit 25–30 cm hohen, scharf dreikantigen Halmen und schlaffen und flachen, hell graugrünen Blättern. Blütenstand ist eine zusammengesetzte Ähre, die

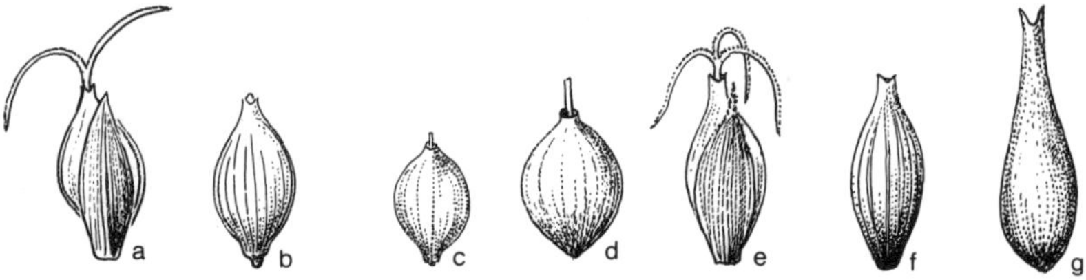

Weibliche Blüten und Utriculi einiger verschiedenähriger Seggen (die weiblichen Blüten sind von den Utriculi umgeben und in den Achseln der Spelzen, die Utriculi von der Rückenseite gesehen). a: Steife Segge (Nr. 122). b: Braune Segge (Nr. 123). c: Scharfe Segge (Nr. 124). e und f: Sumpf-Segge (S. 155). g: Ufer-Segge (Nr. 125). (4 × natürliche Größe).

aus 4–8 länglich eiförmigen, weißgrauen Ährchen besteht, die etwas von einander entfernt sind. Die Ährchen sind oben weiblich und unten männlich. Ihre Spelzen sind weißlich grün mit grünem Mittelnerv, und die 2–3 mm langen, grünlichen oder gelblichen Utriculi sind eiförmig und gerippt und tragen einen kurzen, schwach eingekerbten Schnabel. Blütezeit ist Mai–August.
Die Graue Segge wächst auf Torfstichen, feuchten Wiesen und in sumpfigen Wäldern und kommt verbreitet vor. Die Art ist aus allen gemäßigten Gebieten der beiden Erdhälften bekannt.
Syn.: *Carex canescens*

Steife Segge (122)
Carex elata

Wächst in großen und dichten, blaugrünen Horsten mit 45–100 cm hohen, steifen und scharf dreikantigen Halmen, die über die 4–6 mm breiten, rauhen und steifen Blätter emporragen. Unten sind die Halme von spitzen, graubraunen Blattscheiden umgeben, die sich langsam in lange Fasern auflösen. Es gibt 1–2 männliche Ähren an der Spitze und 2–3 fast ungestielte, aufrechte, weibliche Ähren darunter. Die oberste weibliche Ähre trägt auch einige männliche Blüten an der Spitze. Die Spelzen sind schwarz mit grünen Rippen am Rücken. Die 3–4 mm langen, flachen, elliptischen Utriculi sind grünlich und haben deutliche Rippen und fallen bald nach der Reife ab. Es gibt 2 Narben. Blütezeit ist April und Mai.
Die Steife Segge wächst verbreitet auf sumpfigen Stellen mit nährstoffreichem Wasser, oft direkt im freien Wasser. Sie spielt eine bedeutende Rolle bei der Verlandung von Gewässern und kann innerhalb des Röhrichts große Bestände bilden, die auf Schlickböden stehen. Sie wächst aber auch direkt am Wasser, in Waldseen und Teichen. Die älteren Horste werden breit und hoch und sterben in der Mitte ab, wachsen aber am Rande weiter. Auf den abgestorbenen Teilen können sich Erlen und Weiden ansiedeln, so daß der Seggensumpf in einem Erlensumpf umgewandelt wird, wenn nicht der Mensch eingreift und durch Abschneiden das Wachstum behindert. Die Pflanze kommt überall an geeigneten Stellen vor und findet sich fast in ganz Europa, von den nördlichsten und südlichsten Gegenden abgesehen.
Syn.: *Carex stricta*

Braune Segge (123)
Carex nigra

Mit kriechender Erdachse, die kürzere oder längere Ausläufer hervorbringt und deren Halme einzeln oder in lockeren Horsten stehen. Die Halme können steif aufrecht stehen oder am Grunde bogig aufgerichtet sein, sie sind dreikantig und 10–40 cm hoch. Die Blätter sind blaugrün, 2–3 mm breit. Der Blütenstand besteht aus 1(–2) männlichen Ähren an der Spitze und 2–3 schwarzgrünen, sitzenden oder sehr kurz gestielten aufrechten, länglich walzenförmigen weiblichen Ähren. Die 2,5–3,5 mm langen, flachen, elliptischen Utriculi sind grünlich, mit undeutlichen Rippen und faktisch ohne Schnabel. 2 Narben. Blütezeit ist Mai und Juni.
Diese Segge ist eine häufige Art, die überall auf feuchten Böden wächst unabhängig von der Zusammensetzung. Auch Feuchtwiesen bildet sie zusammen mit bestimmten Gräsern den natürlichen Bewuchs. Hier ist sie auch als Viehfutter von Bedeutung, da sie nicht so steif ist und als Nahrung angenommen wird. Es gibt viele Formen innerhalb dieser Art und mehrere Unterarten wurden festgestellt. Sie ist weit verbreitet in den gemäßigten Gebieten der nördlichen Halbkugel, sowohl im Flachland als auch im Hochgebirge, wurde aber auch aus dem südlichen Südamerika gemeldet und ist nach Australien eingeschleppt worden.
Syn.: *Carex fusca*

Scharfe Segge (124)
Carex acuta

Wächst mit weithin kriechenden Ausläufern, aus denen horstig stehende, 60–120 cm hohe, steif aufrechte und scharf dreikantig Halme hervorkommen, die lange, ziemlich breite (rund 5 mm) und etwas schlaffe, längsgefaltete dunkelgrüne Blätter tragen. Der lange Blütenstand kann 1/6 bis 1/4 der Länge des Halms betragen. Zuoberst gibt es 2–3 lange und schmale männliche Ähren, darunter folgen 2–4 verlängert walzenförmige (3–10 cm lange), zuerst aufrechte und später herabhängende, schwarz- und grünfleckige weibliche Ähren, deren oberste einige wenige männliche Blüten an der Spitze aufweisen kann. 2 Narben. Die weiblichen Ähren haben lange, laubblattähnliche Hüllblätter. Das unterste Hüllblatt reicht über die Spitze des Blütenstandes hinaus. Bei den beiden anderen Seggenarten mit 2 Narben und getrennten männlichen und weiblichen Ähren, der Steifen Segge (Nr. 122) und der Braunen Segge (Nr. 123) erreicht das unterste Hüllblatt nicht die Spitze des Blütenstands. Die 2–3,5 mm langen, flachen, breit elliptischen Utriculi sind grün, kaum gerippt und ungeschnäbelt. Blütezeit ist Mai und Juni.
Diese Segge gehört zur Gruppe der großen Seggen, die sich auf Böden mit nährstoffreichem Grundwasser finden, an Ufern, Bächen, Teichen und auf nassen Waldwiesen. Zusammen mit ihr findet man oft die Steife Segge (Nr. 122) und die Ufer-Segge (Nr. 125). Die Art ist verbreitet und findet sich in den gemäßigten Gebieten der nördlichen Halbkugel.
Leicht verwechselt werden kann sie mit der **Sumpf-Segge,** *Carex acutiformis,* die an ähnlichen Stellen wächst, jedoch 3 Narben besitzt und gewölbte, 3–5 mm lange Utriculi mit deutlichen Rippen und kurzem zweispitzigem Schnabel aufweist.

Ufer-Segge (125)
Carex riparia

Mit der gleichen Wuchsform wie die Scharfe Segge, aber noch kräftiger mit

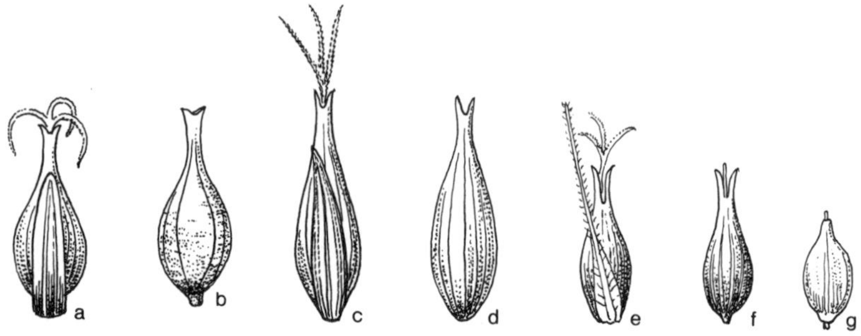

Weibliche Blüten und Utriculi einiger verschiedenähriger Seggen (die weiblichen Blüten sind von den Utriculi umgeben und in den Achseln der Spelzen, die Utriculi von der Rückenseite gesehen). a und b: Schnabel-Segge (Nr. 126). c und d: Blasen-Segge (Nr. 127). e und f: Zypergras-Segge (Nr. 128). g: Hänge-Segge (Nr. 129). (4 × natürliche Größe).

80–150 cm hohen Halmen und 6–15 mm breiten, steif aufrechten, etwas blaugrünen Blättern. Der Blütenstand ist sehr lang. Er kann fast 1/3 der Länge des Halms ausmachen und besteht aus 3–6 dichtstehenden männlichen Ähren und 3–5 dicken, dunkelgrünen weiblichen Ähren, die in größeren Abständen von einander stehen und deren oberste ungestielt und aufrecht sind während die unteren gestielt sind und mit der Zeit herabhängen. Die etwas aufgeblasenen, eiförmigen, bräunlichen Utriculi werden 6–8 mm lang und tragen einen zweispitzigen Schnabel. Blütezeit ist Mai und Juni.
Die Ufer-Segge wächst an ähnlichen Stellen wie die beiden vorhergehenden Arten und hat etwa die gleiche Verbreitung wie diese. Mit Ausnahme der nördlichsten Gebiete kommt sie in Europa vor, aber auch in Nordafrika und Westasien.

Schnabel-Segge (126)
Carex rostrata

Mit kriechender Erdachse und Ausläufern, von denen wenigstielige Horste ausgehen, die 20–60 cm hohe, blaugrüne Halme enthalten, die unten glatt und stumpf dreikantig sind, oben aber rauh. Die Blätter sind lang und schmal mit in der Regel am Rande eingerollten Blättern. Der Blütenstand ist langgestreckt, mit langen, laubblattähnlichen Hüllblättern, die mindestens zur Spitze des Blütenstands reichen. Es gibt 1–5 männliche Ähren und 2–5 gelbgrüne, walzenförmige, aufrechte weibliche Ähren, die eiförmige, aufgeblasene Utriculi enthalten. Letztere stehen in der Reife ab und verengen sich plötzlich zu einem verlängerten, zweispitzigen Schnabel. Die Verbreitung erfolgt durch die auf dem Wasser schwimmenden Utriculi. Blütezeit ist Mai und Juni.
Die Schnabel-Segge wächst auf sumpfigen Böden und kann an Seeufern, Gräben und nassen Wiesen große Bestände bilden, die man schon auf Abstand durch die blaugrüne Farbe der Blätter erkennen kann. Mit Hilfe der langen Ausläufer wird Boden angehäuft und die Verlandung der Gewässer gefördert. Die Pflanze ist bescheiden in ihren Anforderungen an den

Nährstoffgehalt des Wassers und wächst daher auch im sauren Wasser von Torfmooren, in Dünen- und Heideseen. Sie ist verbreitet und kommt auf der nördlichen Halbkugel vor, nordwärts bis in die Arktis, und in den Hochgebirgen.

Blasen-Segge (127)
Carex vesicaria

Gleicht etwas der vorhergehenden Art, ist aber an den scharf dreikantigen, 25–70 cm hohen Halmen mit verhältnismäßig breiten, hellgrünen Blättern zu erkennen. Sie hat länglich ovale, ziemlich dicke weibliche Ähren, die an dünnen Stielen sitzen und schließlich herunterhängen. Die schräg abstehenden, gelbgrünen oder bräunlich grünen, 6–8 mm langen Utriculi sind blasenförmig aufgetrieben und verengen sich gleichmäßig in den langen, zweispitzigen Schnabel. Blütezeit ist Mai und Juni.
Die Blasen-Segge wächst in dichten Beständen an sumpfigen Stellen, besonders auf nährstoffreichen Böden und ist weit verbreitet. Sie kommt sonst in den gemäßigten Gebieten der nördlichen Halbkugel vor.

Zypergras-Segge (128)
Carex pseudocyperus

Wächst in Horsten, die aus 40–90 cm langen Halmen bestehen. Diese sind rauh und scharf dreikantig und tragen breite, hell gelbgrüne Blätter, die länger als die Halme sind. Der Blütenstand besteht aus einer einzelnen männlichen Ähre und dicht darunter 3–5 walzenförmigen weiblichen Ähren, die bis zu 6 cm lang sind und alle auf der gleichen Seite an langen, dünnen Stielen hängen. Die abstehenden, glänzend gelbgrünen Utriculi sind in der Reife 4–5 mm lang und tragen einen langen und spitzen, tief gespaltenen Schnabel. Die verhältnismäßig kleinen Spelzen sind viel kleiner als die Utriculi. Ihr Mittelnerv ist jedoch zu einer langen, behaarten Granne verlängert, die über den Schnabel hinausragt. Die laubblattähnlichen Hüllblätter der weiblichen Ähren überragen den Blütenstand, so daß dieser dem Aussehen nach auf der Mitte der Halme sitzt. Blütezeit ist Mai und Juni.
Diese Art unterscheidet sich leicht von anderen Seggen durch die gelbgrüne Farbe und durch die eleganten, herabhängenden weiblichen Ähren, deren leichte Utriculi in der Reife abfallen. Sie schwimmen auf dem Wasser und werden dadurch verbreitet, können sich aber auch mit dem nadelspitzen Schnabel in das Fell oder Gefieder von Tieren und Vögeln einbohren.
Die Pflanze wächst zerstreut an Ufern, in Sümpfen und in Flachmooren mit nährstoffreichem Wasser und verträgt auch schattige Stellen. Das Vorkommen erstreckt sich über die nördliche Halbkugel, wurde aber auch aus Neu Seeland gemeldet.

Hänge-Segge (129)
Carex pendula

Wächst in großen und dichten Horsten, die bis zu einem halben Meter im Durchmesser erreichen können, und die am Grunde von rotbraunen Blattscheiden ohne Spreite umgeben sind. Die Blätter sind 15–20 mm breit und die Halme werden 1–2 m hoch. Der Blütenstand hat lange, laubblattähnliche Hüllblätter, die fast bis an die Spitze reichen. Dort gibt es eine einzelne männliche Ähre und darunter 4–5 getrennte, gestielte, 7 bis 15 cm lange, zylindrische weibliche Ähren, die zuerst aufrecht stehen, dann aber überhängend herabgebogen sind. Die graugrünen, später braunen, rippenlo-

sen, elliptischen Utriculi sind ziemlich klein (3–3,5 mm lang) und haben einen kurzen, gerade abgeschnittenen Schnabel. Blütezeit ist Mai und Juni.
Die Hänge-Segge ist durch ihre Größe mit keiner anderen Segge zu verwechseln. Sie wächst auf feuchten Waldstellen mit lehmigem Boden und ist nicht überall verbreitet. Das Vorkommen erstreckt sich von Westeuropa über Mittel- und Südeuropa nach Osten bis in das warm gemäßigte Asien, wurde aber auch aus Südafrika gemeldet.

Faden-Segge (130)
Carex lasiocarpa

Mit weithin kriechenden Ausläufern und zerstreut stehenden 45–100 cm hohen, dünnen und steifen, stumpfkantigen Halmen, die unten von rotbraunen Blattscheiden umgeben sind, die keine Spreite aufweisen. Die Blätter an den Halmen sind fadenförmig schmal, eingerollt und graugrün. Der Blütenstand besteht aus 1–2 langen und dünnen männlichen Ähren und 2–4 in Abständen sitzenden, länglichen weiblichen Ähren, die von langen, laubblattähnlichen Hüllblättern getragen werden. Diese überragen den Blütenstand. Die 3,5–4,5 mm langen Utriculi sind länglich eiförmig, behaart und tragen einen kurzen, tief eingekerbten Schnabel. Blütezeit ist Mai und Juni.
Wächst zerstreut auf Flachmooren, Waldsümpfen und sandigen Seeufern und kann manchmal große Bestände bilden, die oft aber nicht blühen. Die Art ist aber auch ohne Blüten leicht zu erkennen, da sie so schmale Blätter aufweist, die graugrün gefärbt sind und rote Blattscheiden haben. Die Verbreitung erstreckt sich über die gemäßigten Gebiete der nördlichen Halbkugel.

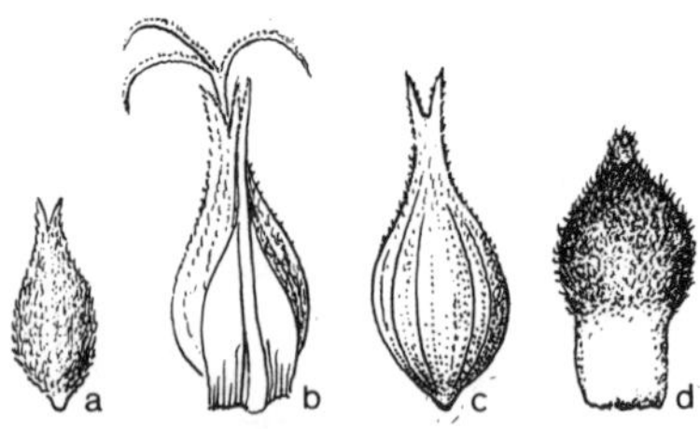

Einige verschiedenährige Seggen-Arten mit behaarten Utriculi. a: Utriculus von Faden-Segge (Nr. 130). b und c: weibliche Blüte und Utriculus von Rauher Segge (Nr. 131). d: Utriculus von Pillen-Segge (Nr. 132), beachte das ölhaltige Gewebe am Grunde des Utriculus). (a–c: 4 ×, d: 5 × natürliche Größe).

Rauhe Segge (131)
Carex hirta

Mit kriechender Erdachse und horstig stehenden aufrechten Trieben mit 15–50 cm hohen Halmen, die grau behaarte Blätter tragen (sowohl die Blattscheiden als auch die Spreiten sind behaart). Der Blütenstand erstreckt sich fast über den ganzen Halm und die unteren weiblichen Ähren sitzen in den Achseln laubblattähnlicher Hüllblätter. An der Spitze gibt es 2–3 männliche Ähren, die dicht beisammen sitzen, und in regelmäßigen Abständen folgen dann 2–4 längliche, ziemlich dicke, aufrechte weibliche Ähren. Diese sind gestielt, die Stiele sind aber teilweise von den Scheiden der Hüllblätter verdeckt. Die 5–7 mm langen Utriculi sind eiförmig, fein behaart und enden in einem zweispitzigen Schnabel. Sie sitzen in den Achseln kleiner, grüner und behaarter Spelzen, deren Mittelnerv in einer Granne ausläuft. Blütezeit ist April–Juni.
Diese Art ist eine der wenigen mit behaarten Blättern und deshalb leicht zu

erkennen. Es gibt von dieser Pflanze aber auch Formen mit fast kahlen Blättern. Die entfernt sitzenden Ähren und die großen Utriculi geben aber gute Merkmale um die Art zu bestimmen, zumal letztere immer behaart sind.
Diese Segge wächst auf sehr verschiedenen Böden, sowohl auf feuchten als auch auf trockenen. Man findet sie an Ufern, Gräben, auf feuchten Wiesen, Triften, Wegrändern und an Waldrändern. Wahrscheinlich gibt es verschiedene ökologische Rassen dieser Art, die unterschiedliche Ansprüche an den Boden stellen. Die Art ist häufig und weit verbreitet, sie findet sich in Europa, Nordafrika und Nordasien.

Pillen-Segge (132)
Carex pilulifera

Wächst in dichten Horsten mit verhältnismäßig kurzen und steifen Blättern und 10–40 cm langen, zähen und dreikantigen Halmen, die sich zu Boden biegen, wenn die Früchte reif werden, so daß sie schließlich nach allen Seiten um den Horst herumliegen. Der Blütenstand ist an der Spitze dicht zusammengerückt. Es gibt nur eine kleine und dünne männliche Ähre und 2–4 grünliche weibliche Ähren, die fast kugelig geformt sind (davon der Name Pillen-Segge). Die Utriculi sind fein behaart und rundlich und mit nur kurzem Schnabel. Sie enthalten ein ölhaltiges Gewebe. Dieses wird von Ameisen verzehrt, die die Früchte einsammeln und sie dabei verbreiten. Deshalb biegen sich auch die Halme zur Erde, wenn die Früchte reif sind. Blütezeit ist April und Mai.
Die Pillen-Segge wächst auf trockenen Böden, die sauer und nährstoffarm sind. Man findet sie in Kiefernwäldern und auf Heiden. Sie ist verbreitet und kommt in Europa und Nordasien vor.

Blütenstand von den verschiedenährigen Seggen-Arten. a: Blaugrüne Segge (Nr. 133). b: Hirsen-Segge (Nr. 134). (2/3 × natürliche Größe).

Blaugrüne Segge (133)
Carex flacca

Mit kriechender Erdachse und Ausläufern, von denen zerstreut stehende oder locker horstige 10–40 cm hohe, glatte und stumpf dreikantige Halme ausgehen, die steife und flache, 2–4 mm breite, grundständige Blätter tragen, die auf der Oberseite grün, auf der Unterseite blaugrün sind. Die blaugrüne Farbe ist besonders bei jungen, noch nicht ausgerollten Blättern zu sehen. Der Blütenstand besteht aus 2 männlichen Ähren und 2–5 dichtblütigen, rotschwarzen, walzenförmigen weiblichen Ähren, von denen die oberste aufrecht und ziemlich kurz gestielt ist, während die übrigen länger

gestielt sind und herabhängend werden. Die weiblichen Ähren entspringen den Achseln laubblattähnlicher Hüllblätter, deren unterstes mindestens bis zur Spitze des Blütenstands reicht. Die breit elliptischen, zuerst gelblichgrünen, dann rötlichschwarzen, 2–3 mm langen Utriculi haben eine sehr fein warzige Oberfläche, was man nur durch die Lupe erkennen kann, und einen ziemlich kurzen, gerade abgeschnittenen Schnabel. Blütezeit ist Mai und Juni.
Die Blaugrüne Segge gehört mit der Braunen Segge (Nr. 123) und der Hirsen-Segge (Nr. 134) zu den häufigen Arten von Kleinseggen auf feuchten Wiesen. Die Braune Segge unterscheidet sich besonders durch aufrechte, praktisch ungestielte Ähren, und die Hirsen-Segge erkennt man an den offenblütigen weiblichen Ähren und den großen, hirsekornähnlichen Urticuli. Bei beiden sind die Blätter auf beiden Seiten blaugrün. Die Braune Segge hat 2 Narben, die beiden anderen haben 3 Narben.
Die Blaugrüne Segge wächst jedoch nicht ausschließlich auf Wiesen, man findet sie auch auf trockenen, grasigen Kalkböden, die nicht zu sehr besonnt sind und im Wald. Sie ist in Europa weit verbreitet und findet sich in Nordafrika, West- und Nordasien und wurde nach Nordamerika eingeschleppt.
Syn.: *Carex glauca*

Hirsen-Segge (134)
Carex panicea

Wächst mit kriechender Erdachse und Ausläufern, die zerstreut stehende oder locker horstige Triebe hervorbringen mit steifen, 1–5 mm breiten, blaugrünen oder hell graugrünen Blättern am Grunde und 10–40 cm hohen, fast runden Halmen. Diese tragen am Ende eine einzelne männliche Ähre und darunter 1–3 aufrechte oder etwas abstehende, gestielte und recht wenigblütige weibliche Ähren, deren Hüllblätter nicht die Spitze des Blütenstands erreichen. Die 3–4 mm langen Utriculi sind breit eiförmig, zuerst gelbgrün, später bräunlich und haben einen ziemlich kurzen, gerade abgeschnittenen Schnabel. Sie sind etwas aufgeblasen und gleichen einem Hirsekorn. Blütezeit ist April–Juni.
Diese Art wächst auf feuchten Wiesen und Mooren und ist weit verbreitet. Stellenweise war die Art auf Viehweiden viel häufiger als heute, da ihr die natürliche Düngung zusagt. Da sie aber vom Vieh nicht gefressen wird, wurde sie durch Kulturmaßnahmen zurückgedrängt, zum Beispiel durch Düngung mit Kunstdüngern.

Schuppensegge (135)
Carex lepidocarpa

Diese gelbgrüne Segge wächst in Horsten mit schmalen, 2–3 mm breiten Blättern, die nur halb so lang sind wie die 15–30 cm hohen, dreikantigen Halme. Der Blütenstand endet in einer einzelnen, langgestielten männlichen Ähre, die oft etwas schräg steht. Es gibt 2–3 kugelig ovale weibliche Ähren, von denen die beiden obersten oft ungestielt sind und einander näher stehen, während die unterste kurzgestielt ist und auf der Mitte des Halms sitzt. Sie werden von laubblattähnlichen Hüllblättern getragen, die fast winkelrecht vom Halm abstehen, jedenfalls jene der beiden obersten Ähren. Die 3–5 mm langen, gelbgrünen, schwach gerippten Utriculi sind unten kräftig aufgeblasen und verschmälern sich plötzlich in einen langen, an der Spitze zweigeteilten Schnabel, so daß die Form einer breitbauchigen Flasche entsteht. Die weibliche Ähre ähnelt ei-

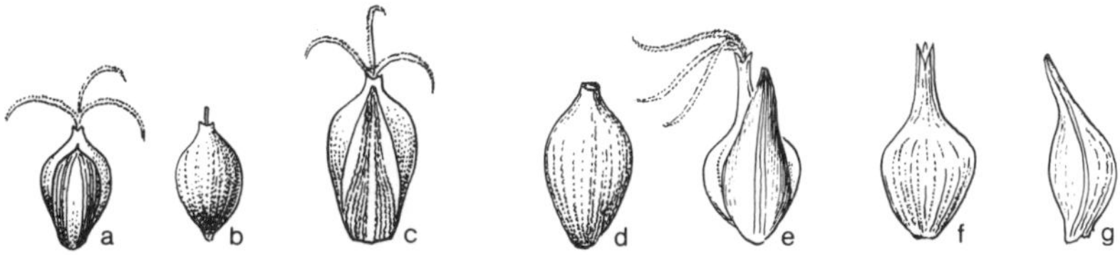

Weibliche Blüten und Utriculi einiger verschiedenähriger Seggen. a und b: Blaugrüne Segge (Nr. 133). c und d: Hirsen-Segge (Nr. 134). e, f und g: Schuppensegge (Nr. 135), Utriculus teils von der gewölbten Rückenseite (f), teils von der Kante (g) her gesehen, man beachte den gebogenen Schnabel. (4 × natürliche Größe).

nem Morgenstern, da die Schnabelspitzen oft zurückgebogen sind.
Die Art wächst auf feuchten Wiesen und Flachmooren mit nährstoffreichem und kalkhaltigem Wasser. Sie ist häufig und kommt in den gemäßigten Gebieten der nördlichen Halbkugel vor.
Die gelbgrünen, horstigen Seggen mit stacheligen weiblichen Ähren haben seit langem den Botanikern Kopfzerbrechen bereitet. Es gibt nämlich viele Formen und Rassen, die offensichtlich ineinander übergehen und ohne Schwierigkeiten Kreuzungen bilden können, die aber an bestimmte Biotope gebunden sind. Einige Systematiker haben deshalb alle Formen in der Sammelart **Gelbe Segge,** *Carex flava,* zusammengefaßt. Andere meinen, daß die kleinen, fast zwergartigen Formen mit nur 5–20 cm hohen Halmen und fast geradem Schnabel zu einer besonderen Art, der **Zwergsegge,** *Carex serotina,* gehören. Diese findet man besonders auf feuchten Sandböden.

Wald-Segge (136)
Carex sylvatica

Wächst in Horsten mit 20–60 cm hohen, dreikantigen, an der Spitze überhängenden Halmen, die lange und schlaffe, frisch grüne Blätter tragen. An der Spitze gibt es eine einzelne männliche Ähre und darunter 3–6 schmale, wenigblütige weibliche Ähren, die größere Abstände einhalten und an langen, dünnen, bogig herabhängenden Stielen sitzen. Die 4–5 mm langen, graugrünen Utriculi sind länglich elliptisch und mit einem langen, zweispaltigen Schnabel versehen. Blütezeit ist April und Mai.
Sie wächst auf humösen Böden in Laubwäldern, oft an Wegrändern mit verdichteten Böden. Die Verbreitung erstreckt sich über die gemäßigten Gebiete der nördlichen Halbkugel.

a: Blütenstand der Bleichen Segge (S. 162). b und c: Weibliche Blüte mit Spelze und Utriculus. d und e: Weibliche Blüte mit Spelze und Utriculus der Wald-Segge (Nr. 136). f: Utriculus der Frühlings-Segge (Nr. 137). (a: 1/3 ×, b–f: 4 × natürliche Größe).

Eine andere recht häufige, horstbildende Art auf solchen Waldböden ist die **Bleiche Segge,** *Carex pallescens,* die durch blaßgrüne Blätter mit fein behaarter Unterseite und durch weibliche Ähren mit ovalen, blaßgrünen, eiförmigen Utriculi ohne Schnabel zu erkennen ist.

Frühlings-Segge (137)
Carex caryophyllea

Mit kriechender Erdachse und kurzen Ausläufern, die 5–20 cm hohe, aufrechte Triebe hervorbringen, deren schmale und steife, zurückgebogene Blätter in Rosetten am Grunde versammelt sind. Es gibt eine einzelne männliche Ähre an der Spitze des Halms und dicht darunter sitzen 2–3 längliche weibliche Ähren mit stachelspitzigen, braunen Spelzen. Die 2–3 mm langen, olivgrünen Utriculi sind fein samtig behaart. Sie sind umgekehrt eiförmig mit ziemlich kurzem Schnabel und verschmälern sich zum Grunde hin, wo es ein ölhaltiges Gewebe gibt, das von Ameisen gerne verzehrt wird, die dadurch die Früchte verbreiten. Blütezeit ist März und April.
Die Frühlings-Segge wächst auf trokkenen Hügeln, an Waldrändern und auf grasigen Plätzen, braucht aber einigermaßen gute Böden. Sie ist weit verbreitet und findet sich in Europa und Nordasien vom Flachland bis in die Gebirge. Sie wurde nach Nordamerika eingeschleppt.

Binsengewächse Juncaceae

Binse *Juncus*

Die Gattung Binse umfaßt Arten, die sich gegenüber den Gräsern und den anderen Halbgräsern durch vollständige Blütenhüllen auszeichnen, aber doch sehr klein sind und in Blütenständen sitzen, die viele oder wenige Blüten enthalten können und keine Ährchen bilden. Bei den Gräsern und Halbgräsern hingegen sind die Blüten stark rückgebildet und vereinfacht und immer in Gruppen zusammengefaßt, die eine Einheit bilden, nämlich die Ährchen. Es gibt also keine Einzelblüten. Bei den Binsen gibt es 6 trockene und häutige Perigonblätter, die zu dreien in 2 Kreisen sitzen, in der Regel 6 Staubblätter, ebenfalls in 2 Kreisen, und einen einzelnen Fruchtknoten, der aus 3 Fruchtblättern gebildet wird und entsprechend 3fächerig ist. Der Griffel teilt sich in 3 lange, fadenförmige Narben. Die Frucht ist eine Kapsel mit vielen kleinen und leichten Samen, deren Schale in feuchtem Zustand klebrig ist und an vorbeikommenden Tieren und Vögeln anhaften kann, wodurch sie verbreitet werden. Die Blüte der Binse besteht demnach aus 5 dreiblättigen Wirteln wie die Tulpenblüte. Der Unterschied besteht lediglich in Größe und Farbe. Die große, farbige Tulpenblüte ist auf Bestäubung durch Insekten eingerichtet und muß diese anlocken. Die Binse wird wie die Gräser und Halbgräser vom Wind bestäubt. Die Pollenkörner werden also fliegend transportiert und große Blütenhüllen wären nur im Wege. Die einzige Aufgabe der Blütenhülle ist hier der Schutz von Staub- und Fruchtblättern während der Entwicklung, was bei den Gräsern und Halbgräsern die Spelzen besorgen. Die Blütenblätter bleiben erhalten und umschließen auch die reifende Kapsel. Wie bei den meisten anderen windbestäubten Pflanzen mit zwittrigen Blüten ist bei den Binsen zusammen mit der Rückbildung der Blütenhülle eine Veränderung eingetreten, die den Rhythmus der Entwicklung betrifft. Die Frucht-

blätter mit den Narben laufen in der Entwicklung voraus und sind bereit, Blütenstaub von anderen Blüten zu empfangen bevor die eigenen Staubblätter Blütenstaub produzieren. Dadurch wird Selbstbestäubung vermieden. Diese Art von Blüten nennt man proterogyne Blüten. Die meisten insektenblütigen Pflanzen haben dagegen proterandrische Blüten, da schon in den Knospen die Staubgefäße entwickelt sind.
Binsen können im vegetativen Zustand sehr verschiedenartig aussehen, gemeinsam ist ihnen aber, daß sie meist runde Halme ohne Knoten haben und im Inneren mit schwammigem Mark gefüllt sind. Letzteres kann in Luftkammern gegliedert sein, die durch dünne Querwände aus Mark getrennt sind. Die Blätter sind glatt, entweder rund oder rinnig und schmal. Sie umfassen die Halme in einer Scheide, die, wie bei den Gräsern, noch verwachsen, also offen ist. Das Innere der Blattspreite kann, wie bei den Halmen, mit Mark oder Luftkammern gefüllt sein.
Die Gattung umfaßt rund 300 Arten und ist die größte dieser Familie. Es gibt gegen 30 einheimische Arten.

Flatter-Binse (138)
Juncus effusus

Eine mehrjährige Pflanze, die in dichten, runden Horsten mit kräftigen, 30–100 cm hohen, glänzend grünen, fast glatten Halmen wächst, die am Grunde von dunkel rotbraunen Blattscheiden umgeben sind. Der ausgebreitete, reich verzweigte Blütenstand sitzt scheinbar an der Seite des Halms ein gutes Stück unter der Spitze, tatsächlich aber am Ende, denn das Hüllblatt des Blütenstands wächst in der Verlängerung des Halms weiter und überragt diesen. Das Hüllblatt ist im

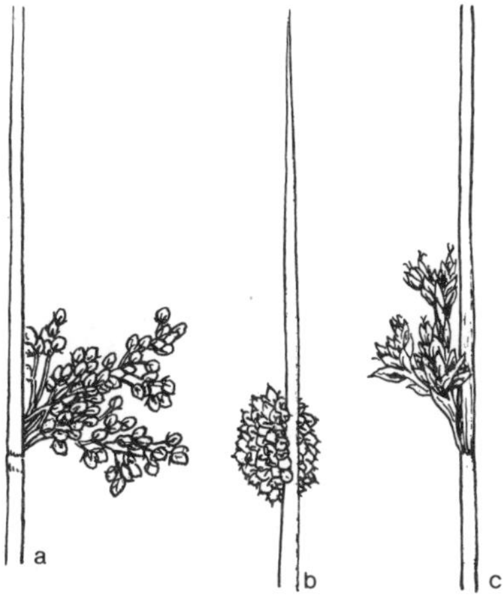

Drei unserer Binsen-Arten mit anscheinend seitlichem Blütenstand. a: Flatter-Binse (Nr. 138). b: Knäuel-Binse (Nr. 139). c: Faden-Binse (Nr. 140). (2/3 × natürliche Größe).

Querschnitt rund und anatomisch wie der Halm gebaut. Was wir als Halm sehen ist nur unten Halm, ober aber Blatt. Halme, die nicht blühen, sind nur sehr kurz und ganz in den Blattscheiden am Grunde verborgen. Sie bestehen hauptsächlich aus dem langen, endständigen Laubblatt.
Die Halme enthalten ein sehr lockeres, schwammiges Mark und die unteren Teile der Erdachse und die Wurzeln erhalten dadurch Luft, wodurch sie in nassen und sauerstoffarmen Böden wachsen können. Früher wurde das Mark als Docht in Kerzen verwendet und die zähen Halme zu Flechtarbeiten.
Der Blütenstand ist oft offen und ausgebreitet und enthält Zweige sehr unterschiedlicher Länge, er kann aber auch kugelförmig sein und an die Knäusel-Binse (Nr. 139) erinnern. Er ist jedoch immer hellbraun und nicht dunkelbraun wie bei dieser, und die

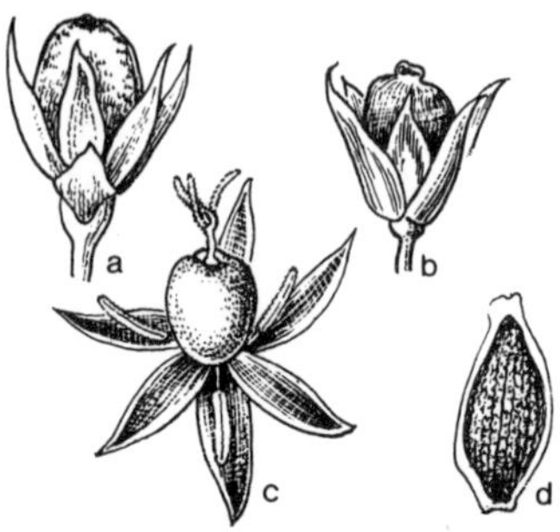

a: Kapsel umgeben von Perigonblättern bei Flatter-Binse (Nr. 138). b: Knäuel-Binse (Nr. 139) mit Blüte (c) und Samen (d). Samen in feuchtem Zustand, die Oberfläche des Samens ist zu einer klebrigen Schleimschicht verwandelt. (a–c: 4 ×, d: 23 × natürliche Größe).

beiden Arten unterscheiden sich durch die Kapsel, die bei der Flatter-Binse länger als die Blütenblätter ist und an der Spitze eine Vertiefung aufweist, die Reste des Griffels tragen kann. Bei der Knäuel-Binse hingegen ist die Kapsel meist kürzer als die Blütenblätter und besitzt an der Spitze einen warzenförmigen Vorsprung. Bei beiden Arten gibt es in der Regel nur 3 Narben. Blütezeit ist Juni–August.
Die Flatter-Binse ist weit verbreitet und häufig und wächst auf nassen Wiesen, an Ufern und auf feuchten Waldstellen. Sie kann auf Wiesen ein lästiges Unkraut sein, da die zähen Halme vom Vieh nicht gefressen werden und andere Gräser unterdrücken. Die Art kommt in den gemäßigten Gebieten beider Halbkugeln vor.

Knäuel-Binse (139)
Juncus conglomeratus

Gleicht im Wuchs der Flatter-Binse (Nr. 138), bildet aber kleinere Horste. Die 30–80 cm hohen Halme sind fein gefurcht und etwas rauh, matt grün und unten von hellbraunen Scheiden umgeben. Der Blütenstand ist dichtblütig, fast halbkugelig zusammengedrängt und besitzt ziemlich kurze Äste. Wie bei der Flatter-Binse erwähnt, gibt es in der Form der Kapsel Unterschiede zwischen den beiden Arten. Blütezeit ist Mai–Juli.
Diese Binse wächst an ähnlichen Stellen wie die vorhergehende Art, ist aber nicht so häufig. Früher hat man die beiden Arten kaum unterschieden und selbst die Botaniker hatten Schwierigkeiten bei der Bestimmung. Die Art findet sich in fast allen Teilen Europas, in Nordafrika und in Westasien. Sie hat auch den Weg nach Neu Fundland über den Atlantik gefunden (Mit Hilfe des Menschen?).
Syn.: *Juncus subuliflorus*

Faden-Binse (140)
Juncus filiformis

Eine zarte, mehrjährige Pflanze mit kriechender Erdachse, von der Reihen von feinen, kaum 1 mm dicken, 15–45 cm hohen blattlosen Halmen ausgehen, die in der Mitte einen wenigblütigen Stand hellbrauner Blüten tragen. Das Hüllblatt des Blütenstands, das in der Verlängerung des Halms weiterwächst, ist also ebenso lang wie der Halm. Die Perigonblätter sind weißlichgrün, die Kapsel ist fast kugelförmig, so lang wie die Perigonblätter und am Ende mit einer kleinen Spitze versehen. Blütezeit ist Juni–August.
Die Pflanze wächst auf feuchten, mageren und kalkarmen Böden und ist nicht überall verbreitet. Das Vorkommen erstreckt sich sowohl über die gemäßigten und arktischen Gebiete der nördlichen Halbkugel als auch den südlichsten Teil von Südamerika (Patagonien).

Stumpfblütige Binse (141)
Juncus subnodulosus

Mehrjährig mit weithin kriechender Erdachse, die dichtstehende, 40–120 cm hohe, recht weiche, hellgrüne Halme oder halmartige Blätter trägt und oft große Bestände bildet. Die Halme sind hohl, werden aber durch Zwischenwände in verschiedene Richtungen in Kammern gegliedert. Die blütentragenden Halme besitzen 1–2 lange und stielrunde Blätter, deren Hohlraum ebenfalls längs und quer in Kammern abgeteilt ist. Der Blütenstand ist endständig und mehrfach zusammengesetzt, wobei die äußersten Äste kräftig sparrig sind und schließlich herabhängen. Jeder endet in einem kleinen Köpfchen, das aus 3–12 dichtstehenden, blaßbraunen Blüten besteht, die stumpfe, mit silberweißen Rändern versehene Perigonblätter tragen. Die breit eiförmige, stachelspitzige Kapsel ist kaum länger als die Perigonblätter. Blütezeit ist Juni und Juli.
Die Pflanze wächst zerstreut auf Sümpfen und moorigen Wiesen mit kalkhaltigen Böden. Sie ist wärmeliebend und erreicht im Norden des Gebiets ihre Verbreitungsgrenze. Dort werden selten Früchte gebildet, die Vermehrung erfolgt viel mehr durch vegetative Sprosse, die große Bestände bilden können. Die Verbreitung erstreckt sich über große Teile Europas, über Nordafrika und Vorderasien.
Syn.: *Juncus obtusiflorus*

Glanzfrüchtige Binse (142)
Juncus articulatus

Mehrjährig, mit aufrechter oder kurzer, kriechender Achse, die Büschel bogig aufsteigender oder am Grunde niederliegender und wurzelnder, seltener steif aufrechter, 15–60 cm hoher Halme trägt. An diesen sitzen 3–7 drehrunde und hohle Blätter, die sich knotig und gegliedert anfühlen, da der Hohlraum durch Querwände geteilt ist. Der Stengel trägt einen zusammengesetzten Blütenstand mit aufrecht ausgebreiteten und nicht herabhängenden Ästen. Diese enden in 4–8blütigen Köpfchen mit dunkel kastanienbraunen, schließlich schwarzen Blüten. Die Perigonblätter haben einen schmal häutigen Rand und sind bedeutend kürzer als die scharf zugespitzte, glänzend schwarze Kapsel. Die drei Perigonblätter des äußeren Kreises sind schmal und spitz, während die inneren breiter und weniger zugespitzt sind. Blütezeit ist Juli–Oktober.
Diese Art wächst überall auf feuchten Böden, zum Beispiel auf Wiesen, Mooren, an Ufern und Gräben, die nährstoffreich sind. Sie ist recht häufig und kommt in den gemäßigten und kalten Gebieten der nördlichen Halbkugel vor, wurde aber auch in entsprechende Gebiete der südlichen Halbkugel verschleppt. Es gibt viele Formen, deren Verbreitung mit den Anforderungen an die Umwelt zusammenhängt und die als Rassen zu betrachten sind.
Nicht selten sind Teile des Blütenstands zu dichten, oft rötlichen Blatttrieben umgewandelt. Diese Mißbildung entsteht durch den Stich eines Blattflohs (*Livia juncorum*), der Saft aus der Pflanze saugt.
Syn.: *Juncus lampocarpus*

Rasen-Binse
Juncus bulbosus

Mehrjährig, mit horstig stehenden, oft rötlich angelaufenen dünnen Halmen, die 5–20 cm hoch werden und am Grunde nicht selten blasig angeschwollen sind. Die fadenförmigen Blätter haben nur undeutliche Querwände im Hohlraum. Die Halme enden in einem quastenförmigen Blüten-

stand, einer Spirre, der aus kleinen, rotbraunen oder grünlichen Köpfchen mit ausgebreiteten Ästen besteht. Die Perigonblätter des äußeren Kreises sind zugespitzt, die inneren stumpf. Die Kapsel ist stumpf dreikantig und so lang wie die Perigonblätter. Blütezeit ist Juli–Oktober.
Diese Binse weist viele Formen auf, die sowohl im Wasser als auch auf feuchten Böden wachsen. In letzterem Fall liegen die Halme am Boden und wurzeln an den Blütenköpfchen, die zu kleinen Blattrosetten umgebildet werden. Wenn die Pflanze ganz unter Wasser wächst, werden die Blätter lang und haardünn und die flutenden Halme tragen Blattsprosse anstelle von Blüten. Die Art kommt zerstreut auf armen und sauren Böden vor, die zeitweise trocken und dann wieder unter Wasser stehen. Sie ist in Europa und Nordafrika verbreitet.

Salz-Binse (143)
Juncus gerardii

Mehrjährig, mit kriechender Erdachse und 10–40 cm hohen, aufrechten und runden Halmen, die ziemlich schmale, rinnige Blätter tragen, die im Inneren keine Querwände aufweisen. Die meisten Blätter entspringen am Grunde, einige aber auch auf der Mitte des Halms. Die Blüten sind in einem glänzend braunen, endständigen quastenförmigen Stand versammelt, in dem die Blüten einzeln an den Enden der Äste sitzen (nicht in Köpfchen wie bei der Glanzfrüchtigen Binse, Nr. 142). Die Perigonblätter sind stumpf und ebenso lang wie die eiförmige Kapsel. Neben den fertilen Sprossen gibt es auch sterile mit ziemlich kurzem Halm und grundständigen Blättern. Blütezeit ist Juni und Juli.
Diese Art bildet oft große Bestände auf salzhaltigen Wiesen im Binnenland

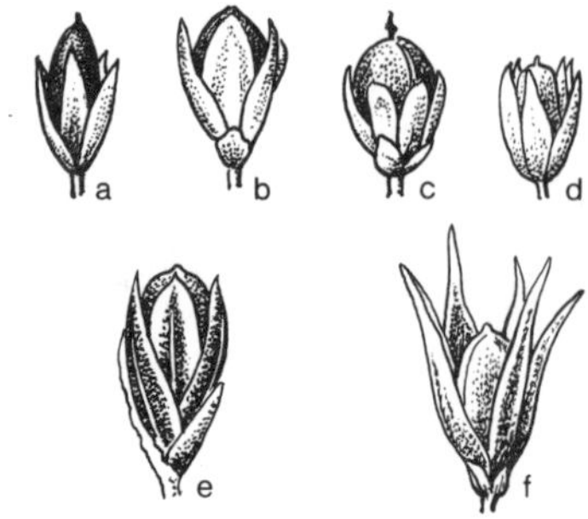

Kapseln von Perigonblättern umgeben. a: Glanzfrüchtige Binse (Nr. 142). b: Salz-Binse (Nr. 143). c: Zusammengedrückte Binse (S. 166). d: Rasen-Binse (S. 165). e: Sparrige Binse (S. 166). f: Kröten-Binse (S. 167). (3 × natürliche Größe).

und an den Küsten und kann im Marschland in einer Zone über dem normalen Hochwasser dominieren, wenn diese gelegentlich von Meerwasser überspült wird. Sie wächst daher weiter vom Wasser weg als der Salz-Strandschwaden (Nr. 50). Ihr Heu ist fein und nahrungsreich und sie ist daher eine wichtige Futterpflanze. Die Verbreitung erstreckt sich über die gemäßigten Gebiete der nördlichen Halbkugel.
Die nahestehende, ähnliche Art **Zusammengedrückte Binse,** *Juncus compressus,* erkennt man an den zusammengedrückten Halmen und an den kürzeren Perigonblättern, die nur die Hälfte der Kapsel erreichen. Sie ist auf feuchten, nährstoffreichen Böden im Lande verbreitet und häufig.

Sparrige Binse
Juncus squarrosus

Mehrjährig und leicht zu erkennen durch flache und dichte Horste mit sparrig abstehenden, steifen und borstenförmigen, grundständigen Blättern, die mit ihren Scheiden die 10–40 cm hohen, steifen und aufrechten Halme umfassen. Die Halme sind entweder blattlos oder sie tragen nur ein einziges Blatt. Der glänzend graubraune, quastenförmige Blütenstand ist endständig und besteht aus ungleich langen, aufrechten Ästen, von denen die längsten etwa so lang sind wie das Hüllblatt. Die Perigonblätter sind braun mit weißem, häutigem Rand. Die gelbbraune, stachelspitzige Kapsel ist von gleicher Länge wie die Perigonblätter. Blütezeit ist Juni–August.

Die Sparrige Binse ist eine Charakterpflanze saurer und magerer Böden und wächst auf feuchten Heiden und Magerwiesen oft zusammen mit Borstengras (Nr. 73). Man findet sie vor allem im Nordwesten des Gebiets, sonst nur zerstreut. Sie ist als Futterpflanze wenig geeignet und bleibt meist stehen, wenn die anderen Gräser abgeweidet werden. Dadurch kann sie sich oft stark vermehren und dominiert über andere Pflanzen. Als atlantische Pflanze findet sie sich besonders in den Küstengebieten, kommt aber auch in den Gebirgen Mittel- und Südeuropas und in Nordafrika vor.

Kröten-Binse
Juncus bufonius

Im Gegensatz zu den vorhergehenden Binsen-Arten ist diese einjährig (sommereinjährig). Es ist eine zarte, blaßgrüne, später bräunliche, 3–25 cm hohe Pflanze mit haarfeinen, reich verzweigten Halmen, die dünne und schmale Blätter und relativ große (bis 5 mm lange) weißlichgrüne Blüten tragen, die an den Ästen verstreut sitzen, entweder einzeln oder 2–3 zusammen. Sie sind nur wenige Stunden am Morgen offen und werden vom Wind bestäubt. Oft öffnen sich die Blüten überhaupt nicht und bestäuben sich selbst. Die Kapsel ist länglich, aber deutlich kürzer als die schmalen, zugespitzten Perigonblätter. Blütezeit ist Juni–September.

Die Pflanze wächst an Gräben, Seeufern, auf Waldwegen, Heiden und auf nassen Äckern, die im Lauf des Som-

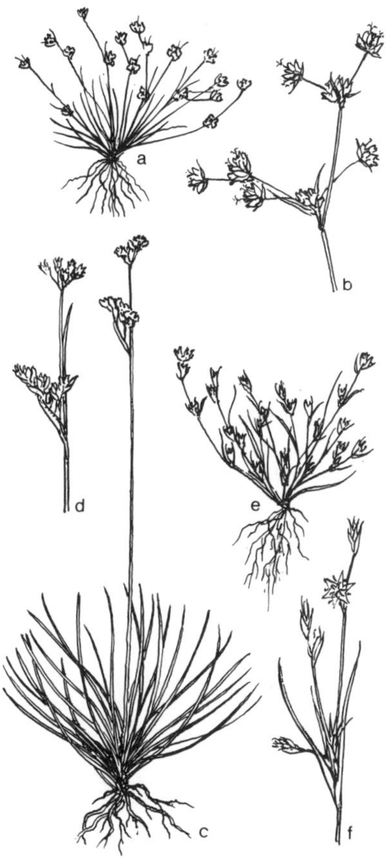

a und b: Rasen-Binse (S. 165). c und d: Sparrige Binse (S. 166). e und f: Kröten-Binse (S. 167). (a, c und e: 1/3 ×, b, d und f: 2/3 × natürliche Größe.

mers austrocknen, immer an Stellen mit offenen Böden, wo die Samen keimen können. Auf feuchten Böden kann sie ein Unkraut werden, besonders in feuchten Sommern, und in Sommergetreide und unter Rüben hervortreten. Sie zeigt an, daß die Böden entwässert werden müssen. Man findet sie häufig und weit verbreitet und das Vorkommen erstreckt sich über große Teile der Erde, Tropen und Arktis ausgenommen.
Der Name Kröten-Binse bezieht sich auf das Vorkommen, da an solchen Stellen auch Kröten zu Hause sind. Dies gilt auch für die meisten anderen Binsen-Arten.

Hainsimse *Luzula*

Pflanzen, die zur Gattung Hainsimse gehören, sind mehrjährige Kräuter, die durch flache, grasartige Blätter mit langen, weichen Haaren am Rande ausgezeichnet sind und mit ihren geschlossenen Blattscheiden den Halm am Grunde umschließen. Von den echten Gräsern unterscheiden sich die Haimsimsen durch die dreireihige Anordnung der Blätter am Halm, die bei den Gräsern immer zweireihig ist. Die Blüten sind wie bei den Binsen gebaut, die Kapsel ist aber nur einkammerig mit 3 Samen darin. Die Hainsimsen bilden daher viel weniger Samen als die Binsen, es wird aber auf sehr wirksame Weise für ihre Verbreitung gesorgt. Die Samen sind nämlich mit einem weißlichen Anhang versehen, der ein fettes Öl enthält, das von den Ameisen gesucht wird. Diese sammeln die Samen ein, tragen sie herum und verbreiten sie dadurch. Außerdem sind die Samen bei den meisten Arten in feuchtem Zustand klebrig wie bei den Binsen.
Man kennt 80 Arten dieser Gattung mit etwa einem Dutzend einheimischer Arten.

Wald-Hainsimse (144)
Luzula sylvatica

Wächst in großen Horsten mit oft über 1 cm breiten, steifen und spitzen, glänzend dunkelgrünen und nur spärlich behaarten Blättern und mit 30–90 cm hohen Halmen, die in einem großen, reich verzweigten, zusammengesetzten Blütenstand enden. Seine Äste tragen 3–4blütige Köpfchen mit kastanienbraunen Blüten. Die Hüllblätter des Blütenstands sind deutlich kürzer als seinc Äste, die zur Reife weiterwachsen und mehr ausgebreitet stehen, wenn die Früchte reifen. Die spitze, eiförmige Kapsel ist so lang wie die Perigonblätter. Blütezeit ist April und Mai.
Die Art wächst in humusreichen Wäldern und kann an Waldrändern und in Gebüschen große Bestände bilden und weist eine atlantische Verbreitung auf, die von Norwegen bis Portugal reicht. Sie kommt aber auch in den mitteleuropäischen Bergwäldern vor und steigt in den Alpen bis 2300 m ü. M., also über die Baumgrenze hinaus.

Behaarte Hainsimse (145)
Luzula pilosa

Wächst in dichten Horsten mit lanzettförmigen, 5–10 mm breiten Grundblättern, die lange, weiße Haare, besonders am Rande, tragen. Die 15–30 cm hohen Halme enden in einem offenen, quastenförmigen Blütenstand, in dem die Blüten einzeln an langen, dünnen Stielen sitzen, die nach der Blüte ausgebreitet werden. Die Perigonblätter sind kastanienbraun mit weißem, häutigem Rand. Sie umschließen nach der Blüte die reife Kap-

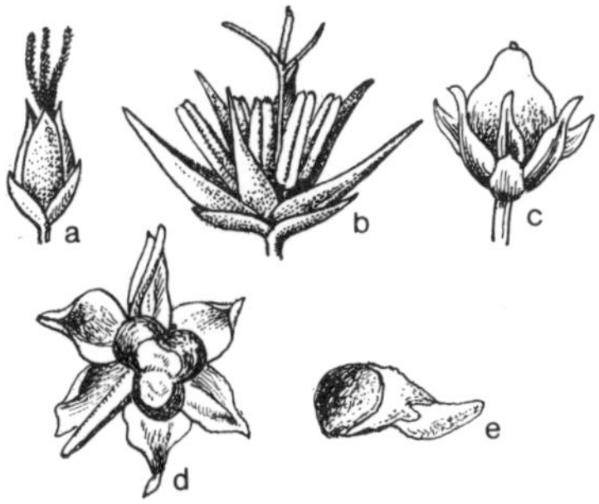

Behaarte Hainsimse (Nr. 145). a und b: Blüte in (a) weiblichem und (b) männlichem Stadium. c: Geschlossene Kapsel von Perigonblättern umgeben. d: Offene Kapsel mit 3 Samen. Die 3 Kapselklappen sind zusammengerollt und die Samen liegen in Schalen, die von den Perigonblättern gebildet werden. e: Einzelner Samen mit ölhaltigem Anhang. (a, b, c und d: 3 ×, e: 4 × natürliche Größe).

sel, sind aber kürzer als diese. Blütezeit ist März–Mai. Diese Pflanze ist eine unserer frühesten Blütenpflanzen im Wald. Ihre Blätter sind das ganze Jahr über grün. Nach der Samenreife legt sich der Halm zu Boden, damit die Ameisen leichter an die Früchte herankönnen, die sie wegen des ölhaltigen Anhangs suchen.
Sie wächst auf etwas feuchten Laubwaldböden, die jedoch nicht zu mager sein dürfen. Man findet sie daher gern auf Lehmböden am Fuße der Bäume, wo die Erde leichter austrocknet, und an Böschungen von Hohlwegen.

Feld-Hainsimse (146)
Luzula campestris

Mit kriechender Erdachse und Ausläufern, die sterile Blatttriebe mit behaarten, 2–4 mm breiten Blättern und aufrechte 5–20 cm hohe Halme tragen, die in einem zusammengesetzten Blütenstand enden. Dieser besteht aus 3–6 kugelförmigen Köpfchen mit jeweils einem halben Dutzend brauner Blüten. Eines der Köpfchen ist meist ungestielt, die anderen sitzen an dünnen Stielen, die sich nach und nach etwas herabbiegen. Blütezeit ist März–Mai.
Die Feld-Hainsimse wächst auf offenen Plätzen mit trockenen, grasbewachsenen Böden, auf Triften, an Weg- und Waldrändern. Sie ist nicht anspruchsvoll und findet sich auch auf Strandwiesen. Voraussetzung ist, daß die Vegetation kurz gehalten wird, damit sie genug Licht erhält. Sie ist weit verbreitet und häufig und findet sich in den gemäßigten Gebieten Europas und Asiens, wurde aber auch in entsprechende Gebiete anderer Erdteile verschleppt.

Vielblütige Hainsimse (147)
Luzula multiflora

Gleicht sehr der vorhergehenden Art, ist aber an den 20–30 cm hohen Halmen in dichten, vielstengeligen Horsten zu erkennen und an den Blütenständen, die bis zu 10 Blütenköpfchen enthalten und an aufrechten Stielen sitzen. Blütezeit ist Mai und Juni.
Diese Art wächst bevorzugt auf sauren, torfigen oder moorigen Böden auf Heiden, Magerwiesen, in Wäldern und Gebüschen. Die Halme bleiben steif aufrecht den Winter über stehen und der Wind kann kräftig an ihren Fruchtkapseln schütteln. Die Samen sind auch der Windverbreitung angepaßt und ihr Anhang ist groß und luftgefüllt. Sie ist weit verbreitet und findet sich in den gemäßigten Gebieten der beiden Halbkugeln.

Register

Das Register umfaßt die deutschen und botanischen Namen der behandelten grasartigen Pflanzen. Die Zahlen beziehen sich auf die Nummern der abgebildeten Arten sowohl im Text als auch auf den Tafeln. Seitenhinweise bezeichnen Pflanzen, die beschrieben, nicht aber abgebildet werden.

Deutsche Namen

Botanische Namen

Literatur

Garcke, A.: Illustrierte Flora. Deutschland und angrenzende Gebiete. 23. Aufl., K. v. Weihe (Hrsg.), Berlin und Hamburg 1972.

Hegi, G.: Illustrierte Flora von Mitteleuropa. Bd. 1 und 2, 2. Aufl., München 1935 und 1939 (Neuausgabe erschienen bzw. in Vorbereitung).

Klapp, E.: Taschenbuch der Gräser. 11. Aufl., Berlin und Hamburg 1983.

Klapp, E. & O. v. Boberfehlt: Gräserbestimmungsschlüssel für die häufigsten Grünland- und Rasengräser. 3. Aufl., Berlin und Hamburg 1987.

Oberdorfer, E. & T. Müller: Pflanzensoziologische Exkursionsflora. 5. Aufl., Stuttgart 1983.

Rothmaler, W.: Exkursionsflora für die Gebiete der DDR und BRD. Kritischer Band, 4. Aufl., Berlin 1976.

Schmeil, O. & J. Fitschen: Flora von Deutschland und seinen angrenzenden Gebieten. 87. Aufl., Heidelberg 1982.
